DEBORAH RODRIGUEZ

ESSERE AMICHE A KABUL

Traduzione di
VELIA FEBRUARI

PIEMME

Titolo originale: *A Cup of Friendship*

This translation published by arrangement with Random House, an imprint of the Random House Publishing Group, a division of Random House, Inc.

La traduttrice ringrazia il dottor Stefano Minetti e, in particolare, il professor Giulio Soravia dell'Università degli Studi di Bologna per la consulenza terminologica dalla lingua araba e dalla lingua persiana.

Le citazioni da Jalal-al Din Rumi sono tratte da: JALAL-AL DIN RUMI, *Mathnawi: il poema del misticismo universale.* Introduzione, traduzione e note di Gabriele Mandel Khan, Nur-Carla Cerati-Mandel, Bompiani, Milano 2006.

Redazione: *Edistudio, Milano*

I Edizione 2011

20145 Milano - Via Tiziano, 32
info@edizpiemme.it - www.edizpiemme.it

ESSERE AMICHE
A KABUL

Questo libro è dedicato con amore
alle tre persone più importanti della mia vita.
A mia madre, Loie Turner,
donna di immensa grazia, bellezza e generosità.
Ti devo moltissimo.
Anche quando siamo lontane chilometri,
sei sempre vicina al mio cuore.
E ai miei figli, Noah e Zachary Lentz,
che sono soltanto all'inizio del loro viaggio.
Non sempre abbiamo avuto la strada spianata,
ma so che questo ci ha resi più forti.
Spero che vi lascerete guidare dalla saggezza di
Eleanor Roosevelt, che disse:
«Dobbiamo fare le cose che crediamo di non poter fare».
Siete diventati due uomini straordinari.
E io sono una madre molto fortunata.

La donna è come una bustina di tè:
non puoi sapere quanto è forte
finché non la immergi in acqua bollente.

ELEANOR ROOSEVELT

1

Era una mattina afgana di un azzurro vibrante, di quelle in cui Yasmina aveva voglia di sciogliersi il velo e volgere il viso al sole. Insieme alla sua sorella minore, Layla, stava tornando dal pozzo, i piedi callosi ormai abituati a quell'andirivieni sull'antica terra battuta. Le piccole conchiglie che adornavano la lunga veste nera di Yasmina tintinnavano a ogni passo. La ragazza guardò verso i monti incappucciati di neve, a nord, e pregò che quell'inverno, *in sha' Allah*, volesse Iddio, non fosse rigido come il precedente. Aveva fatto freddo, un freddo implacabile che aveva ucciso le capre, gelato la terra e distrutto qualsiasi speranza di un buon raccolto. Un altro inverno come quello, e certamente avrebbero rischiato di morire di fame.

Il suo segreto, quello che portava nel ventre, quello che sarebbe riuscita a nascondere per ancora un paio di mesi al massimo, sprigionò in lei un'ondata di nausea. Inciampò su una pietra, il corpo non più saldo e forte come quando doveva sostenere una persona sola. Per poco non rovesciò l'acqua dalla *kuze*, la brocca di terracotta che trasportava sulla spalla.

«Yasmina, fa' attenzione! Stai camminando come un asino con tre zampe» la rimproverò Layla, che a sua volta stava faticando sotto il peso della *kuze*. La brocca era grossa quasi quanto lei. Layla era di buonumore quel mattino. Era ancora troppo giovane per indossare il chador, come Yasmina, e i suoi capelli scuri scintillavano al sole.

Quando giunsero nel cortile del *compound*, la casa recintata dello zio, posarono con cura le brocche in cucina e si diressero verso l'edificio principale. Uno strano suv nero con i finestrini oscurati era parcheggiato all'esterno e Layla gli corse incontro, lanciando un gridolino di entusiasmo.

«Guarda, Yasmina! Guarda questo *landawar*!» gridò Layla. «È più grande di casa nostra.»

Yasmina però sapeva che, siccome nessuno nella provincia del Nurestan poteva permettersi un'auto del genere, il mezzo doveva provenire dalla città, e dalla città non veniva mai niente di buono. Auto come quella trasportavano i signori della guerra, o della droga. Altre volte, quando si erano viste macchine simili, erano scomparse delle ragazze.

Yasmina cercò di unirsi alle risate di Layla, ma aveva un peso sul cuore. Grosse gocce di sudore le si formarono sulla fronte e la nausea la travolse di nuovo, anche se, stavolta, veniva più dalla paura che dal bambino che cresceva dentro di lei. Si fermò sulla soglia della sala principale, dove suo zio stava parlando con un uomo anziano dai denti neri con indosso un *salwar qamis* color écru. Lo zio sembrava nel panico. Tirò fuori un portamonete di stoffa dalla tasca e lo offrì all'uomo.

«Questo è *bakhshish*, elemosina» disse l'uomo con un ghigno e colpì la mano di suo zio, facendo cadere il portamonete.

Assordata dal battito del suo cuore, Yasmina non riuscì a distinguere altre parole, e immaginò di sentire lo zio implorare clemenza. Si appoggiò pesantemente al muro, lasciando andare il respiro che stava trattenendo. Non poteva biasimarlo per quello che aveva fatto. Dopo il rigido inverno dell'anno precedente, era riuscito a malapena a sfamare tutti. Quando, tre mesi prima, il marito di Yasmina era stato ucciso – l'unico uomo che la ragazza avesse conosciuto sin da bambina e che aveva sposato a quindici anni – lei e Layla non avevano un altro posto dove andare. Per tradizione lo zio era stato obbligato a prenderle con sé e a chiedere un prestito a quegli strozzini. Yasmina sapeva cosa sarebbe successo. Lo zio non sarebbe stato in grado di proteggerla, perché non poteva saldare il debito.

«Prendete le capre!» piangeva lo zio. «Prendetevi la casa» supplicò crollando in ginocchio. «Ma lasciatemi Yasmina. Sarebbe come venderla. E voi vendereste mai i vostri occhi? Il vostro cuore?»

Tacque un attimo per riprendere fiato, per pensare. «E poi,» proseguì, alzando lo sguardo verso gli occhi gelidi dell'uomo che incombeva su di lui «le mie capre valgono più di lei al mercato. È già stata sposata.»

«Già, non è più vergine» replicò l'uomo. «Dovrei prendere la piccola al suo posto.» Si girò verso Layla, adesso al fianco di Yasmina, gli occhi neri dell'uomo che la trapassavano da parte a parte.

Lo zio di Yasmina lo implorò. «No, Hajj» disse, usando l'appellativo di rispetto per uomini di quella risma. «Vi prego. È ancora troppo giovane. È solo una bambina.»

Yasmina sentì la sorella prenderle la mano e stringerla forte.

«Se non riesco a guadagnare i soldi che mi devi dalla maggiore, tornerò a prendere la piccola, quando la neve si scioglierà. Vieni» ordinò a Yasmina.

Lo zio si alzò in piedi e, guardando prima l'uomo, poi la nipote, irrigidì la mascella per tenere la bocca chiusa e trattenere le imprecazioni che stavano per sfuggirgli. Si spolverò i pantaloni e scortò la nipote verso l'auto. Le disse di non preoccuparsi, ma il suo volto rivelava quello che Yasmina in cuor suo già sapeva. Sarebbe stata portata via da casa sua, in Nurestan, verso sudovest, su strade sconnesse e costeggiate da macerie, verso Kabul, e venduta al miglior offerente per essere la terza o forse la quarta moglie, o peggio, una schiava, o peggio ancora, sarebbe stata costretta a prostituirsi.

Un ragazzo, insolitamente alto per essere un afgano, con la barba nera e gli occhi infossati, sostava presso la pesante portiera dell'auto, tenendola aperta per Yasmina. Un secondo uomo era seduto al volante.

Yasmina avrebbe voluto lottare, scalciare, urlare e correre, ma sapeva che resistere significava condannare Layla. Perciò si limitò a chiedere: «Posso prendere le mie cose? Posso portare un cambio?».

«Sali in macchina!» le latrò l'uomo, spintonandola per una spalla senza riguardo.

Yasmina fece per salire, poi si voltò verso lo zio e lo abbracciò. L'uomo le sussurrò all'orecchio la stessa poesia che sua madre le recitava quando era bambina:

La luna cresce nella mano destra di Dio.
La luna cala nella Sua mano sinistra.
Ma è il cuore di Dio
che rende eterno il mio amore per te.

Yasmina recitò l'ultimo verso insieme a lui, con grande difficoltà, la voce strozzata da un groppo in gola. Poi diede tre baci a Layla, baci salati dalle lacrime che le rigavano le guance. «La tua vita sarà benedetta, piccola mia. Ora fammi vedere un sorriso, perché sia il mio dono d'addio» disse. Ma anche la sorellina aveva iniziato a piangere, sapendo che non avrebbe più rivisto Yasmina e che sarebbe stata la prossima vittima. Dalla tasca tirò fuori la corona da preghiera e la mise nella mano della sorella, richiudendola forte con le manine perché non voleva lasciarla andare.

«Ora basta con gli addii» decretò l'uomo con i denti neri. «Sali in macchina.»

Yasmina si infilò rapidamente la corona in tasca, sollevò la lunga veste e si accomodò all'interno del mezzo, tirandosi dietro le gambe.

Layla corse via, dirigendosi verso la cucina. «Aspettate, aspettatemi!» gridò. Yasmina sapeva che la sorellina stava andando a prendere l'acqua da tirare sulla macchina, un rito per assicurarsi che la persona in partenza sarebbe tornata, un giorno. Ma sapeva anche che non avrebbe fatto in tempo, perciò raddrizzò le spalle, si costrinse a guardare avanti e sedette impettita mentre il vecchio prendeva posto accanto al guidatore e il giovane saliva dietro con lei sbattendo la portiera. Il suv sfrecciò via in una nube di polvere.

Quando Layla tornò con l'acqua, l'auto era già scomparsa, una macchiolina nera sulla strada che scendeva ai piedi della collina.

Il caffè era gremito di clienti abituali – disadattati, missionari e mercenari, afgani e forestieri – e Sunny, come al solito, era al bancone. Sorvegliava il suo regno, soddisfatta degli affari, del brusio e della vita che pulsava nella sala. Quello era il suo posto: lì, nel cuore di una zona di guerra, in uno dei luoghi più pericolosi della Terra. Dopo una vita di sventure e scelte sbagliate, finalmente, a trentotto anni suonati, aveva trovato una casa. Sunny era il cuore pulsante del caffè e non se ne sarebbe più andata.

Kabul era un posto perfetto per lei. Lì niente era mai stabile e quindi tutto era possibile, tutto poteva succedere. Erano appena entrati cinque uomini, vestiti di nero, gli occhi nascosti dagli occhiali da sole, i mitra a tracolla, le pistole appese alla cinta. Non vedeva uomini così belli da tanto, tantissimo tempo. In un altro paese, avrebbero portato guai. Ma lì equivalevano semplicemente a cinque latti macchiati e a un vassoio di biscotti.

«Ehi, ragazzi» li accolse con il lieve accento strascicato del Sud che, in tanti anni, non era riuscita a perdere. «Se volete un menu, dovete lasciare le armi, è scritto sul cartello.» Fece un cenno con la testa in direzione della porta, dove un cartello recitava: SI PREGA DI CONSEGNARE LE ARMI ALL'INGRESSO.

Uno degli uomini, con un forte accento dell'Europa dell'Est, fece per protestare e tutti gli sguardi conversero su di lui. Sunny sfoggiò un sorriso radioso e gli assicurò che le armi sarebbero state al sicuro. «E poi», proseguì, «niente armi, niente menu. Volete mangiare? Allora consegnatele.»

Cedettero con riluttanza le armi da fuoco a Sunny, che le passò al barista e suo braccio destro, Bashir Hadi, il quale le portò nel retro, depositandole accanto a stracci e scope. Gli uomini si tolsero i giubbotti di pelle e le sciarpe e Sunny li appese nello sgabuzzino.

Dopo di che andò al bancone da Bashir Hadi. «Devo fare delle commissioni. Torno il prima possibile» disse, togliendosi il grembiule.

«Vengo con te» replicò lui, come faceva sempre.

«Non importa» rispose lei, secondo la tradizione quotidiana. Il seguito della conversazione lo conosceva già.

«Blocca le portiere. Tieni i finestrini chiusi. Promettimi che non abbasserai la capote, per l'amor del cielo! Evita i posti di blocco. Non fermarti a meno che non sia necessario. E non passare per vicoli o strade laterali.»

«Ho già chiesto ad Ahmet di prendere la macchina dal vicolo e portarla qua davanti.»

«So che non c'è bisogno di ricordartelo...»

«Avanti, parla.» Sunny sorrise.

«Ma non dovresti guidare da sola. E chiamami quando arrivi.»

«Lo faccio sempre.» Afferrò senza riflettere il cellulare che portava appeso al collo con una cordicella rossa. Ne aveva persi a decine lasciandoli sul bancone.

Quel giorno Sunny aveva una missione: portare dei fiori alla neoeletta ministra per gli Affari femminili. Anche se si erano già conosciute al caffè, una visita formale avrebbe consolidato quell'importante relazione, fondamentale per un'imprenditrice a Kabul. Sunny si mise il cappotto e prese un chador dal gancio dietro il bancone, si coprì i lunghi capelli mossi e castani, e si avvolse con cura la stoffa setosa intorno al collo e alle spalle, fingendo che fosse una stola sontuosa ed elegante che indossava per scelta.

«*Al-salam 'alaykum*» disse ad Ahmet, il *chawkidar* del caffè, la guardia, che le stava tenendo la porta aperta. «Tieni d'occhio quel gruppo all'interno, capito?»

«*Wa 'alaykum al-salam*» rispose Ahmet. Era piccolo, come gran parte degli uomini afgani; il mitra che portava a tracolla era più pesante di lui e lo faceva sembrare un soldatino di piombo, specialmente con quei capelli impomatati all'indietro, come un elmetto.

Sunny sorrise, scoprendo finalmente che fine aveva fatto il gel che teneva nel bagno del caffè. Snocciolò i soliti convenevoli in dari: come stai, Ahmet? E tua sorella in Germania, come sta? E il resto della famiglia? Poi si informò sul loro stato di salute. A Kabul, sarebbe stato maleducato non farlo. Ahmet era un tradizionalista in senso stretto e l'osservanza delle regole – implicite e coraniche – per lui era importante. Si era guadagnato il rispetto di Sunny garantendo la sicurezza sua e dei clienti innumerevoli volte.

Ahmet le rivolse le stesse domande e, pochi minuti dopo, la lasciò andare. Sunny lanciò un'occhiata a destra e a sinistra lungo la via invasa dai pedoni; un negozio su due aveva davanti alla porta un uomo vestito come Ahmet, con gli occhiali da sole, la camicia scura e i pantaloni neri. Alcuni portavano addirittura armi più grosse e pugnali più lunghi. Sunny rise tra sé. Quei *chawkidar* erano in competizione tra loro, pensò, come le ragazzine americane con i cellulari, le borsette e i gioielli. La differenza era che, a Kabul, gli accessori erano manganelli, armi e pugnali.

A bordo della sua grossa Mercedes diesel marrone, Sunny si incuneò nelle strade strette e tumultuose della città più agilmente di quando guidava la piccola affidabile Toyota a Jonesboro, in Arkansas, la sua città natale. Oltrepassando i carretti di fichi e frutta, teste di capra, pecore a coda grassa e cardamomo, e le bancarelle che vendevano grano, mele, cocomeri e meloni dolci dal nord, o stoffe colorate e intessute a mano dall'India e dal Pakistan, Sunny notò capannelli di uomini con il capo chino intenti a discutere, e altri che camminavano impettiti, seguiti da un codazzo di donne in burqa azzurro cielo. La disparità tra uomini e donne era una cosa a cui non si sarebbe mai abituata. Abbassò il finestrino per sentire gli schiamazzi dei bambini che inseguivano la macchina, uno dei quali gridò: «Ehi, signora, ha bisogno di una guardia del corpo?». Gli odori di letame, sudore, spezie e fumi di scarico si confondevano in una miscela inebriante che ricordò a Sunny il motivo per cui amava Kabul e per cui aveva scelto di restare.

Parcheggiò nei pressi di Chicken Street. Lì, le bancarelle di souvenir afgani – tappeti fatti a mano, tessuti di pashmina, turbanti, abiti, gioielli, scatole, cinture meravigliose di lapislazzulo locale e i mobili di legno scuro intarsiato del Nurestan che le piacevano tanto – si estendevano per due isolati. Quel giorno la via era insolitamente tranquilla. I negozianti sollevarono la testa e sorrisero avidamente al passaggio di Sunny, nella speranza di fare affari. Era una dei pochi stranieri che non avevano paura di fare compere lì, da quando il commercio era stato rovinato dai recenti attentati suicidi. Tutti a Kabul risentivano degli attentati, inclusa Sunny. Ma fare acquisti le dava l'impressione che la sua vita fosse ancora la stessa. Poteva scegliere, barattare, offrire monete in cambio di prodotti, come se fosse una normale cliente e Kabul una città normale.

All'incrocio tra Chicken e Flower Street, Oriente e Occidente si incontravano, con le fotocamere e l'elettronica importate dal Pakistan e dalla Cina, gli alcolici (per gran parte scaduti nel 1989) dall'Uzbekistan, film piratati, cartoline, patatine, acqua in bottiglia italiana, formaggio austriaco. E sempre lì c'era Behzad, l'unica libreria inglese di tutto il paese, dove lei e i suoi amici acquistavano i libri che poi commentavano come gli esperti da *Oprah*. I dvd, invece, li compravano nel negozio accanto.

In Flower Street, il respiro le rimase bloccato in gola. Fra le macerie e le pietre beige chiaro, accanto a una fogna a cielo aperto, c'erano le rose. Rosa e pesca, rosse, bianche e gialle, rose dappertutto, su ogni bancarella, in ogni negozio, l'orgoglio di Kabul, gloriose e piene di vita. La speranza crebbe in Sunny a ogni cesto di rose che oltrepassava. Alcuni secchi contenevano fiori di plastica a buon mercato da Taiwan, che gli afgani compravano per rallegrare le loro case, come se le rose vere non fossero abbastanza belle solo perché afgane. Sunny scelse due mazzi di rose fresche color pesca chiaro e se le portò via sotto il braccio.

Fece per tornare alla macchina, ripercorrendo i propri passi. Ma poi si fermò. Sentì l'aria pungente, le prime avvisaglie dell'inverno, e vide l'ospedale più avanti sulla strada. Il ministero per gli Affari femminili era lì di fianco. Le raccomandazioni di Bashir Hadi su quanto fosse pericoloso per una donna camminare sola a Kabul le riecheggiavano in testa. Tre anni prima passeggiare era sicuro, ma adesso, con il ritorno in città dei talebani e del fondamentalismo, non lo era più. Era come andare incontro ai rapitori, le aveva detto e ridetto Bashir Hadi, e rischiava che le sparassero. Usa la macchina, le aveva suggerito, e se proprio devi andare a piedi, meglio tenere la testa bassa, parlare solo se interpellata, non prendere mai la stessa strada, fare questo e quello, e la cosa le dava l'orticaria. Rispettava gli usi e i costumi del paese – sapeva, ad esempio, di doversi coprire la testa e le braccia – ma rispettava anche se stessa e, talvolta, sentiva il bisogno di camminare.

E così fece. Arrivò al ministero in tutta sicurezza e con le rose in mano. L'edificio grigio e sobrio le ricordava l'ospedale dove era morta sua madre, tranne per lo strato di polvere che ricopriva tutto, a Kabul. Quando entrò nella sala d'aspetto, trovò una giovane donna con indosso un velo blu scuro seduta a una scrivania sgangherata di metallo. Appena vide Sunny, spense lo schermo del computer. Dal suo sguardo, Sunny capì che era collegata a internet, probabilmente per chattare con qualcuno: l'unico modo in cui un ragazzo e una ragazza potevano parlare liberamente, a Kabul. La donna la invitò a sedersi e, dalla sedia di velours scadente, Sunny riuscì a vedere l'ufficio della ministra, una sala sontuosa coperta da folti tappeti rossi fiancheggiati da divani. In piedi, al centro della stanza, una giovane donna con indosso gli abiti tradizionali della sua tribù supplicava quella che doveva essere l'assistente della ministra, che invece era seduta alla scrivania e parlava al telefono. Sunny non poté fare a meno di ascoltare. Benché il suo dari fosse stentato, capì abbastanza da ricostruire il succo della storia della ragazza.

Yasmina aveva guardato dritto davanti a sé, per paura di addormentarsi durante il lungo viaggio, per paura di guardare dal finestrino il paesaggio che scorreva via, per paura di quello che l'uomo avrebbe potuto farle ancor prima di arrivare a Kabul. Aveva perso la cognizione del tempo. Erano passati due giorni? O tre? Il destino non le apparteneva più. Prima i suoi genitori, uccisi dai talebani anni prima. Poi suo marito, morto tre mesi prima su una mina antiuomo mentre portava le capre al pascolo. Cosa le sarebbe successo quando il nuovo "padrone" avrebbe scoperto la vita dentro di lei? La risposta, la conosceva: l'avrebbe picchiata, o peggio. Sarebbe stato impossibile convincerlo di esserne il padre. Aveva già la pancia rotonda; poteva confidare ancora per poco che l'ampia veste continuasse a nascondere la verità.

L'uomo al suo fianco si era mosso di scatto, facendola sobbalzare. Era scoppiato a ridere e l'aveva cinta con il braccio. Sapeva cosa stava pensando: non era più vergine e avrebbe potuto abusare di lei senza che il nuovo proprietario se ne accorgesse mai. Yasmina si era ritratta, con il cuore che le martellava in petto, e si era resa conto che dovevano essere entrati nei sobborghi di Kabul. I muri lungo la strada erano crivellati di colpi, coperti da poster della Coca-Cola e manifesti propagandistici. L'uomo le aveva posato una mano sulla gamba. Yasmina aveva gridato e lui le aveva tappato la bocca con l'altra mano. La ragazza aveva continuato a guardare altrove e aveva notato l'azzurro del cielo mentre l'uomo le metteva una mano sul seno e poi sul ventre, verso le gambe. Poi si era fermato.

«Questo cos'è?» aveva sbraitato. «Cos'hai fatto, brutta puttana?» Aveva il viso così vicino che Yasmina poteva sentire il suo alito caldo.

La ragazza aveva percepito lo sguardo del guidatore su di sé dallo specchietto retrovisore.

«Che succede?» aveva latrato.

«Questa figlia di puttana è incinta» aveva risposto il più giovane con disprezzo, senza staccare gli occhi da Yasmina. Le aveva sputato addosso, poi le aveva mollato uno schiaffo in pieno viso.

Yasmina aveva abbassato lo sguardo, in un mare di lacrime, il viso gonfio, il naso sanguinante. Aveva messo una mano sulla pancia, come a proteggerla.

L'autista aveva inchiodato, facendo entrare terra e polvere dai finestrini.

«Non vale niente» aveva decretato il più vecchio. «Sbarazzati di lei.»

L'uomo seduto accanto a Yasmina aveva sfoderato un pugnale dalla cinta, ma il vecchio lo aveva fermato: «No, non voglio sangue in macchina. Falla scendere». Si era rivolto a Yasmina. «Stupida puttana. Dovrei tagliare la gola a tuo zio per avermi derubato. E prendermi tua sorella. Almeno quella verginella sarebbe valsa qualcosa.»

Yasmina aveva tentato di aprire lo sportello per scappare, ma un pugno nella schiena l'aveva schiacciata a terra. Sentiva il sapore del sangue in bocca, la polvere che le irritava gli occhi. Un calcio nel fianco, qualcosa di duro e pesante l'aveva colpita in testa, il viso premuto sulla strada, infine aveva sentito l'automobile sfrecciare via, ed era stata avvolta dall'oscurità.

Si chiamava Yasmina, disse all'assistente della ministra, e veniva dal Nurestan. Sunny sapeva che era una regione a nord, al confine con il Pakistan. Si diceva che i nuristani fossero tra i più belli di tutto il paese, e che discendessero direttamente da Alessandro Magno. Jack aveva lavorato lassù per un periodo e Sunny ricordava che la regione in origine si chiamava Kafiristan: *kafir* significava "miscredente" o "infedele", e *-stan* "terra di". Secoli prima, gli abitanti della regione erano stati costretti dai musulmani a convertirsi all'islam e il nome era stato cambiato in Nurestan, terra della luce. Al caffè, Sunny aveva sentito più di una volta gli afgani insultarsi dandosi del *kafir*.

Ascoltò Yasmina che spiegava come una vecchia mendicante l'avesse aiutata ad alzarsi e l'avesse accompagnata dalla periferia di Kabul alla centrale di polizia. Gli agenti non sapevano cosa fare di quella giovane donna con il sangue che le grondava dal viso e il chador imbrattato.

Dovevano portarla in ospedale e rischiare di essere incolpati del suo stato? La giovane si vergognava troppo per raccontare cosa fosse successo e, a loro volta, i poliziotti erano a disagio, imbarazzati da tutte quelle lacrime. I problemi delle donne si gestivano in famiglia, non in mezzo a una strada affollata. Perciò l'avevano lasciata al ministero degli Affari femminili, dove qualcuno si sarebbe occupato di lei.

L'assistente si voltò verso la ministra, che sembrava al termine della telefonata, e sussurrò a Yasmina che poteva dormire nella vecchia Kabul Beauty School, ora convertita a dormitorio, almeno finché non avessero trovato una famiglia disposta ad accoglierla, magari come domestica. Gli occhi di Yasmina si riempirono di lacrime di gratitudine.

Un'altra donna avrebbe reagito portandosi la mano al petto, o giungendo le mani, preoccupata e grata allo stesso tempo. Ma questa giovane si comportava in maniera automatica, impulsiva, pensò Sunny, come per consegnarsi. Mise una mano aperta sulla pancia e Sunny capì cosa stava proteggendo: era incinta. Ecco perché era stata buttata giù dalla macchina. Aveva omesso quel dettaglio nel raccontare la sua storia e, se l'assistente l'aveva capito, non lo aveva dato a vedere.

La ministra riagganciò e si alzò dalla sedia, girò intorno alla scrivania e disse: «Solo un paio di notti, Al-aya, finché non troverà una famiglia. Sono le regole. Questo non è un albergo per le ragazze che scappano di casa».

«Ma» protestò Al-aya, «non ha un posto dove andare. Lei sa cosa potrebbe succedere.»

Sunny capì l'antifona: se Yasmina fosse stata restituita alla famiglia, sarebbe stata condannata a morte, e se invece fosse rimasta, probabilmente sarebbe finita a mendicare o a prostituirsi. E Sunny sapeva che, quando la gravidanza fosse diventata troppo evidente, il bambino sarebbe certamente morto e anche la donna, con ogni probabilità, sarebbe stata uccisa.

«Sono le regole» ribadì solenne la ministra. «Inoltre, chi può garantirci che stia dicendo la verità?» Guardò Yasmina con disprezzo, probabilmente pensando quello che pensavano tutti a Kabul delle ragazze come lei, ovvero che era colpa loro se le avevano cacciate di casa, che forse avevano avuto un amante o si erano rifiutate di fare sesso con il marito, o in qualche modo si erano meritate quel trattamento. «Due notti. Non una di più. E occupati dei documenti, Al-aya.»

La donna ferita ringraziò la ministra, baciandole la guancia sinistra, poi la destra, e di nuovo la sinistra: tre volte, secondo l'uso.

«Vieni, ti faccio strada» le disse Al-aya.

Mentre veniva scortata fuori, Yasmina lanciò un'occhiata fugace a Sunny, ma distolse subito lo sguardo. In quell'istante, Sunny rimase colpita dalla spavalderia di quegli occhi verdi, dalla fierezza di quella donna, malgrado tutto ciò che le era capitato.

Sunny rese omaggio alla ministra come meglio poté. Le avrebbe voluto dire dove ficcarsi il suo atteggiamento burocratico, ma la sua mente era ancora concentrata sulla donna disperata e su quegli occhi indimenticabili.

Quella notte, da sola nel suo letto, Sunny non riusciva a prendere sonno. Non riusciva a scrollarsi dalla mente l'immagine della donna chiusa in auto con quei delinquenti. Non poteva sopportare il pensiero di quello che sarebbe accaduto a lei e al bambino, una volta nato. "Merda" pensò, l'ultima cosa di cui aveva bisogno, l'ultima cosa che i clienti del caffè avrebbero tollerato era proprio un fastidioso neonato che frignava tutto il giorno. Ma, l'indomani mattina presto, tornò al ministero per indagare sulla giovane donna. Quando la trovò nel dormitorio, Sunny le offrì una stanza a casa sua e un lavoro al caffè. Solo allora la giovane alzò gli occhi da terra e la guardò in viso, posandosi la mano sulla pancia e dicendo in dari: «Grazie, possa Allah illuminare il tuo cammino».

2

Yasmina si svegliò con il sole che filtrava potente attraverso la piccola finestra della stanza, tingendo di bianco le pareti gialle. Si alzò dal *toshak*, il soffice materasso dove dormiva la notte e che usava, insieme ai molti cuscini che Sunny le aveva dato, per riposare durante il giorno. Fuori, una leggera coltre di neve ricopriva ogni superficie, inclusi i fragili ramoscelli del giovane melograno, facendoli scintillare sotto il sole del mattino. L'inverno era iniziato, ma a Kabul, che si trovava più vicina al cielo, annidata in una valle circondata da alte montagne, la neve era leggera. Chiuse gli occhi e immaginò di tornare da Layla, in primavera, di andare a prendere l'acqua al pozzo, le capre che belavano dalla collina più lontana. Anche se attraverso la finestra i raggi del sole erano caldi, l'ansia per la sorellina la fece rabbrividire. Se Layla era ancora a casa sana e salva e non era stata rapita dagli uomini che avevano preso Yasmina, allora la neve doveva essere già alta in montagna, impedendo a chiunque di entrare o uscire dal villaggio fino a primavera. La neve, che ogni anno li isolava dai mercanti, che li costringeva a prepararsi in anticipo pregando di aver abbastanza cibo, acqua e legna per sé e per gli animali, stavolta li avrebbe protetti. Yasmina pregò perché fosse un inverno particolarmente rigido, che le concedesse il tempo di elaborare un piano e raggiungere Layla non appena il sole avesse scaldato la terra e gli argini del fiume Alingar avessero straripato.

Dalla luce, capì di aver dormito oltre l'*adhan* dell'alba, il richiamo alla preghiera, e si chiese se i muezzin non avessero perso la voce. Perché la chiamata era così forte che, ogni volta che la sentiva – cinque volte al giorno da quando era arrivata a Kabul – le prendeva un colpo. Non era abituata alle voci amplificate che salivano dal più alto minareto di ogni moschea riempiendo l'aria. Il canto era sfalsato, non un coro, le voci in cielo facevano a gara come i falchi che scendevano in picchiata sulle greggi di capre di ritorno all'ovile. Inarcò le sopracciglia e sospirò. Magari, col tempo, si sarebbe ambientata. Per quanto possibile, visto che si trovava così lontano da casa e non era mai stata in un posto tanto sconosciuto.

Si lavò il viso nella bacinella vicino all'armadietto dei vestiti. Era stata invitata a usare il bagno in fondo al corridoio, ma non ne aveva avuto il coraggio, non sapendo chi avrebbe potuto incontrare né quale fosse il momento più opportuno. E, comunque, l'impianto idraulico le sembrava del tutto superfluo. Prendere l'acqua dal pozzo e usare il gabinetto all'esterno era piuttosto semplice. Ma la doccia, quella sì che era una bellezza!

Prese la spazzola dall'armadietto e sciolse la treccia, folta e lunga come l'erba lungo il fiume, a casa. Scosse la testa per far ricadere liberi i capelli neri, poi li spazzolò, lentamente e con cura, come se ogni centimetro della loro lunghezza racchiudesse una storia. Un colpo di spazzola, poi un altro, fino a renderli lisci e setosi, come la camicia da notte con cui aveva dormito. Era diversa da quelle che indossava a casa, che aveva cucito con le sue mani. L'impuntura era troppo regolare, troppo perfetta per essere l'opera di una ragazza. Ovviamente era stata cucita a macchina, come ogni cosa, a Kabul.

Quando Sunny l'aveva accompagnata in quella stanza, le aveva mostrato con orgoglio la lunga specchiera dalla cornice di legno scuro su quattro gambe. Ma per Yasmina era un oggetto di vanità e l'aveva girata non appena Sunny era uscita. Quel giorno, però, decise di specchiarsi. Si portò le mani alla pancia, dove una nuova vita stava crescendo giorno dopo giorno, e guardò il proprio riflesso. Si sfilò la camicia da notte, si tolse la biancheria e contemplò il proprio corpo, che vedeva completamente nudo per la prima volta nella sua vita. Era magra, le gambe lunghe ed esili, la destra ancora rossa e graffiata dal ginocchio alla coscia, nel punto in cui era caduta sulla strada lastricata, quando l'avevano spinta fuori dalla macchina. Aveva le braccia sottili ma irrobustite dai lavori domestici, ancora coperte di lividi per la violenta stretta di quelle mani forti. Si guardò i seni, più grossi del normale per la gravidanza, ma non lunghi e bassi come quelli di Halajan, la vecchia impicciona che viveva accanto al caffè e che aveva da dire su tutto. Yasmina pensava che Dio l'avesse mandata per mettere alla prova la sua pazienza. No, i seni di Yasmina erano ancora "luminosi e rotondi come la luna di mezzanotte", come le diceva sempre Najam. Si intristì al pensiero del volto di suo marito, dei suoi baci e del suo tocco. Non avrebbe mai più provato quella dolcezza.

Adesso, però, aveva un bambino a cui badare. Si mise di profilo per osservare il pancione e lo accarezzò con le mani. Fece un respiro profondo, come se l'aria potesse dare a lei e a suo figlio il sostentamento necessario. "Questo sarà il mio bambino" pensò "il mio Najam, oppure, se sarà femmina, *in sha' Allah*, a Dio piacendo, Najama" (perché Yasmina era convinta che fosse una femmina, forse perché Najam desiderava avere molti figli, un maschio o due, naturalmente, ma anche una femmina che avesse gli occhi luminosi di Yasmina). Non solo il bambino avrebbe ricevuto il nome del padre, ma sarebbe stato una stella nel firmamento, come indicava il suo nome. Il seme di Najam era parte di lei e Yasmina lo avrebbe custodito e protetto a costo della vita. Ora, con tutto quello che era successo, solo Dio poteva avere la certezza che il bambino sarebbe nato in salute e che sarebbe sopravvissuto.

Ma doveva tenerlo nascosto a tutti, il più a lungo possibile. E se Miss Sunny l'avesse scoperto? L'avrebbe buttata fuori dal caffè e lasciata in strada. Se quel *chawkidar*, Ahmet, avesse sospettato che era incinta, quei suoi severi occhi scuri si sarebbero riempiti di rabbia e disprezzo. Persino Bashir Hadi, l'uomo più gentile che avesse mai conosciuto oltre a Najam, avrebbe provato vergogna per il suo stato. Perché in base alle regole ferree e implicite della tradizione, in assenza di un marito, l'identità del padre era incerta e chiunque poteva essere sospettato. Doveva fare tutto il possibile per coprire il suo corpo in crescita. Magari, alla nascita del bambino, sarebbe avvenuto un miracolo che le avrebbe permesso di crescerlo senza pericolo per nessuno dei due.

Il sole era salito e Yasmina sapeva che era tempo di andare al caffè. I clienti più mattinieri erano già seduti, con il giornale o il computer, a chiacchierare in dari o in inglese, in francese o in arabo, degli argomenti più disparati. Certe parole, le riconosceva in qualsiasi lingua, come "presidente Karzai", altre gliele aveva spiegate Bashir Hadi, come "Natale", una festività imminente. La cucina sarebbe stata già in fermento, la sala sarebbe stata rumorosa, e avrebbero avuto bisogno di lei per sparecchiare e apparecchiare i tavoli, lavare i piatti e spazzare il pavimento. Si vestì in fretta, indossando prima un paio di sottili mutandine bianche con il pizzo, poi la gonna lunga e la maglia, tutte cose che le aveva comprato Sunny. La stoffa pizzicava come se fosse stata fatta di crine di cavallo. Infilò i piedi nelle scarpe di plastica rosa, decorate da fiorellini azzurri e gialli, e si coprì la testa e il viso sotto gli occhi con l'incantevole chador che le aveva regalato l'assistente della ministra per gli Affari femminili.

Prima di uscire, andò al tavolino basso accanto al *toshak*. Era intagliato minuziosamente nel legno scuro del Nurestan, la sua terra natia. A mo' di protezione c'era stesa sopra una graziosa tovaglietta ricamata dal colore acceso. E, sopra di essa, c'era una scatolina di latta che Sunny aveva regalato a Yasmina per custodirvi gli oggetti preziosi che avrebbe potuto accumulare man mano, quasi avesse saputo cosa serbava in tasca.

Yasmina aprì il portagioie, tirò fuori la corona da preghiera di Layla e baciò i grani di legno intagliato sulla cordicella rossa, poi li tenne fra le mani e sussurrò la poesia di sua madre: «Ma è il cuore di Dio, Layla, che rende eterno il mio amore per te».

3

Uomini vestiti in abiti occidentali – in giacca e cravatta, o jeans e giubbotto – ma anche in *salwar qamis* e turbante, erano in attesa davanti all'ingresso del caffè, mentre altri erano già chini sul bancone, a sorseggiare un espresso da tazzine variopinte. I tavoli erano tutti occupati; le sedie di legno scuro ospitavano uomini intenti a chiacchierare, a leggere il giornale, a mangiare uova e patate fritte. Bashir Hadi era dietro il bancone a fare il suo famoso caffè mentre Halajan girava i pancake sulla piastra e Yasmina riempiva le bottigliette di sciroppo d'acero e sparecchiava i tavoli. Il trambusto, l'odore di caffè e di olio, di pancetta e di pane, le pareti dipinte di mille colori, le tovaglie sui tavoli, il calore e il colore del caffè, tutto cospirava per riempire Sunny di nostalgia. Tutto quello che avrebbe dovuto riempirla di soddisfazione – il fatto che quel posto fosse suo e suo soltanto, che avesse scelto ogni particolare, dalle pareti ocra, arancioni e verdi, al color malva della macchina per l'espresso, dai preziosi generatori che fornivano elettricità anche durante i black out di Kabul al *bukhari* che scaldava il locale nelle giornate fredde come quella – le faceva sentire la mancanza di ciò che voleva di più al mondo.

Un giorno non lontano, quando meno se lo sarebbe aspettato, Tommy avrebbe varcato la soglia del caffè. Lei sarebbe stata proprio in quella posizione, appoggiata al bancone a chiacchierare con Bashir Hadi delle manie di certi clienti, o della prossima consegna di carne, e avrebbe sentito la porta aprirsi. Bashir avrebbe guardato verso l'ingresso, poi verso di lei. La porta si sarebbe richiusa e Sunny avrebbe avuto un presentimento. Avrebbe capito. Si sarebbe voltata e lo avrebbe visto, con quel suo sorriso da mille kilowatt.

Sbuffò, sperando che, in mezzo a tutto quel baccano, nessuno la sentisse. Naturalmente non sarebbe tornato tanto presto, visto che era partito da appena due mesi. Le sue missioni duravano tre, talvolta quattro mesi, e poi tornava a casa al massimo per altrettante settimane. Tommy, sei un idiota, avrebbe voluto rimproverarlo quando la nostalgia era insopportabile. Come puoi stare lontano da me per così tanto tempo? E per cosa, poi? Per l'avventura? Il brivido? I soldi? Erano arrivati insieme a Kabul cinque anni prima, per ritrovare se stessi e una vita insieme, lontani da quella cittadina americana nel bel mezzo del nulla. Lì erano dei poveracci bianchi. A Kabul erano dei nababbi. Ma poi Tommy aveva trovato un lavoro a contratto a sud, prima nella divisione sicurezza di una ONG, poi come addestratore nell'esercito afgano, infine come cecchino. Lo pagavano più di quanto avrebbe immaginato di guadagnare in una vita intera, perciò ogni volta spariva per lunghi periodi. Ogni tanto la chiamava per dirle che aveva un week-end libero e volavano insieme a Dubai, soldi ben spesi per un viaggio incredibilmente semplice, per fare l'amore furtivamente in alberghi di lusso alti decine e decine di piani. Ma per lo più erano lunghi periodi di separazione, in cui Sunny cercava di tirare avanti con la sua vita, fingendo di essere una donna forte e indipendente quando in realtà si consumava nell'attesa. Di un uomo. E allora, chi era l'idiota? si domandò Sunny disgustata, asciugandosi le mani sul grembiule. Tu, Sunny Tedder, tu.

Posò i palmi sul bancone e stese le braccia, tendendo i gomiti. Ora basta con l'autocommiserazione. Era fortunata ad aver trovato l'amore, il vero amore. Avrebbe anche potuto trovarsi un amante, se avesse voluto. (Lei e Tommy avevano stretto un patto silenzioso: fa' quello che vuoi con chi vuoi quando ti va, ma non parlarne mai, e non farti mai coinvolgere emotivamente.) Era fortunata ad avere il caffè e a vivere in quel posto straordinario.

I guadagni di Tommy, che all'inizio avevano condiviso, le avevano permesso di pagare i primi sei mesi di affitto per il caffè, ma erano stati l'ingegno e il duro lavoro di Sunny a farne un successo. Sapeva che quei soldi erano stati guadagnati uccidendo, che Tommy era diventato un tiratore scelto, un mercenario prezzolato che combatteva i talebani a sud. Ma immaginava che fosse per una giusta causa. In fondo, uccideva i cattivi.

A volte le sembrava che la vita a Kabul fosse come nel vecchio west, dove c'erano i buoni e i cattivi, e la legge era effimera quanto la pace. Fece un sospiro, prese la pinza dalla tasca del grembiule e si legò i capelli in una crocchia. La vita avrebbe dovuto essere facile come allora, facile come legarsi i capelli, pensò. Ami, muori, e nel frattempo cerchi di vivere meglio che puoi.

«Di nuovo con la testa fra le nuvole, Miss Sunny?» chiese Halajan. «E intanto i lupi si mangiano le tue capre.»

Halajan era un pozzo di antica saggezza afgana. Che Sunny lo volesse o meno.

Sunny osservò l'anziana padrona dell'edificio, la madre di Ahmet, con i lunghi seni cadenti che le penzolavano fin quasi alla vita, mai sostenuti da un reggiseno, gli abiti cenciosi e il viso aperto. E rispose: «Non ne ho di capre».

«Allora si mangeranno te» replicò Halajan, mentre girava intorno al bancone e usciva dalla porta sul retro. «Mi prendo una pausa.»

«Buona sigaretta» le augurò Sunny.

Halajan si voltò e le sorrise. «Puoi scommetterci il culo» rispose in inglese.

Sunny scoppiò a ridere. Halajan era l'unica donna afgana di sua conoscenza che parlava in quel modo, che beveva e fumava: vestigia di una vita precedente l'avvento dei talebani. Come si sentisse ora, con le voci che giravano sul loro ritorno, Sunny poteva solo immaginarlo.

Un tavolo di clienti abituali chiamò Sunny, ma erano dei rompiscatole, perciò camminò volutamente piano per andare a prendere la loro ordinazione. Uno voleva le uova all'occhio di bue, ma non troppo. Un altro voleva le frittelle di patate croccanti, ma non bruciate come la volta precedente. Un altro era nervoso perché il pane non era ancora arrivato. Sunny stralunò gli occhi e pensò: "Sarà una lunga giornata".

Portò l'ordinazione a Bashir Hadi. «Croccanti ma non troppo, capito? E attenzione alle uova.»

L'uomo sorrise ed esclamò: «Il cliente ha sempre ragione. Non è così che dite voi saggi americani?».

Sunny fece un sorrisetto e portò il cappuccino che stava sul bancone al tavolo cui era destinato. Lì, un occidentale con indosso un *salwar qamis* tradizionale stava leggendo il quotidiano di Kabul in dari.

«Cosa le porto, signore? Mangia qualcosa o intende occupare il tavolo e basta?»

L'uomo sollevò la testa dal giornale e la fissò con occhi azzurro acciaio. Era affascinante, il viso segnato da una vita dura, i capelli ingrigiti e la stempiatura incipiente, il collo taurino e l'addome prominente per i chili di troppo, eppure le sue grandi mani avevano una certa grazia mentre piegavano il giornale e lo posavano sul tavolo. A Sunny ricordava un attore degli anni quaranta, un tipo rude, bello ma non troppo, con un certo non so che.

«Si è alzata con il piede sbagliato, signora mia?»

E parlava anche come un uomo degli anni quaranta.

«Allora? Ordina qualcosa o no?» insisté Sunny.

«Ah, la mettiamo sul piano degli affari?»

«E per favore la smetta di chiamarmi "signora mia". Si dice alle vecchie. Ho lasciato l'America proprio per non sentire più quel signora mia.»

«Mmm, davvero?» Inforcò gli occhiali da vista, diede una scorsa al menu e continuò: «Sì, avevo sentito. So che la tormentavano» disse per provocarla.

Sunny lo ignorò.

«Prendo un'omelette con il formaggio – non troppo cruda – e una frittata di patate, ben cotta, mi raccomando. Mi piace croccante. E vorrei quel vostro ottimo pane francese.» Si fermò per riflettere. «E, mi corregga se sbaglio, ma sento profumo di pancetta. Come fate ad averla?»

«Ho i miei fornitori. Però il pane francese è finito. Oggi serviamo l'ottimo pane schiacciato afgano.»

Ci pensò a lungo.

Sunny aspettò, una mano sul fianco, un lieve sorriso agli angoli della bocca.

«Niente pane francese, eh?» replicò. «Va bene, rinuncerò al pane, ma visto che mangio da solo e non offendo nessuno dei miei amici afgani, prendo la pancetta. E del mango. Mi piace come lo servite.»

«Nient'altro, signore?» Spostò il peso da una gamba all'altra.

«Un altro cappuccino.» Bevve l'ultimo sorso dalla tazza e si pulì il labbro superiore con il dorso della mano.

«Abbiamo degli oggetti chiamati "tovaglioli" per pulirsi la bocca» commentò Sunny.

«Ma poi come farei a darle sui nervi?» replicò socchiudendo gli occhi azzurri. Sollevò il tovagliolo dalle gambe e si tamponò le labbra con delicatezza, con un'espressione divertita sui tratti marcati.

Sunny non riuscì a trattenere un sorriso mentre si voltava verso il bancone. «Jack vuole il solito» gridò a Bashir Hadi.

«E tu stai in guardia, torno tra poco» disse all'uomo, che aveva riaperto il giornale.

Si sorprese per quanto l'arrivo di Jack le avesse risollevato il morale. Era sparito per più di un mese. Il suo lavoro di consulente per lo sviluppo agricolo lo portava spesso in zone remote del paese, a collaborare con ingegneri e imprenditori per portare sistemi di irrigazione, strade asfaltate ed elettricità in aree povere e arretrate. Più o meno.

Sunny aveva imparato già da tempo che a Kabul "consulente" era il titolo di chi non poteva dire cosa facesse. Jack non parlava molto dell'ONG che lo aveva assoldato, né dei dettagli del suo lavoro. Con certezza,

Sunny sapeva solo che era sposato, che aveva un figlio al liceo, in America, e che gli piacevano le uova ben cotte. E che era divertente e la faceva ridere. Cosa ci facesse laggiù, lontano dalla famiglia, nessuno lo sapeva. O forse il motivo era lo stesso del 99,9 per cento degli stranieri che si trovavano lì: i soldi. In Afghanistan, un uomo che guadagnava quaranta, cinquantamila dollari all'anno poteva decuplicare quella cifra come "indennità di missione". Se non avevi paura di morire, potevi fare un mucchio di quattrini.

Tommy ne era la prova vivente, pensò Sunny. L'amore della sua vita, l'unica ragione per cui era venuta a Kabul, la lasciava sola per settimane intere per inseguire possibilità di guadagno. E Sunny si era adattata alla sua vita solitaria in quella città. "I problemi sono sempre dietro l'angolo", era la sua massima di vita. O ti adegui, o muori.

Come Yasmina, si disse Sunny. La ragazza stava sparecchiando un tavolo in fondo alla sala. Sunny l'aveva portata lì solo qualche settimana prima e le aveva spiegato come funzionavano l'impianto idraulico e l'elettricità. Quando aveva acceso la luce nella sua stanza per la prima volta, Yasmina aveva sussultato. Halajan aveva dovuto spiegarle come usare il water, e il ricordo delle sue parole rozze fece sorridere Sunny. Quando Yasmina aveva detto a Halajan che, nel posto da cui proveniva, non si facevano mai i bisogni in casa e che era molto primitivo scaricarsi sotto lo stesso tetto dove si mangiava e si dormiva, Halajan si era piegata in due dalle risa. Quando, però, aveva mostrato la doccia a Yasmina, aprendo prima l'acqua fredda e poi quella calda, il viso della ragazza si era illuminato e aveva messo la mano sotto la pioggia calda, sentendola sulla pelle e guardandola fluire lungo il braccio. Era come se avesse assistito a un miracolo.

Yasmina era completamente coperta dal chador color lavanda che indossava fin dal suo arrivo. Di certo non era bello come quello ricamato a mano che Sunny le aveva visto al ministero per gli Affari femminili, ma quello si era strappato e rovinato durante il suo calvario e adesso Yasmina lo teneva ripiegato e nascosto sotto il cuscino. Sunny lo aveva visto un mattino, quando era entrata in camera sua per portarle una coperta per le notti più fredde. Lo splendido ricamo del chador l'aveva lasciata senza fiato e, anche se non avrebbe mai detto a Yasmina di averlo visto, si era ripromessa che prima o poi avrebbe portato la ragazza a comprare un paio di *salwar qamis* cuciti a mano. Qualcosa di vivace e bello per consolarla della lontananza dalla sua famiglia. E qualcosa di leggero e di comodo da indossare con l'avanzare della gravidanza. Non aveva detto a Yasmina che sapeva già tutto, non volendo metterla a disagio. Ma si avvicinava il giorno in cui avrebbe dovuto farlo, anche solo per portarla da un medico, farla sentire più tranquilla e prepararla al giorno del parto.

«Yasmina» le disse Sunny. «*Subh bi-khayr*. Buongiorno. Spero che tu abbia dormito bene» proseguì lentamente, nel suo dari stentato. «Come ti senti oggi?»

Yasmina rimase lì impalata, nervosa, ovviamente senza capire una sillaba.

Sunny scosse il capo per la frustrazione. La comunicazione tra di loro andava a rilento nel cercare le poche parole in dari che avevano in comune.

Jack alzò lo sguardo dal tavolo vicino e parlò in waigali, la lingua del popolo nuristano, in maniera così fluida che avrebbe potuto passare per un madrelingua.

«Non fare caso a lei. Ce la mette tutta. Vorrebbe sapere come ti senti.»

Yasmina sorrise e rispose nella sua lingua. «Benissimo, grazie, *tashakkur*», poi chinò il capo e si diresse al bancone. Mentre la ragazza si legava un grembiule sul chador, Bashir Hadi stava strofinando la macchina per il caffè di rame con succo di lime, il modo migliore per farla scintillare come la luna in una notte d'inverno, le aveva detto.

La mattinata passò in un lampo. Solo quando l'ultimo cliente fu uscito e Yasmina, una volta pulito il pavimento, si ritirò nella sua stanza per riposare, Bashir Hadi avvicinò Sunny, seduta al bancone con il suo portatile.

«Possiamo parlare, Miss Sunny?» chiese Bashir Hadi.

Era molto serio, il che la fece preoccupare. «Ma certo» rispose, chiudendo il computer e voltandosi verso di lui.

Bashir avvicinò uno sgabello e si sedette. «Mi piace il mio lavoro qui e ti ringrazio per l'opportunità che mi hai dato...»

«Non te ne starai andando, spero» lo interruppe Sunny, con il cuore in gola. Cosa avrebbe fatto senza Bashir? Ormai contava completamente su di lui.

«No, no, no» replicò l'uomo, scuotendo la testa. «Ma sono preoccupato. So che stamattina il locale era pieno, ma questo pomeriggio o stasera non lo sarà. Miss Sunny, dobbiamo parlare di soldi. Il caffè è in perdita e...»

«Ce la siamo sempre cavata, Bashir Hadi, no?»

«Ma, Miss Sunny, ci servono più soldi per rendere sicuro il locale. E te. E i clienti. Tu sai di cosa sto parlando.»

Emise un sospiro e guardò dalla finestra, alle spalle

di Bashir. Sì, gli attentati suicidi stavano aumentando e anche i rapimenti. Sì, lo sapeva. Il mese precedente un ragazzo – un bambino, in realtà, a quel che si diceva – imbottito di un ordigno improvvisato, si era fatto esplodere, distruggendo tutto intorno a sé, a due strade di distanza. La terra aveva tremato e le finestre sulla strada erano esplose. Sei persone erano rimaste uccise. Solo la fortuna aveva impedito che ci fossero più vittime, l'avevano detto tutti.

Bashir Hadi proseguì: «Dobbiamo risolvere i problemi di sicurezza. Abbiamo bisogno di un bunker, un luogo in cui i clienti possano rifugiarsi nell'eventualità di un attacco. Dobbiamo mettere una pellicola antibomba alle finestre in modo che non scoppino e le schegge non diventino armi. L'ultima volta siamo stati fortunati. Ma se la bomba fosse stata più vicina? Dobbiamo fortificare l'edificio in qualsiasi modo possibile. Dobbiamo smettere di tenere le armi nel ripostiglio e chiuderle, invece, in una cassaforte all'ingresso».

A Sunny sembrava di doversi preparare a una battaglia e detestava quella sensazione, ma doveva guardare in faccia la realtà. «Sì,» disse «ma non possiamo permettercelo.»

«Ci ho già riflettuto. E forse il modo c'è» replicò, inarcando le sopracciglia, con un sorrisetto che gli incurvava gli angoli della bocca.

Sunny lo scrutò attentamente, quell'uomo gentile e affidabile, dai grandi occhi scuri all'ingiù e il viso dolce, la corporatura piccola e l'abbigliamento impeccabile, il cui duro lavoro aveva salvato lei e il caffè innumerevoli volte. Oltre a gestire il locale e ad aver riparato i danni dopo l'ultima esplosione, c'era stata quella volta, l'inverno prima, in cui erano scoppiate le tubature. E quella in cui uno sbalzo di tensione aveva mandato in tilt una macchina per il caffè perché il generatore era sovraccarico e si erano affidati alla rete elettrica urbana. Bashir l'aveva aiutata a trovare i due generatori, che costavano un occhio della testa. Per tutto l'inverno la aiutava a tenere acceso il *bukhari*, la stufa a legna. E si era occupato del fango, che in primavera, allo sciogliersi della neve, filtrava attraverso ogni possibile crepa e interstizio nelle pareti.

«Intendi dirmelo? O devo tirare a indovinare?» domandò Sunny per provocarlo.

Bashir Hadi affondò la mano nella tasca del *qamis* ed estrasse un articolo di giornale, piegato con cura. «Guarda,» disse «possiamo ricostruire il muro di cinta. Così otterremo la conformità ONU e i funzionari inizieranno a frequentare il locale. E avremo tanti clienti.»

Aprì l'articolo e lo stese sul bancone. Sunny vi diede una scorsa. Le Nazioni Unite stavano incoraggiando ristoranti, alberghi e ostelli a ricostruire i muri esterni in base a specifiche di altezza e spessore tese a garantire l'incolumità dei funzionari, e solo a quel punto li avrebbero autorizzati a frequentarli. Il loro giro di affari sarebbe raddoppiato.

Sunny lanciò un'occhiata verso il cortile anteriore fino al muro che separava il caffè dalla strada. Vide il cancello turchese con la guardiola di Ahmet. Si ricordò della prima volta in cui era arrivata a Kabul, viaggiando in taxi su strade fiancheggiate da mura che le avevano rammentato i sentieri stretti di casa, attraverso i campi di granturco. La grande differenza era che quei muri erano carichi di fori di proiettile anziché di pannocchie. Separavano una casa dall'altra e facevano da schermo tra le abitazioni e la strada, impedendo ai passanti di capire dove stessero andando o di conoscere il vicinato. Difendevano gli abitanti dai pericoli, ma li isolavano dalla libertà. In genere erano alti circa due metri. Per ottenere l'approvazione ONU, dovevano raggiungere i quattro.

«È come uno di quei… come si dice? Un ciclo. Ci vogliono più soldi per fortificare il caffè, per costruire un muro più solido, così verranno più clienti e guadagneremo di più.»

«C'è un unico problema» disse Sunny, pensando al conto corrente ormai agli sgoccioli. «Prima di tutto per costruire un muro più alto ci vogliono soldi.»

Bashir poggiò il gomito sul bancone e posò il mento sulla mano. «Allora dobbiamo attirare più clienti, in modo da finanziare i lavori.»

«Mmm. Tipo una festa?»

«Cioè vendere alcolici? Non mi piace, troppo pericoloso.»

Sunny scosse il capo. «E comunque non sono venuta a Kabul per fare la barista. Quella è la vita che mi sono lasciata alle spalle.»

«Allora pensiamo a qualcos'altro. Dobbiamo riflettere. Ma dobbiamo agire, e in fretta. Qualcosa per Natale, magari. Perché presto sarà Pasqua e sposteremo i tavoli all'esterno, sotto il patio. Per allora, il locale deve essere sicuro.»

Durante il suo primo anno a Kabul, Sunny aveva introdotto un paio di nuove tradizioni nel caffè. Una era il Natale, quando decorava un enorme albero di plastica con gli addobbi comprati su Chicken Street, e l'altra era la Pasqua, che nel locale veniva festeggiata come il benvenuto alla primavera, quando Sunny apriva il patio esterno e creava un'oasi di giacinti e fucsie che si arrampicavano sui tendoni acquistati a Dubai. Il Natale era dietro l'angolo; alla Pasqua mancavano pochi mesi.

«Quello sarà il nostro obiettivo. Il locale deve essere sicuro per Pasqua.»

Bashir Hadi fece un lieve inchino, alzò la testa e disse: «Fino ad allora pregheremo per la nostra incolumità. Ringraziamo Maometto per la Pasqua».

«Ringraziamo Maometto!» ripeté Sunny.

E sorrisero entrambi.

4

Halajan percorse il corridoio posteriore verso la porta che dava su un piccolo cortile sul retro del caffè, dove poteva trovare un po' di intimità e togliersi il velo caldo e fastidioso. Per una donna era l'unico modo in quei giorni, a Kabul, per fare un gesto tanto spudorato senza essere lapidata. Ah, quegli idioti dei talebani, pensò mentre le scarpe di plastica ticchettavano sui pavimenti di marmo, una delle tante migliorie che Sunny aveva apportato all'edificio. Che uomini meschini, pensò, a rimettere il burqa alle donne. Ormai si era abituata alla luce del sole e si era ripromessa di non nascondersi mai più nell'ombra, a costo della vita. Indossare il velo era una cosa. Poteva anche capirlo, in nome della tradizione. Ma la *parda* – la pratica che costringeva le donne a coprirsi completamente nei luoghi pubblici – era un'altra cosa. I talebani l'avevano imposta durante i cinque anni del loro dominio. Le donne potevano mostrare il proprio volto solo nel santuario domestico, davanti al marito e ad altre donne. Per Halajan, equivaleva alla galera, alla morte nella vita. Vecchia com'era, a quasi sessant'anni, aveva conosciuto la vita prima e dopo i talebani, e adesso, con l'acuirsi delle violenze, con la loro presenza per strada di notte e con le voci che imperversavano a Kabul sul fatto che stessero pianificando un ritorno, le regole erano più ferree. Halajan temeva per il futuro. Il sapore della libertà era un elisir intenso e piacevole che restava in bocca per sempre.

Spalancò la porta; l'aria fresca dall'esterno era meravigliosa sul viso dopo una mattinata di lavoro nel locale. Fece un respiro profondo e, mentre contemplava il patio, sentì scricchiolare le sue vecchie ossa. Un melograno solitario spuntava da un buco circondato dal cemento e i tre generatori ronzavano rumorosamente. Ah, benedetti generatori! Quando Sunny aveva chiesto di spostarli nel retro del caffè, perché rendevano impossibile parlare nel patio anteriore, dapprima Halajan le aveva risposto di no. E aveva continuato a dire di no per mesi e mesi, solo per imporre la propria autorità, per far capire a quell'americana rompiscatole appena arrivata che l'edificio era suo ed era lei a prendere le decisioni. Ma osservando Sunny sistemare una magagna dietro l'altra, anche lei si era stancata delle lamentele e dei tavoli vuoti, e aveva permesso lo spostamento dei generatori, anche se occupavano spazio e posti auto preziosi. I vicini si erano infuriati, ma Sunny aveva corrotto la polizia affinché aprisse altri parcheggi lungo la strada. Non c'erano parole per descrivere la stupidità degli amministratori di Kabul.

Il bello di Sunny, pensò Halajan, non erano il suo pessimo dari, i suoi blue jeans, quella sua voce squillante né la sua risata convulsa o i suoi pazzi capelli. Il bello di Sunny era stata la sua insistenza per avere i generatori. Elettricità a ogni ora del giorno e della notte. Era come un miracolo di Maometto.

Si guardò intorno per assicurarsi di essere sola. Poi si passò la mano tra i capelli e sorrise al proprio riflesso sulla finestrella della porta. Nonostante la pelle scura e raggrinzita come le noci al mercato, i capelli corti le conferivano un'aria giovane e vigorosa. Se li spettinò all'insù, soddisfatta di quell'aspetto da ragazzino. Aveva scelto quel taglio drastico un anno prima, quando a Kabul avevano iniziato a circolare voci sul ritorno dei talebani, annidati sulle colline nella provincia di Helmand, a sud. Come un privatissimo gesto di sfida, la propria dichiarazione di indipendenza – perché sapeva cosa sarebbe accaduto se i talebani avessero preso il controllo della sua amata gente – aveva chiesto in prestito le forbici di Sunny e si era tagliata la lunga treccia che, a quel tempo, le raggiungeva la vita. L'aveva riposta in una scatola sotto un tavolino in camera, dove era rimasta. E adesso, ogni tre mesi circa, si faceva prestare le forbici e si dava una spuntatina, tenendo i capelli abbastanza lunghi da poter nascondere il suo segreto sotto il velo.

Sotto la veste marrone, indossava una vecchia gonna di jeans lunga appena sopra il ginocchio. Risalente all'era pre-russa degli anni settanta – quando le donne erano libere di studiare, di lavorare, di andare e venire a piacimento, di indossare quasi tutto quello che volevano, purché rispettasse i dettami di Maometto – la gonna si era ammorbidita e consumata con l'andare del tempo. Le gambe ossute erano coperte da un paio di pantaloni abbondanti, come il *sirwal* che indossava sempre suo padre. Sembrava trascorso un secolo dalla sua morte, quando la casa era passata a lei, che era figlia unica e, a quel tempo, era solo una ragazza. Si frugò in una tasca ed estrasse un pacchetto di Marlboro e un accendino viola di plastica. Accese la sigaretta e inspirò profondamente, poi soffiò con immensa soddisfazione. E non solo per l'effetto della nicotina. Ma per il gesto in sé: pericoloso, sprezzante e indomito. Là fuori, Halajan aveva, purtroppo, i suoi unici momenti di libertà.

Ripensò alla sua vita come a una rassegna dei regimi che avevano governato l'amato Afghanistan – con e senza il burqa, in minigonna e poi di nuovo nella lunga veste – e delle guerre che avevano mietuto amici e familiari, della siccità che aveva provocato carestie e ucciso le rose e gli alberi di Kabul, e si rese conto che, come il suo paese, era sopravvissuta. I mali inflitti dall'esterno erano niente in confronto ai veleni che erano sgorgati da dentro. Per capirlo, le era bastato un solo sguardo negli occhi neri e gelidi di un giovane combattente talebano.

Affondò la mano in tasca e tirò fuori l'ultima lettera di Rashif. Ammirava la sua calligrafia leggiadra, i ghirigori che non cessavano di sorprenderla, pagina dopo pagina. Lo immaginava nel suo negozio, in un vicolo stretto del Mondai-e ad aspettarla con un sorriso che le suscitava un'ondata di calore in tutto il corpo e le faceva fremere la pelle di piacere. Ripensò a lui che abbassava la testa augurandole "*Al-salam 'alaykum*" e poi si avvicinava per consegnarle furtivamente una lettera che lei nascondeva subito tra le pieghe del chador. L'indomani sarebbe stato giovedì, giorno di mercato, l'inizio del fine settimana musulmano che comprendeva il venerdì, e sarebbe passata da lui. E ci sarebbe stata un'altra lettera, proprio come ogni giovedì da sei anni a quella parte.

Amava Rashif sin da quando era bambina, quando ancora abitava nella casa di suo padre e sua madre. Lui viveva a pochi isolati di distanza e, dopo la scuola, giocavano nel campo vuoto tra un edificio e l'altro, esattamente nel punto in cui adesso sorgeva il caffè. Si erano visti spesso per le riunioni di famiglia e le festività religiose. Ma, crescendo, erano stati divisi dalle restrizioni imposte dalla loro cultura e, come altri adolescenti di Kabul, non avevano più potuto parlare o stare insieme se non alla presenza di altre persone. Alla fine, Rashif era stato dato in sposo a Salima, e Halajan, all'età di tredici anni, era stata data a Sunil, che sarebbe stato suo marito per trentasei anni.

Quegli anni erano stati pieni di gioie e preoccupazioni, la nascita di due figli – Ahmet e sua sorella, A'isha (che adesso stava studiando in Germania e viveva con alcuni amici di Kabul, incoraggiata da Halajan; cosa che Ahmet non aveva fatto, non volendo abbandonare la madre nonostante le sue proteste) – di screzi e di compromessi, come ogni matrimonio. Sebbene si considerasse una persona moderna, c'era una cosa che non avrebbe mai fatto: umiliare o disonorare la propria famiglia scegliendosi il marito. Perciò, per trentasei anni, aveva fatto funzionare quell'unione. Sunil era un brav'uomo, ma era una persona piuttosto semplice. Andava al lavoro, tornava a casa, pregava, studiava il Corano e in una settimana tirava fuori al massimo dieci parole. Era morto di tubercolosi, come tanti altri, da nove anni.

E poi, qualche anno dopo, era morta la moglie di Rashif. E, quasi immediatamente, erano cominciate le lettere. Halajan attendeva con ansia una settimana dopo l'altra il brivido di quello scambio, la gioia di vedere il sorriso e gli occhi scintillanti di Rashif.

Diede un tiro alla sigaretta, piegò la lettera con cura e la ripose in fondo alla tasca. Soffiò e guardò il fumo, trasportato dal vento lungo il muro dell'edificio, dissiparsi nell'aria man mano che saliva.

Se solo avesse saputo leggere. Solo allora avrebbe capito quello che Rashif stava cercando di dirle.

5

Ahmet si appoggiò al muro del cancello, a guardare il cielo tingersi di viola lavanda sulle colline che circondavano Kabul e le vette in lontananza confondersi nel crepuscolo. Cosa c'era al di là di quelle montagne? Sua sorella lo sapeva; era partita tanto tempo prima. Invece lui non l'avrebbe mai saputo, perché Kabul era casa sua, era lì che doveva stare. Eppure quelle montagne lo chiamavano, come il canto del muezzin al sorgere del sole. In momenti come quello, quando il petto gli si stringeva per l'irrequietezza, si sistemava il fucile in spalla e ricordava a se stesso il proprio dovere.

Quattro uomini si avvicinarono, parlando ad alta voce in una lingua slava. Ahmet si impettì, senza distogliere lo sguardo. Gli rivolsero un cenno del capo. Ahmet aprì il cancello. Poi arrivarono altri due uomini, americani stavolta.

«Buon pomeriggio» gli dissero in un dari stentato.

«*Al-salam 'alaykum*» rispose. Ahmet non fermava mai le persone per parlare o per fare domande e non usava un metal detector, come i *chawkidar* dei ristoranti di lusso. Ma aveva un metodo infallibile per garantire la sicurezza del locale. Guardava sempre i clienti dritto negli occhi, perché riflettevano verità più profonde di una sensazione fugace di impazienza, fame o delusione. Gli occhi di un uomo tradivano il suo cuore. Anche dietro un sorriso, gli occhi di un uomo malvagio erano duri e aridi come un fiume prosciugato; anche sotto una fronte corrugata, gli occhi di un uomo buono erano profondi. Nel Corano, gli occhi erano lo specchio dell'anima. "Vedrai" nel Corano significava "saprai"; "il tuo cuore e i tuoi occhi" si riferiva a sentimenti e pensieri, come Ahmet aveva imparato sin da piccolo, a scuola.

Dopo la frenesia del mattino, il caffè tornava tranquillo fino al tardo pomeriggio, quando i clienti passavano per incontri di lavoro o per parlare di politica, della guerra o dell'ultima partita di *buzkashi* prima di andare a casa per cena. Di venerdì, il giorno di riposo, quando nessuno andava al lavoro, il caffè era aperto e affollato tutto il giorno. Per quanto Ahmet ci provasse, non riusciva ad appassionarsi al *buzkashi*, la versione afgana del polo giocata con un vitello morto al posto della palla. Il suo gioco preferito era il calcio. Gli piaceva guardarlo sulla grande tv appesa alla parete dentro il caffè. Gli stranieri scommettevano sul risultato delle partite, ma lui non poteva partecipare. Il Corano proibiva le scommesse.

Ridacchiò tra sé al ricordo di Sunny che, un pomeriggio, aveva portato a casa un enorme televisore. Era in uno scatolone che spuntava per metà dal bagagliaio dell'auto, il cofano chiuso con una fune per impedire che cadesse mentre la macchina sobbalzava sulla strada disseminata di buche e pietre.

Sunny era scesa dall'auto, aveva chiuso la portiera e si era girata verso Ahmet. Si era tolta i capelli dagli occhi, aveva piantato le mani sui fianchi e aveva detto: «Ti farà impazzire, Ahmet. Aspetta di vedere la partita di stasera». Si riferiva alla finale tra la sua squadra preferita, il Brasile, e il Sudafrica.

Da anni, guardavano le partite su quel grosso televisore a colori posato su un tavolino traballante in un angolo del locale. Ahmet era sicuro che un giorno le gambe del tavolino avrebbero ceduto, stramazzando al suolo sotto il peso di quell'enorme apparecchio. Ma era migliore di quello che avevano prima: un piccolo televisore in bianco e nero con le orecchie da coniglio, come le aveva chiamate scherzando Sunny, quand'era appena arrivata.

Far funzionare la televisione nuova era stato un problema. Ci erano volute tre settimane, una parabola nuova sul tetto, l'aiuto di tre amici per far passare i cavi, innumerevoli viaggi al negozio di elettronica ed elettrodomestici e parecchie preghiere ad Allah affinché Ahmet non si perdesse tutto il campionato.

Ma quando, alla fine, il televisore aveva funzionato, era stato meraviglioso! Ahmet non aveva mai visto tanti colori. Le partite sembravano vere! La tv aveva attirato molti clienti nel caffè e il rispetto di Ahmet per Sunny era cresciuto. Ecco una donna che non aveva paura di lavorare sodo, una donna testarda come una capra che sbatteva la testa contro il recinto nella speranza di passare dall'altra parte. E anche una donna che, come sua madre e sua sorella, metteva in discussione le sue aspettative sul sesso debole e lo metteva a disagio.

Due uomini afgani che Ahmet conosceva si avvicinarono all'ingresso. Li salutò, tenne aperto il cancello e ricordò loro di consegnare le armi. Troppi fucili, pensò seguendoli con lo sguardo mentre attraversavano il cortile e venivano accolti da Bashir Hadi. Se tutti hanno un'arma, tutti sono pronti a uccidere e a morire.

Quel giorno metà degli avventori erano afgani, ma di solito la clientela del caffè era costituita per lo più da stranieri, uomini e donne che lo trovavano un posto accogliente dove trascorrere ore e ore a chiacchierare in gruppo o da soli a leggere un libro, mentre Bashir Hadi lavorava in cucina, Sunny raccoglieva le ordinazioni, Halajan, sua madre, dava ordini a tutti e Yasmina manteneva l'ordine e la pulizia.

Yasmina... quelli sì che erano occhi, pensò Ahmet, mentre osservava un vecchio che attraversava la strada circondato dalle pecore. Stava percuotendo sul dorso un esemplare particolarmente grasso con il lungo bastone.

Gli occhi di Yasmina erano come le piscine insondabili di Band-e-Amir, i laghi delle montagne a nord, che aveva visto solo in fotografia. Era convinto che, prima che Sunny la prendesse con sé, probabilmente avesse fatto la prostituta e che non avesse in serbo niente di buono, perché i suoi occhi erano gli unici che non riusciva a leggere.

Si voltò a guardare l'interno del caffè attraverso il cortile anteriore. Ed ecco Yasmina che asciugava un vassoio, lo posava sul bancone e vi disponeva due piattini con una tazza su ciascuno. Infine un cestino di dolci. "Guardami," pensò Ahmet "fammi vedere i tuoi occhi. Mi diranno la verità." Come se avesse sentito quel pensiero, Yasmina si girò e Ahmet distolse immediatamente lo sguardo, voltandosi verso la strada.

Quasi sicuramente era una *fahisha*, una prostituta, si disse mentre si sistemava il fucile sulla spalla e rivolgeva un cenno con la testa a due donne straniere che si avvicinavano al cancello. Portavano il velo, ma indossavano pantaloni e scarpe in stile occidentale. Probabilmente lavoravano invano per una ONG, per aiutare gente che non aveva alcun bisogno di aiuto. Donne così, come sua sorella, potevano anche essere intelligenti, ben intenzionate, ma c'erano delle regole che esigevano rispetto. Il suo amato paese era già sopravvissuto a diversi regimi in passato e sarebbe sopravvissuto a qualsiasi altra calamità. Ma se le tradizioni venivano ignorate, se il Corano non veniva letto e interpretato alla lettera, allora la sua gente si sarebbe abbassata a vivere come i serpenti che strisciano nella sterpaglia del deserto.

E Sunny, come tutti gli americani – tranne Jack, ammise Ahmet, che mostrava un po' di rispetto – sfidava le tradizioni. Non c'era da stupirsi che sua madre si trovasse a proprio agio nel caffè. Lei e Sunny litigavano come cane e gatto, ma in realtà erano due uccellini nati nello stesso nido. Avevano assunto Bashir Hadi, un hazara! Gli avevano dato un aumento e un lavoro importante. E adesso era lui a gestire il locale. Come potevano dare tutta quella responsabilità a un hazara? E poi era arrivata Yasmina, una ragazza di montagna del Nurestan, una *kafira*. Ahmet sbatté il piede a terra. Il caffè stava diventando una specie di ONU.

Perfino Ahmet stava cambiando. Naturalmente obbediva ancora ai cinque richiami al giorno del muezzin, pregando sul suo tappeto o alla moschea. E rispettava i dettami dell'islam, ma sentiva ribollire il sangue alle voci del risveglio dei talebani nel paese. La tradizione era un conto, ma la crudeltà e la violenza erano tutt'altra cosa. Molto probabilmente non era quello il messaggio di Maometto. Corrugò la fronte verso il sole che tramontava alle sue spalle. Tuttavia spettava a lui difendere le tradizioni in casa sua. *In sha' Allah*, l'avrebbe fatto. Il mondo poteva anche cambiare, ma la parola di Allah era eterna e il compito di Ahmet era proteggere la casa di sua madre, tenerla al sicuro e tutelarne l'onore sotto gli occhi attenti di Dio.

Rashif era seduto a un tavolo in fondo alla bottega, alla macchina da cucire, dietro il bancone e la parete ricoperta da rocchetti di filo, oltre la tenda che separava lo spazio in cui viveva da quello in cui lavorava. Aprì il cassetto alla base del tavolo e prese un foglio di carta color avorio, la pergamena che aveva comprato al negozio d'arte di Paint Street. Tenne un angolo tra pollice e indice, rivivendo il piacere che gli davano la grana e lo spessore della carta. Era abbastanza porosa da assorbire l'inchiostro della penna e abbastanza robusta perché la scrittura non trapelasse dall'altra parte, eppure liscia e leggera da poter essere ripiegata in modo elegante. E le buste erano altrettanto belle. Tolse il tappo alla penna a sfera e lo inserì in fondo.

Carissima Halajan, scrisse, con la sua calligrafia semplice. Voleva essere sicuro che ciascuna parola fosse leggibile, e non perché quello che aveva da dire fosse particolarmente importante, ma perché scrivere era l'unico modo per esprimerlo. E voleva che Halajan non se ne perdesse nemmeno una sillaba.

Oggi è una giornata splendida. L'aria è fresca, ma il cielo è azzurro e domani ti vedrò. Tu sei il raggio di sole nella mia settimana. Ho alcune notizie da darti. La nuova macchina da cucire che stavo aspettando è stata appena spedita dal Pakistan e sta viaggiando oltre montagne e deserti per arrivare nella mia botteguccia nel Mondai-e. Prego che non venga confiscata dai signori della guerra o distrutta dai combattenti sul passo Khayber. Dicono che arriverà tra sei settimane. Poi festeggeremo!

Alzò lo sguardo dalla carta e rise fra sé. "Volesse il cielo" pensò, o come dicevano i bambini americani della Scuola internazionale che compravano Coca-Cola e barrette di cioccolata al chiosco del suo amico Ibrahim dall'altra parte della strada, "*As if*", magari. Magari avesse potuto festeggiare con Halajan, prenderle il viso fra le mani, baciarla e farla volteggiare come a un ballo di mezzanotte. Magari!

Tornò a concentrarsi sulla lettera. Stava per riprendere a scrivere, quando il cigolio della porta che si apriva e il clangore che seguì annunciarono l'arrivo di un cliente. La lettera dovrà attendere, pensò, mentre si alzava scostava la tenda e accoglieva l'uomo con l'abito scuro posato con cura sul braccio. Il mio amore dovrà attendere.

6

L'auto sobbalzava e sbandava sulla strada di terra battuta, scagliando pietruzze contro il parabrezza. Oltre la nuvola di polvere, Candace Appleton scorgeva il verde della valle più avanti. Lì, nei sobborghi di Kabul, tutto era bruno, secco e desolato, come la città stessa, ma più avanti c'era un paradiso rigoglioso e fecondo. Proprio come le aveva detto Wakil.

Era seduto di fianco a lei, dietro l'autista del suo suv nuovo, a parlare dei progetti per le strade che avrebbe fatto costruire in quella zona. Candace osservò il suo profilo marcato e immaginò il bel corpo sotto la tunica e i pantaloni di semplice cotone grigio. Sulla testa indossava un turbante di una seta meravigliosa, quasi regale. Guardò ancora la sua barba curata, gli occhi bordati di nero. In effetti era un uomo bellissimo. E anche giovane; aveva dieci anni meno di lei, per la precisione. Ma non era solo quello. Forse era la dedizione nei confronti del suo paese, nell'aiutare i bambini orfani, nel costruire loro una clinica, una scuola e un orfanotrofio là fuori, nella campagna sterminata. O forse erano le attenzioni di cui la ricopriva e la passione con cui facevano l'amore. O le volte in cui le prometteva che, a tempo debito, l'avrebbe sposata. Che avrebbero avuto una famiglia. O forse una combinazione di tutto questo. Perché lei era profondamente innamorata di lui e per questo era stato più facile giustificare la separazione da suo marito.

In tanti anni non aveva mai fatto niente per se stessa, tranne naturalmente lo shopping, qualche piccolo intervento di chirurgia plastica, il minimo indispensabile per mantenersi bella, essendo sposata a un uomo in vista. Lasciare Richard era stata la prima cosa che avesse fatto per se stessa in diciotto anni di matrimonio. Diciotto anni! Guardò dal finestrino e sospirò. Tutto sommato la separazione era stata facile, visto che non c'erano figli di mezzo. Lei li avrebbe voluti, e non uno soltanto – essendo cresciuta da sola, trattata come un'adulta fin da piccola – ma una moltitudine! Siccome non era rimasta incinta subito, Richard non aveva voluto scoprire il motivo né considerare altre opzioni.

E poi aveva conosciuto Wakil. Era successo durante un convegno al consolato americano in Afghanistan con i rappresentanti delle ONG e i governatori delle comunità locali, per discutere di priorità e di finanziamenti. Candace era seduta insieme agli altri ospiti, in fondo, dietro le tavole rotonde dei partecipanti. Ma non era riuscita a staccare gli occhi da Wakil neppure allora: era così appassionato del suo lavoro e parlava con un'eloquenza notevole. Più tardi, al ricevimento, suo marito li aveva presentati. La scintilla era scoccata subito.

«La sua scuola sembra un posto meraviglioso» gli aveva detto.

«È anche una clinica e un orfanotrofio. Dovrebbe venire a vederla» aveva risposto lui. «È in una zona verde e fertile del mio paese. In un posto che credo le piacerebbe molto.»

Scoppiò a ridere. «Perché ha bisogno della mia approvazione?»

«Perché l'ho notata – come potevo non farlo? – durante la conferenza, che ascoltava, prendeva appunti, e ho visto una donna non solo bella e appassionata, ma dotata del potere di realizzare grandi cose.» Aveva taciuto e poi sorriso, mentre lei arrossiva stregata dal suo fascino, e infine aveva aggiunto: «E credo che lei ami i bambini quanto me».

Erano le classiche battute da donnaiolo incallito? Ma che importanza aveva? Candace aveva abboccato all'amo.

E guarda dove si era ritrovata: a fianco di un uomo magnifico in una valle verde e lussureggiante, dove, per la prima volta, avrebbe fatto qualcosa della propria vita. Wakil le aveva dato una ragione di vita. Non solo abiti firmati, party esclusivi, una casa nel quartiere aristocratico di Beacon Hill, a Boston, o l'attività di volontaria per questo museo o quell'istituto scolastico.

Le aveva dato uno scopo. E adesso, forse per la prima volta, era entusiasta di vivere.

L'automobile si diresse verso il folto di alberi più avanti. Candace non vedeva l'ora di visitare la scuola, di conoscere i bambini e di vedere con i propri occhi cosa intendesse Wakil quando le parlava di costruire nuove vite e di dare una speranza, una nuova prospettiva ai bambini afgani. Non parlava della vita di Candace, ma era come se lo facesse.

«Laggiù» disse in un inglese impeccabile, indicando il parabrezza dal lato di Candace. «Dietro gli alberi.»

«Sì,» rispose lei «lo vedo.» C'erano alcuni edifici in lontananza, una sorta di villaggio.

L'uomo si girò verso di lei. «Mia dolce Candace,

luce mia. Non vedo l'ora di mostrarti tutto. Così vedrai per cosa abbiamo lavorato così intensamente, e per così tanto tempo.» Le prese la mano nella sua e la strinse forte.

Lei sorrise. E pensò a tutte le persone a cui avrebbe potuto rivolgersi per raccogliere fondi per il progetto di Wakil. I suoi contatti sarebbero stati utili. Come moglie dell'ambasciatore americano in Pakistan (e prima in molti altri paesi del Medio Oriente e del Golfo), aveva conosciuto tutti i più importanti imprenditori e uomini d'affari, tutti i filantropi e gli attivisti più influenti della regione. Ma non era stupida. Sapeva che il divorzio da Richard Appleton III aveva suscitato un sacco di pettegolezzi e compromesso la sua reputazione. Tuttavia si fidava delle sua capacità di persuadere e attirare l'attenzione. D'altra parte, era proprio così che aveva lasciato l'anonima provincia americana per approdare alla casta dei bramini di Boston.

Passarono attraverso un boschetto di alberi alti; il paesaggio era mutato drasticamente da quando avevano lasciato Kabul. La luce del sole filtrava tra le foglie e i tronchi scuri, che sfrecciavano via in una macchia indistinta.

«Ci siamo» annunciò Wakil mentre parcheggiavano in uno spiazzo circondato da edifici. «Prima la scuola. Vieni, amore mio. Vieni a vedere questo posto di cui ti parlo da tanto tempo.»

Girò intorno alla macchina per aprirle la portiera. Poi si avviarono verso l'edificio, sotto il sole di mezzogiorno.

All'interno c'era una grande stanza piena di bambini seduti in silenzio sui *toshak* sul pavimento, le gambe incrociate e i libri in grembo. Indossavano tutti un *salwar qamis* immacolato e un berretto di lana color avorio, e si dondolavano avanti e indietro mentre recitavano il Corano. Un uomo anziano con un turbante bianco era seduto davanti a loro: l'insegnante, evidentemente.

Non appena i bambini notarono la presenza di Wakil, si alzarono, incrociarono le braccia tenendosi i polsi e abbassarono lo sguardo al pavimento.

«Vedi,» sussurrò Wakil «questi bambini sono pashtun, uzbechi, tagiki, hazara, turkmeni. Vengono da tutto il paese. Bambini senza famiglia, che non hanno più niente, orfani, mendicanti. Noi diamo loro un'istruzione. E da qui, costruiranno la propria vita, troveranno un lavoro, avranno figli.»

Si avvicinò a uno dei più piccoli e gli strofinò la testa. Il bambino si voltò e cercò di baciargli la mano. Con garbo, Wakil la ritrasse. «Non è me che dovrebbero ringraziare, ma Allah» disse Wakil a Candace. «Io lo faccio solo perché è la cosa giusta da fare.»

Candace scrutò quel mare di volti e poi si concentrò su Wakil. Com'era orgoglioso di offrire una casa e un'istruzione a quei bambini. Com'era orgogliosa di poterlo aiutare, e di essere al suo fianco.

«Ma abbiamo bisogno di più libri, e di più spazio. Abbiamo ampliato la scuola alcuni mesi fa. E questi sono solo una parte degli studenti. Le bambine arrivano nel pomeriggio.»

«Anche le bambine vivono qui?» Era davvero incredibile che un uomo afgano si adoperasse per fornire un'istruzione alle femmine, in un paese in cui le donne erano per lo più analfabete, cresciute per essere sottomesse.

«No, non sono orfane. Sono solo bambine povere che non hanno accesso alla scuola. Perché dovrebbero crescere ignoranti? Come può prosperare il nostro paese se le donne non sanno niente della loro storia? Se non sono in grado di leggere il Corano? Qui non abbiamo paura di farle studiare. Ora, vieni, ti mostro la clinica e faremo un giro nell'orfanotrofio.»

Mentre si voltavano per uscire, i bambini tornarono a sedersi e ripresero il loro canto. Candace era sopraffatta dall'entusiasmo di Wakil. L'affetto cresceva in lei come una marea e avrebbe tanto voluto afferrargli la mano, ma sapeva che era proibito. Così rimase dietro di lui, mentre uscivano, secondo le regole. Ma, una volta fuori, non riuscì a trattenersi. Gli sussurrò in un orecchio e lui la seguì sul retro dell'edificio, dietro un albero, come adolescenti. E lì lo baciò con passione, schiacciando il proprio corpo contro quello di lui, le sue mani forti sul fondoschiena. Rubare un bacio così, alla luce del giorno, era pericoloso. Sentì Wakil allontanarsi.

«Attenta, amore mio» mormorò. «Per questo avremo tempo più tardi. Perché» esitò, affondandole il naso nella piega del collo «è impossibile resisterti. Ma adesso, voglio farti vedere la clinica.»

Si avviarono verso l'ingresso dell'edificio accanto. Dentro c'erano alcuni bambini in fila, donne in burqa e anziani che si trascinavano dalla sala d'attesa lungo un corridoio che conduceva a una porta chiusa.

«Non abbiamo abbastanza dottori e i pochi che ci sono devono coprire un territorio di chilometri e chilometri» disse Wakil con aria preoccupata. «Gli abitanti di questa zona hanno sofferto molto, si sono diffuse parecchie malattie. Loro cercano di essere forti, ma continuano ad aggravarsi. Ne abbiamo già persi molti...» La sua voce si affievolì.

Si avvicinò a un bambino e gli accarezzò i capelli. Parlò piano con un altro, posandogli una mano sulla spalla. E poi con un altro, e un altro ancora. Infine tornò da

Candace e disse: «Ci vogliono più dottori, più attrezzature, più medicine. O i nostri bambini continueranno a morire».

Candace osservò il piccino e desiderò poterlo abbracciare. Combatté l'istinto di prenderlo fra le braccia, di accarezzargli la testa. Se avesse potuto esprimere quello che sentiva nel profondo del suo cuore, sarebbe stato questo: avere un figlio con l'uomo al suo fianco, farsi una vita, formare una famiglia, insieme. Invece, disse a Wakil: «Li aiuteremo, mio caro. Avrete tutto quello di cui avete bisogno. Te lo prometto».

7

Dopo la recente ondata di violenza in città, Sunny era angosciata all'idea che il caffè restasse aperto fino a tardi. Non erano solo gli ultimi attentati suicidi a preoccuparla, ma anche le bande di ragazzi che terrorizzavano gli stranieri e li sequestravano in cambio di un riscatto: una volontaria italiana era stata rapita di recente mentre tornava da una lezione di yoga. Ahmet avrebbe dovuto sorvegliare la porta e ingaggiare un amico per presidiare il cancello. Allo stesso tempo, proprio a causa del pericolo, le serate erano fiacche. Le persone uscivano sempre più di rado. Anche in passato avevano convissuto con la violenza, ma ormai si erano abituate alla pace, e questo rendeva gli avvenimenti recenti particolarmente spaventosi.

Tuttavia Bashir Hadi aveva ragione. Avevano bisogno di soldi e più restavano aperti, più possibilità avevano di aumentare l'incasso. Nelle ultime settimane Sunny aveva attaccato cartelli all'ingresso e sulle pareti, e lasciato volantini sui tavoli, per annunciare l'apertura fino alle ore piccole e i vari eventi. Aveva persino mandato una e-mail ai clienti abituali.

«È una manna dal cielo, quel Bashir Hadi» disse Halajan. «La vita cambia e si può scegliere se lasciarsi trasportare dal fiume o costruire una diga. In questo caso, lasciamoci trasportare. Facciamo un po' di soldi! Potrebbe anche essere divertente.»

«Scordati il divertimento. Speriamo solo che si presenti qualcuno» replicò Sunny. Magari avrebbe avuto fortuna e Jack si sarebbe fermato, come faceva spesso nel tardo pomeriggio.

Intanto, un po' di intrattenimento avrebbe ravvivato l'atmosfera. Aveva l'i-Pod e le casse per la musica. Ma non erano sufficienti. In serata avrebbero proiettato un film.

Quel pomeriggio, mentre il caffè era tranquillo, Sunny aveva indossato un grande velo viola ed era uscita dal retro, oltre i suoi amati generatori, oltre la finestra di Yasmina e il melograno e, passando dal cancello posteriore, aveva raggiunto il vicolo dove era parcheggiata la sua macchina.

Quando era scesa in Chicken Street, un'orda di bambini con indosso i soliti pantaloni marroni, la camicia e il gilet aveva iniziato a schiamazzare per elemosinare un paio di afgani, le braccia tese, gli occhi sorridenti per mascherare la fame. Una volta, Sunny aveva fatto l'errore di dare un paio di monete a un bambino dall'aria denutrita. Nell'istante in cui aveva girato i tacchi, era stato aggredito da una calca di piccoli mendicanti decisi a rubargli i soldi che Sunny gli aveva appena regalato. Aveva cercato di mettere pace, ma era stata picchiata anche lei. Adesso dava soldi soltanto ai bambini che vendevano qualcosa, qualsiasi cosa, in modo da non incoraggiare l'accattonaggio. Non che a Kabul mendicare fosse accettabile, anzi, chiedere l'elemosina in strada era un fenomeno nuovo per la città, e Halajan ne era inorridita. Ma per le centinaia di migliaia di persone disoccupate, per i profughi, per gli analfabeti e per chi non aveva diritti era diventato uno stile di vita.

Quando aveva raggiunto il suo negozio preferito, era entrata e aveva salutato il proprietario. «*Al-salam 'alaykum*» aveva detto. «Niente di nuovo?»

«*Wa 'alaykum al-salam*» aveva risposto l'uomo con un piccolo inchino. «Ci sono moltissimi nuovi titoli. Vada a vedere lo scaffale degli ultimi arrivi, laggiù.»

Sunny, come al solito, era incantata da quel negozio ben illuminato e organizzato come un piccolo Blockbuster americano. Era essenziale trovare un bel film da proiettare, in modo che le persone tornassero. Il problema era che a Kabul gli unici dvd disponibili erano piratati. Non si potevano noleggiare, perciò i film in vendita dovevano per forza essere economici, e le versioni originali erano troppo costose. I video pirata erano versioni di seconda mano – fatte illegalmente – talvolta impossibili da guardare o ascoltare perché, in pratica, venivano registrati portando di nascosto una videocamera nel cinema, o prodotte direttamente in salotto, duplicando una versione già scadente di una serie televisiva o di un film. Ultimamente, però, avevano cominciato ad arrivare film dalla Cina. Non erano copie artigianali come le altre, ma erano comunque un rischio. Perciò Sunny aveva preso l'abitudine di comprarne un certo numero per volta, per essere sicura che ce ne fosse almeno qualcuna utilizzabile. Quel giorno aveva scelto tutta la prima stagione di *Grey's Anatomy* e *Crash*, fresco di premio Oscar. Avrebbe voluto prendere anche *L'uomo che volle farsi re*, ma era molto richiesto perché parlava dell'Afghanistan e c'era una lista d'attesa infinita. Sunny vi aggiunse il proprio nome.

Sunny aveva anche ordinato dei deliziosi dolcetti alla

panetteria francese che le consegnava il pane caldo e croccante tutte le mattine direttamente da Carte Se, a quarantacinque minuti di strada in mezzo al traffico, e Yasmina aveva accettato di lavorare fino a tardi per servire il caffè. Di sera, il caffè era accogliente, con l'illuminazione tenue e i colori caldi. A chi non avrebbe fatto piacere avere un posticino dove trascorrere del tempo, chiacchierare, guardare un bel film e bere il miglior caffè di tutta Kabul?

A nessuno, ecco a chi. O quasi. Alle sette, Sunny iniziò a temere che fosse esplosa una bomba o che ci fosse stato un attentato in strada. Provò a sintonizzarsi sul canale dell'ONU, ma era tutto normale. Perciò si disse che forse i clienti sarebbero venuti comunque, che fosse colpa del traffico dell'ora di punta.

Alle otto, Halajan disse: «Non verrà nessuno. E perché? Perché la gente ha paura e non uscirà per un film e due chiacchiere. Dobbiamo offrire di più. E magari farlo anche sapere alla gente. Di certo non guasterebbe».

Alle otto e dieci, il cellulare di Sunny squillò. I telefoni fissi a Kabul erano affidabili come un mercante di tappeti. Se il vento soffiava troppo forte, se pioveva, se un uccellino si posava sul cavo, cadeva la linea.

Sunny rispose, ma non sentì niente. Perciò disse ad Ahmet di mandare via il suo amico al cancello. E il ragazzo riprese il solito posto all'esterno.

Alle otto e ventidue entrò Jack, con un borsone di tela a tracolla. Si guardò intorno e inarcò le sopracciglia. Posò cautamente il borsone su un tavolo.

«Che folla» disse.

Sunny non riuscì a trattenere un sorriso. «Almeno tu hai deciso di farti vedere.»

«Tesoro, non mi sarei perso la serata per niente al

mondo» rispose. «Salve, Halajan» salutò, e poi disse qualcosa in un dari impeccabile che fece ridere la donna.

Sunny non capì esattamente, ma era qualcosa sul fatto che la padrona americana avesse spaventato i clienti. Jack si sedette e Sunny commentò: «Molto divertente». Poi si unì a lui e Yasmina servì a entrambi una Coca-Cola, prima di rifugiarsi dietro il bancone e scomparire in cucina.

Jack affondò la mano nel borsone e tirò fuori una bottiglia di vino. «Diamo inizio alla festa» annunciò. «Avete qualche film?»

«Sì» rispose Bashir Hadi da dietro il bancone. «Miss Sunny oggi ha fatto un giro in macchina.»

Sunny fulminò Bashir Hadi con lo sguardo, poi osservò Jack che scuoteva il capo tristemente. La trattavano come una ragazzina.

«Ci penso io» si offrì Halajan. Portò la bottiglia in cucina e tornò con una teiera e tre tazze. Servì il vino.

«Buono questo tè» disse Jack. «Un'ottima annata. Brindiamo.»

«Al locale pieno» proclamò Sunny.

«Alla guida sicura» rispose Jack.

In quel momento, la porta si spalancò e due uomini afgani, sui ventuno, ventidue anni, entrarono e, invece di aspettare di essere accompagnati al tavolo, presero posto. Erano chiaramente pashtun, ben vestiti, due privilegiati. Si vedeva anche che erano sotto l'effetto di hashish o di altre sostanze, perché si comportavano in maniera rozza, arrogante e pretenziosa.

«Ehi, portaci due birre!» strillò uno nella sua lingua natia, sbattendo la mano sul tavolo. L'altro scoppiò a ridere, inclinando la sedia all'indietro.

Sunny sentì montare la rabbia e lanciò un'occhiata a Jack, che le rispose con un cenno del capo.

«Va tutto bene» le sussurrò.

Bashir Hadi mormorò qualcosa a Yasmina, probabilmente di restare dietro il bancone, e si avvicinò al tavolo.

«Qui non serviamo birra.»

«Andiamo» disse uno dei giovani. «Ma certo che ce l'avete.» Squadrò Bashir Hadi da capo a piedi. «Questo tizio non ci vuole portare la birra» disse all'amico, «perché è un hazara e noi siamo afgani.»

«No... è perché...» fece per dire Bashir Hadi, ma l'altro lo interruppe.

«Perché cosa?» domandò.

Sunny si alzò, poi guardò Jack.

«Aspetta» le mormorò. «Lascia che se ne occupi lui.»

Sunny tornò lentamente a sedersi.

«Non serviamo birra» spiegò Bashir Hadi parlando lentamente, come se a ogni parola cercasse di trattenersi, «perché questo è un caffè, non un locale notturno. Magari posso portarvi del tè.»

I due uomini si scambiarono un'occhiata. E poi il capo guardò Sunny, le rivolse un sorriso ossequioso e scoppiò in una risata sguaiata. Fu allora che Jack si drizzò in piedi. Anche il ragazzo si alzò per affrontarlo.

«Vieni» disse l'amico, preoccupato che stesse per scoppiare una rissa. «Andiamocene.» Poi si frugò in tasca e gettò alcune monete sul tavolo, dicendo a Bashir Hadi: «To', così darai da mangiare alla tua famiglia per una settimana!».

«Sporco hazara» sogghignò l'altro.

Mentre uscivano traballando, Jack li seguì fino alla porta e li osservò finché Ahmet non richiuse il cancello alle loro spalle. Poi si voltò e disse: «Bashir Hadi, amico mio, venga a bere con noi. È stato bravo a gestire la situazione».

Sunny guardò Bashir Hadi. Era evidentemente colpito dai complimenti di Jack, ma i suoi occhi tradivano dolore e rabbia. Si accomodò accanto a lei.

«Mi dispiace» gli disse sottovoce. «Le cose che hanno detto quegli uomini...»

«Ci sono abituato» replicò. «Non è nulla.»

Yasmina comparve con un vassoio carico di teiera e tazze e servì Bashir Hadi.

«*Bishin*» disse Sunny a Yasmina, invitandola a sedersi. «Tanto non ci sono clienti.» Siccome la ragazza restava impalata, Sunny insisté: «*Bya*, vieni a sederti».

Yasmina guardò Halajan perché le indicasse cosa fare.

«Va tutto bene» la rassicurò Halajan. «Noi donne siamo sempre in minoranza. Per una volta vinceremo noi.» Annuì a Sunny, come se le avesse letto nel pensiero. «Due di loro, tre di noi.»

«Vieni» le ripeté Sunny, prendendole una sedia. «Unisciti a noi. Non c'è niente di male.»

Yasmina tornò a guardare Halajan, che sorrideva e annuiva, poi si mise a sedere, con le mani in grembo, lo sguardo basso. Jack riempì la tazza della ragazza.

«Bene, ci siamo tutti? Per provare pietà di me?» domandò Bashir Hadi.

«Nessuno prova pietà per lei» lo corresse Jack. «Come potremmo? Sono quegli uomini che...»

Ma Bashir Hadi lo interruppe, sollevò la tazza e disse: «Be', almeno avrò di che nutrire la mia famiglia per una settimana, alla salute degli hazara, alla salute degli sciiti, a...».

«Poteva andarti peggio. Potevi essere una donna» intervenne Halajan, mentre si versava da bere.

«E non dimentichiamo le donne!» concluse e bevve.

Stavano scherzando, ma Sunny notò che c'era molta

verità e tristezza in quelle parole. Gli hazara erano il terzo gruppo etnico in Afghanistan, dopo i pashtun (alcuni dei quali erano talebani) e i tagiki. Discendevano dai mongoli e, secondo alcuni, da Gengis Khan, il che spiegava i loro tratti asiatici. Sunny aveva sempre pensato che Bashir Hadi somigliasse ai pellerossa che aveva conosciuto da bambina: la pelle dorata, gli occhi scuri dalle palpebre pesanti e il naso pronunciato e dritto. Il suo popolo era perseguitato da anni dalla maggioranza pashtun sunnita, soprattutto perché gli hazara erano sciiti.

«Ma lei, Bashir Hadi, dovrebbe fare attenzione, come le donne» disse Jack, senza scherzare, stavolta. «Il paese sta per cambiare di nuovo. E certo non andrà verso la tolleranza, se torneranno al potere i talebani.»

«Le dirò una cosa, Mister Jack. La tolleranza è sopravvalutata. Io non tollero i pashtun talebani più di quanto loro non tollerino me. Hanno solo armi più potenti. Il che mi porta al punto. Fare soldi per rendere più sicuro questo posto. Come facciamo?»

Parlarono fino a notte inoltrata, scambiandosi idee, suggerimenti, escogitando piani, e la rabbia per il trattamento che Bashir Hadi aveva subito da quegli uomini si tramutò in entusiasmo, alimentando la loro energia creativa. Solo Yasmina rimase in silenzio, senza dire una parola, con le mani intrecciate in grembo, anche se di quando in quando alzava lo sguardo e proiettava la luce dei suoi occhi verdi su tutti gli altri. Quando lo faceva, Sunny le rivolgeva un cenno col capo, come per approvare la sua presenza e comunicarle che era la benvenuta. Jack traduceva per lei per coinvolgerla nella conversazione. Ma fu Halajan che, tenendo la mano su quella di Yasmina per tutta la sera, le fece capire che non era più sola.

8

Yasmina si svegliò prima del solito, ansiosa di accompagnare Halajan al mercato. La vecchia, che belava come la vecchia capra di suo zio, le dava l'orticaria. Ma il bazar di Mondai-e! Era come andare sulla luna, un luogo del tutto alieno per lei. Ogni settimana, Sunny consegnava loro la lista della spesa. C'era un banco che vendeva la frutta e la verdura più buona che avesse mai mangiato. E il mercato della carne, con l'elettricità e quindi la possibilità di tenere la merce al fresco. C'era un negozio stravagante sulla strada per il bazar, con scatole di quei cereali Frosties che piacevano tanto a Sunny accatastate fino al soffitto e il burro di arachidi che Yasmina aveva divorato al primo assaggio. Avevano cioccolata, formaggio, popcorn e una bevanda chiamata Mountain Dew. Avevano anche matite, e coppette di burro di arachidi. Tutto costava talmente tanto che Yasmina arrossiva quando Halajan pagava. La sua famiglia non avrebbe speso una cifra simile nemmeno in cinque mesi.

Quando lei e Halajan tornavano al caffè, Sunny si divertiva a svuotare i sacchetti sul bancone prima di mettere via la merce. Aprivano la cioccolata e finivano la Mountain Dew in una volta sola.

Sunny era così. Si emozionava per tutto, e questo metteva a disagio Yasmina. A casa, lei e Layla potevano ridere e piangere, ma mai in presenza dello zio. La sera prima non era riuscita a trattenere l'imbarazzo di stare seduta nel caffè insieme a Jack e Bashir Hadi. Sedersi tutti assieme era una cosa che Yasmina non aveva mai fatto. E avevano bevuto vino! Tutto a Kabul le era estraneo. Tutto era imbarazzante e meraviglioso, peccato che Layla non fosse con lei.

Si vestì e sospirò guardando l'abito anonimo che indossava. A Mondai-e, c'erano negozi di abbigliamento con vesti e *salwar qamis* che sembravano potersi dissolvere se appena li sfioravi. Niente a che vedere con quelli che confezionava Sharifa, la donna che in Nurestan aveva insegnato a Yasmina come cucire gli abiti più belli con le sue mani, con le stoffe che aveva personalmente ricamato e decorato con perline, conchiglie e vecchie monete. Un giorno, *in sha' Allah*, sognava di poter cucire come Sharifa. Un giorno, pensava, guardando il sole sorgere dalla finestra, avrebbe ricamato i colori di quel cielo. Un vestito color pesca. Che meraviglia. E i bracciali d'oro al polso. E scarpe di vera pelle. Le sopracciglia depilate con il filo e i capelli intrecciati con le perline sotto un velo di seta pregiata, come quelli che indossava Sunny.

Ma più di tutto, avrebbe voluto condividere quella esperienza con Layla.

Ahmet aprì la portiera e osservò Yasmina accomodarsi sul sedile posteriore. Era completamente nascosta sotto il burqa, ma quando allungò la mano per richiudere lo sportello, la manica le salì lungo il braccio rivelando un polso sottile. Era scuro ed esile. Halajan salì dopo di lei e Ahmet sbatté la portiera con forza eccessiva. Aveva ben altro da fare che scorrazzare sua madre qua e là, ma stava per piovere e che razza di figlio sarebbe stato a lasciarla camminare per le strade fangose? Pioggia o meno, pensava che due donne dovessero essere sempre scortate per le vie di Kabul, anche se Halajan spesso non era dello stesso avviso.

Si mise al volante, chiuse la portiera e inserì il blocco di sicurezza, poi sistemò lo specchietto retrovisore, guardando Yasmina dietro di sé. Si girò e bloccò anche la sua portiera. Dietro la rete del burqa riusciva a distinguere i suoi incantevoli occhi verdi, o quantomeno a immaginarli. Da dove veniva, si chiedeva Ahmet, dov'era la sua famiglia, e perché era sola? Non l'aveva mai vista intrattenere i clienti, e la cosa lo confondeva: in fondo doveva essere una prostituta, altrimenti perché una donna così bella non aveva un marito? E se ne aveva uno, dov'era? Ahmet aveva sentito parlare di donne che lasciavano il marito perché le picchiava o peggio, e giurava che non lo avrebbe mai fatto, ma dopotutto era la prerogativa di ogni marito, no? Ed era dovere della moglie sopportare. C'era un unico caso in cui una donna aveva il permesso di lasciare il consorte: se era morto.

Si disse di fare attenzione alla folla per strada mentre si dirigeva verso la moschea Masjid-e Haji Ya 'qub, dove andava spesso a pregare, non perché fosse più giusto che pregare sul tappeto nella propria stanza, ma perché la moschea era bellissima. Amava le piastrelle azzurre di Herat e le acacie che costeggiavano il patio. Le moschee erano i fiori all'occhiello della città di Kabul.

Come se Maometto si prendesse gioco di lui dal cielo, una volta superata la moschea, avrebbe dovuto svoltare su Butcher Street, la più brutta di tutta Kabul, dove gli animali venivano macellati in strada, le carcasse appese al sole. Si assicurò che i finestrini fossero alzati, i bocchettoni dell'aria chiusi, in modo che il fetore delle budella e del sangue non impregnasse l'automobile. In fondo alla strada c'era una rotonda e più avanti lo stradone dell'ambasciata cinese, con le sue alte mura, dove i piccoli mendicanti si avvicinarono alla macchina tendendo le braccia. Le donne stavano sedute sul ciglio della strada e chiedevano l'elemosina accanto alle fogne a cielo aperto, con i neonati in grembo. Lì il traffico era bloccato, come al solito, c i gas di scarico inesorabili. Ai lati della strada, bancarelle improvvisate vendevano i vestiti usati donati a Kabul appesi al filo spinato.

Ahmet non dovette attendere a lungo per sentire l'invettiva petulante di sua madre, esattamente le stesse parole che pronunciava ogni volta.

«Ai tempi del re, non si vedevano spettacoli del genere. Kabul non è una città di pezzenti. È colpa della guerra e dei profughi che non hanno un posto dove vivere, né un lavoro. Ed è colpa dei talebani. La loro violenza ha creato una città sotto la città.» Aggrottò la fronte. «L'Afghanistan non è l'India! E questa non è la mia Kabul.»

«Madre, la tua Kabul non esiste più da tanto tempo.» Sapeva che Halajan aveva ragione. Ma se fosse stato per lui, sarebbe morto di stenti piuttosto che elemosinare in una fogna a lato della strada.

Il traffico era lento e intenso, ma finalmente riuscirono a scorgere l'inizio del mercato di Mondai-e, su quella sponda del fiume Kabul. Ma bisognava superare il fiume, attraversare il ponte, per raggiungere il cuore del bazar.

Percepiva la trepidazione di sua madre, che sembrava non riuscire a restare seduta un minuto di più.

«Sbrigati, Ahmet! Non c'è un'altra strada? Ho delle

commissioni da sbrigare. E sembra che stia per venire giù il diluvio da un momento all'altro.»

«Siamo quasi arrivati, madre» rispose con tutta la pazienza possibile. Ma c'era così tanto traffico che di sicuro sarebbero rimasti seduti in auto per almeno altri dieci minuti.

Poi sua madre disse: «Noi scendiamo. Faremo prima a piedi».

«Aspetterai finché non siamo arrivati» insisté il figlio. «Non è sicuro.»

«Vieni, Yasmina. Andiamo. Ahmet, ci troviamo al ponte.»

Ahmet alzò le mani. Non poteva fare niente per impedire a quella cocciuta di sua madre di scendere dalla macchina con Yasmina e allontanarsi nella strada affollata.

Superò la rotonda e parcheggiò prima possibile, pagò un ragazzino perché facesse la guardia all'auto e corse per raggiungerle, ma erano già scomparse. Il cielo si era rannuvolato e la pioggia era imminente.

Camminando verso il fiume, Yasmina sentì il cuore battere sempre più forte. I suoi passi si facevano più lunghi e decisi, uno dopo l'altro. Ma conosceva le regole, anche sotto il burqa: tenere sempre la testa bassa e lo sguardo a terra. Era inaccettabile guardare un uomo dritto negli occhi o ridere forte, sorridere a un bambino o fissare con desiderio un vestito al mercato. In campagna, era libera di essere se stessa, di mostrare i propri sentimenti, benché non la portassero da nessuna parte. Dopo la morte del suo Najam, le erano rimasti solo la casa di suo zio, le colline, la fattoria e il fienile, forse il bazar locale quando arrivavano i mercanti. A Kabul c'erano persone di tutti i colori e vestite in tutti i modi possibili, persone da ogni angolo della Terra. Era una città di volti cangianti. Eppure Yasmina non poteva permettersi di mostrare il proprio entusiasmo.

Camminavano a passo spedito, tenendo gli occhi bassi, muovendosi più velocemente delle automobili che la polizia fermava all'angolo della strada. Aveva visto spesso quello spettacolo dal suo arrivo a Kabul. I poliziotti in alta uniforme, con i fucili puntati, che presidiavano gli incroci e si affacciavano ai finestrini per perquisire i sedili anteriori e posteriori, e talvolta anche i bagagliai. Non aveva idea di cosa cercassero e sperava che non trovassero niente mentre lei era nei paraggi.

Aveva iniziato a piovere quando erano arrivate, ma non importava. Yasmina non riusciva a trattenersi dal guardare, la testa alta, gli occhi spalancati, un rossore sulle guance. Tutto era meraviglioso. Ma erano i vestiti, i *salwar qamis* e i chador che la attiravano di più. Si frugò in tasca per assicurarsi che i soldi che Sunny le aveva dato fossero ancora lì.

D'un tratto, Halajan si voltò verso di lei e le disse con voce ansiosa: «Ho alcune commissioni da sbrigare. Devo correre... piove. Ci troviamo qui fra dieci minuti». Yasmina era al tempo stesso impaurita e sollevata. Sunny si era raccomandata con lei di non lasciare mai Halajan, ma la ragazza voleva esplorare con calma i negozi di vestiti.

«Non allontanarti troppo e non parlare con nessuno» proseguì l'anziana.

«Sunny mi ha dato i soldi per comprare un *salwar qamis* nuovo.»

Halajan indicò in fretta un negozio lì vicino. «Quello va bene. Ci vediamo lì.»

Halajan temeva di non trovarlo più in negozio. Il cielo si era tinto di grigio, le nubi erano gravide e la pioggia adesso cadeva forte, bagnandola da capo a piedi. Ma non le importava. Si precipitò lungo la strada senza badare a nulla. Era una rarità vedere una donna correre per le vie di Kabul, ma lei doveva arrivare da Rashif prima che se ne andasse. Mantenne un passo sicuro e rapido, il cuore che le martellava in petto al ritmo dell'acquazzone.

Quando giunse alla bottega, si rese immediatamente conto che non avrebbe dovuto preoccuparsi. Eccolo là, con un grosso ombrello bianco e rosso della Coca-Cola, una mano in tasca. Le sorrise e sembrò sollevato di vederla.

«*Shukur Khoda*, grazie a Dio» mormorò mentre la donna si avvicinava. Si guardò a destra e a sinistra per accertarsi che nessuno li vedesse, ma la strada era deserta per via della pioggia. Le porse la lettera, spiegazzata e umida, estraendola dalla tasca. Le sue dita sfiorarono quelle di lei. Erano calde, e Rashif indugiò per un attimo.

«Fa' attenzione, stammi bene» rispose Halajan, ritraendo la mano e seppellendo in fretta la lettera nelle pieghe del chador. Poi sorrise, e aprì la bocca per dire qualcosa, qualsiasi cosa, ma le parole le rimasero incastrate in gola. Girò sui tacchi per ricongiungersi a Yasmina.

Ma ecco Ahmet, che le faceva cenno dall'angolo della strada. Ebbe un tuffo al cuore. *In sha' Allah*, non aveva visto niente, pensò. Se le avesse chiesto qualcosa, gli avrebbe risposto che Sunny le aveva ordinato di andare dal sarto per controllare il vestito nuovo. O forse per far riparare una tovaglia. Ma no, Ahmet non aveva visto molto, anzi niente, con tutta quella pioggia. Si impose di calmarsi. Sentì una stretta allo stomaco, ma rispose al suo cenno e sorrise. Era un bravo ragazzo, il suo Ahmet, ma a volte avrebbe preferito che si occupasse di altro – di qualsiasi altra cosa – invece di angosciarsi per lei, invece di fare il *chawkidar*. Come sua sorella, che era in Germania a studiare. Se solo fosse riuscita a convincerlo a rilassarsi un po', a essere un po' più moderno invece di aggrapparsi con le unghie e con i denti alle vecchie tradizioni. Solo allora avrebbe avuto successo come madre.

Il negozio di abbigliamento era pieno di luci e colori. Abiti di ogni sfumatura pendevano dal soffitto, mentre centinaia di altri, sotto buste di cellofan, ricoprivano le pareti. Yasmina non aveva mai visto tanti vestiti. Alcuni erano tempestati di specchietti, altri di perline, altri ancora erano semplici, ma tutti bellissimi.

Il negoziante si avvicinò a lei e le disse: «*Al-salam 'alaykum*. Non è la giornata più adatta per uscire. È tutta bagnata. Forse posso aiutarla a trovare un vestito nuovo?».

«Sì, la ringrazio» rispose lei. «Con i pantaloni.»

«Allora vuole un *salwar qamis* in stile indiano?»

«Sì,» disse lei «come in quella fotografia.» Indicò un'immagine variopinta di una bella ragazza indiana che indossava un completo sgargiante e colorato in stile Bollywood. Persino nel suo villaggio sperduto tutti erano ossessionati dai film indiani. Suo zio aveva un piccolo generatore, sufficiente per alimentare un videoregistratore. Yasmina, Layla e i vicini guardavano le videocassette comprate dai mercanti, che se le erano procurate sul mercato nero pakistano.

Il vecchio la squadrò dalle caviglie al collo, mettendola a disagio, poi andò verso una rastrelliera. «Venga» disse. «Qui ci sono vestiti della sua taglia. Sono tutti con i pantaloni. Aveva già in mente un colore?»

«Arancione» rispose, «come il sole al tramonto. Ma lo vorrei più grande di una taglia o due. È per mia madre.» Aveva dovuto mentire, perché come poteva dirgli che aveva bisogno di spazio per crescere?

«Perché vai dal sarto in una giornata così?» domandò Ahmet a sua madre mentre camminavano a passo svelto sotto la pioggia, il terreno fangoso che cedeva sotto i loro piedi.

«Sunny mi aveva chiesto di andare a ritirare le tende, ma non sono ancora pronte. Non c'è tempo per parlare. Dobbiamo andare a recuperare Yasmina prima che si zuppi.»

Ahmet la guardò, ma lei non si voltò e lui si sentì stupido. La sua domanda era suonata sciocca e sospettosa, ma aveva sentito parlare di Rashif dagli anziani alla moschea e quell'uomo non gli piaceva. Era successo tempo prima, ma a quanto si raccontava, quando Rashif era più giovane, aveva partecipato attivamente a un gruppo di riformisti che aiutava i rifugiati afgani, una di quelle associazioni antitradizionaliste di intellettualoidi finanziate dagli americani che abbracciavano i valori occidentali e aiutavano gli afgani in un modo soltanto: dimenticare chi erano stati, chi erano e chi, agli occhi di Maometto, erano destinati a diventare.

Il sarto aveva il cuore di un uomo moderno, proprio come Halajan. Ahmet era tenuto ad amare e rispettare sua madre, in base alle convenzioni. Ma Rashif non doveva per forza piacergli.

9

«Che ti prende?» chiese Sunny.

Quel mattino Jack era arrivato al caffè con un'aria distratta e scontrosa. Aveva a malapena salutato, si era seduto, aveva tracannato il suo caffè ed era sprofondato dietro il giornale.

Finalmente, alzò la testa. «Tu» rispose. «Ecco cosa mi prende.» E tornò al suo giornale.

«Prego?» disse Sunny, piantando una mano sul fianco. «Quando ti va di parlarne, sai dove trovarmi.» Si voltò e se ne andò.

Ma alle sue spalle lo sentì dire: «Due cose».

Sunny si girò di nuovo, tornò al tavolo e disse: «E va bene, dimmi cosa c'è che non va».

«Primo, guidare quella dannata macchina per la città come hai fatto ieri.»

Parlava come un vecchio afgano retrogrado alla giovane moglie. Sunny sapeva che Jack odiava quella macchina; l'aveva avvisata e le aveva spiegato innumerevoli volte perché una donna non doveva girare da sola per Kabul.

Sospirò platealmente. «E?»

«Santo cielo, Sunny, è pericoloso» ribadì con amarezza. «E secondo, Bashir Hadi ha avuto l'idea magnifica di alzare il muro di cinta per guadagnare più soldi e avere più sicurezza, e tu te ne stai con le mani in mano e resti con il culo per terra, per quanto carino» disse, sporgendosi per guardarle il sedere.

«Oh, piantala» replicò lei. «Cosa dovrei fare? Non è venuto nessuno.»

«Da' ai clienti un motivo per venire, per l'amor di Dio. Ieri sera abbiamo tirato fuori un sacco di ottime idee. So che non sei stupida. Allora, che mi dici, sei stupida?»

Jack sorrise e Sunny si accigliò. Poi si sedette al tavolo. Raccolse la forchetta e assaggiò le uova. «Mmm, buone.»

«Sì, hai ragione.»

«D'accordo, l'idea di chiamare un oratore mi è piaciuta. Ma chi?»

«Se anche l'avessi saputo non te l'avrei mai detto perché non mi avresti ascoltato, signorina Testadura-Sotuttoio.»

Sunny sorrise di nuovo, stavolta di gusto. Sapeva essere attraente, quel vecchio grassone cretino – che non era né vecchio né grasso, ed era un cretino solo a tratti – per non dire addirittura bello, con il mento squadrato e gli occhi profondi.

«Hai ragione. Mi farò venire in mente qualcuno.»

«Be', io conosco una dottoressa indiana che lavora qui, sul campo. Si occupa in particolare dei problemi di salute delle donne afgane e so che non vede l'ora di parlare delle difficoltà che queste donne incontrano. L'ho anche aiutata una volta. È in debito con me.»

Sunny spalancò gli occhi. «Davvero? Pensi che verrebbe a parlare qui, al caffè?»

«Solo se mi preghi di chiederglielo.»

Sunny appoggiò un gomito sul tavolo e posò il mento su una mano. «Ti prego.»

«Ma prima promettimi una cosa.» Tacque, in attesa di una risposta, che tardava ad arrivare. «Ci sei?»

«E va bene, prometto.»

«Devi portare gente. Altrimenti mi metterai in imbarazzo.»

«E noi non lo vogliamo» disse lei.

«Andiamo, Sunny» replicò Jack con una certa impazienza. «Se non altro, per rispetto alla dottoressa.»

A quel punto, lei si rese conto di quanto fosse serio. «Non preoccuparti. Farò in modo che ci sia il pienone.»

Una settimana dopo, un gelido mercoledì sera, Sunny accese le candele, Halajan versò il vino nelle teiere, Bashir Hadi adagiò i biscotti e i pasticcini sui vassoi e Yasmina apparecchiò i tavoli, mentre le finestre tremavano sui cardini. Folate ululanti soffiavano attraverso i bordi stuccati dell'imbotte e sembrava che da un momento all'altro il tetto dovesse scoperchiarsi e l'intero edificio sollevarsi verso il cielo.

Jack aveva confermato che la dottoressa Ramita Malik sarebbe venuta a parlare del suo lavoro. Così Sunny era andata al bazar per comprare cartoncini e tempere e aveva preparato decine di annunci. Poi li aveva portati al ministero per gli Affari femminili, all'ospedale, nelle scuole, alla French House, all'ONU, all'ambasciata americana, negli alberghi e nelle zone militari – ovunque vivessero, lavorassero e si riunissero le donne straniere – e aveva supplicato le persone di affiggerli. Aveva pensato di mandare una e-mail alle sue amiche, ma negli ultimi mesi avevano tutte lasciato Kabul. Sunny non aveva mai sentito il bisogno di avere più di una o due amiche strette per volta e prima di confidarsi con qualcuno doveva conoscerlo a fondo. Le amiche di Kabul – Chris, la maestra sudafricana, Ellen, la cugina della cugina di una vecchia amica che era in città per studiare il dari, e Suzanne, che aveva incontrato il suo primissimo giorno a Kabul e gestiva un salone di bellezza – se n'erano andate. Kabul era un posto di passaggio o un'avventura momentanea per chiunque, tranne che per i coraggiosi e gli spericolati, categoria alla quale apparteneva anche Sunny. Ultimamente, si era sentita un po' sola, e non soltanto perché Tommy era stato via a lungo, ma perché non aveva nessuno con cui poter parlare in quel modo stenografico che solo un amico vero riesce a decifrare. Uno sguardo, un sopracciglio alzato, una smorfia.

Non che gli uomini non fossero invitati alla conferenza di quella sera. Solo che Kabul era un mondo al maschile, un posto in cui i problemi e le voci delle donne passavano in secondo piano, quando andava bene, quindi perché non lasciare spazio alle donne e offrire loro un motivo per uscire e parlare, per stare insieme? Più ci pensava, più quell'idea la entusiasmava. Mercoledì, serata al femminile: per bere, mangiare e avere qualcosa su cui riflettere e discutere.

Il caffè era pronto e probabilmente Jack sarebbe venuto. Non era una donna, ma aveva il cuore di una donna. Non lo vedeva da quando le aveva offerto di invitare la dottoressa Malik e si rese conto che anche lei, spesso, lo dava per scontato. Era una di quelle persone che infondono orgoglio agli altri, che li aiutano a stare bene con se stessi, a sentirsi sicuri, a proprio agio.

La porta d'ingresso si aprì con un turbine di vento. Non era Jack. Erano clienti e Sunny si sentì rincuorata. Tra loro, inaspettatamente, c'era anche Pëtr, un bell'uomo alto di origine uzbeca che Sunny aveva conosciuto l'anno prima a una festa a L'Atmosphere, o

"Atmo", come lo chiamavano i clienti abituali, il locale notturno che ospitava la feccia europea, gli espatriati, i ricchi e aspiranti tali, i trafficanti di droga e i signori della guerra. In breve, era un posto in cui Sunny si era sentita un pesce fuor d'acqua, ma non perché non l'avessero accettata. Semplicemente non voleva più avere a che fare con gente simile. Quando Tommy era partito per la prima volta, aveva soltanto loro. Ma poi si era accorta che erano identici agli americani da cui era fuggita, solo che in Arkansas portavano stivali da cowboy anziché scarpe Hugo Boss, e la calibro 38 al posto dell'Uzi.

Pëtr era tutto in ghingheri, di un fascino volgare, con indosso una sciarpa di cashmere e un giubbotto persiano di pelle d'agnello, un borsello firmato Porsche in una mano e il cellulare nell'altra. Era accompagnato da una di quelle donne che potevano permettersi di indossare pantaloni abbondanti pieni di tasche, scarponi malandati, un maglione largo sotto una sahariana informe e un velo sulla testa, senza perdere la propria eleganza. Aveva un volto magnifico, la pelle diafana, grandi occhi neri e la bocca carnosa. Quando la donna si tolse la sahariana e il maglione, restando con una maglietta attillata, fu impossibile non notare quanto fosse magra, le gambe esili e la vita da vespa che facevano risaltare i grandi seni: la vera passione di Pëtr, se Sunny non ricordava male. La donna aveva i capelli scuri e corti, un taglio disordinato che evidenziava i grandi occhi e gli zigomi alti. Da un polso le ciondolava una fila di cinque centimetri di bracciali di pelle, ma aveva le mani delicate. Faceva di tutto per darsi un'aria da dura, pensò Sunny.

Quella donna doveva essere un'idiota per andare a letto con Pëtr. Sunny lo sapeva per esperienza diretta, perché anche lei era stata un'idiota. In fondo chi era per giudicare?

Ahmet li aveva seguiti all'interno, portando la pistola lucente di Pëtr, utile in caso di contatti ravvicinati. La consegnò a Bashir Hadi che la ripose nel retro. Sunny guardò Ahmet come per dirgli di non stare troppo con il fiato sul collo ai clienti; il ragazzo annuì e disse: «Sono qua fuori se hai bisogno», prima di tornare alla sua postazione accanto al cancello.

Pëtr si diresse immediatamente da Sunny, allargando le braccia, e disse con il suo forte accento russo: «Ciao, mia cara. *Privet kak dela?* Come va?».

Lo chiese come facevano tutti i conoscenti e i clienti russi, come se per loro fosse davvero importante. Le prese le braccia e la baciò su entrambe le guance. «Dov'eri finita? Non ti ho più vista all'Atmo...»

«Pëtr, che piacere vederti.» Bene così, si disse, ma puoi fare di meglio. Sii gentile. Lo baciò sulle guance e, inspirando il suo profumo, ebbe una sorta di déjà-vu.

L'uomo si soffermò un po' troppo a lungo sul secondo bacio. «Questo lo ricordo molto bene» le sussurrò nell'orecchio, trattenendola sempre per le braccia. Ma lei si ritrasse e Pëtr le presentò l'amica, Isabel Hughes, in visita da Londra.

«Pëtr mi ha parlato molto di te. A quanto pare, questo caffè è considerato il centro di Kabul» disse Isabel con un marcato accento britannico, porgendole la mano.

Sunny la strinse. «Sì, be', non è certo l'Atmo» replicò con un velo di sarcasmo. Osservò la coppia davanti e decise di non fidarsi nemmeno per un secondo. Pëtr raccontava di essere un "consulente" che lavorava per l'"antinarcotici", come se ci credesse qualcuno, dato che quel genere di lavoro non sarebbe certo bastato a pagare le sue scarpe di Gucci, men che meno il suo stile di vita. Sunny era quasi certa che Pëtr fosse un trafficante d'oppio o, se non proprio un trafficante, un mediatore. Sapeva dove si trovavano i campi di papaveri, chi contattare e come portare cosa a chi. Era russo, parlava correntemente turco e uzbeco, due lingue utili per commerciare l'oppio al Nord, e aveva legami con il figlio di un signore della guerra uzbeco. E Sunny era certa che guadagnasse milioni da quei traffici. E Isabel? Nonostante fosse vestita come la classica studentessa universitaria, aveva qualche anno in più ed era evidentemente una delle tante donne di Pëtr, venute a Kabul per cercare l'avventura e magari anche un fidanzato o un marito generoso. Ma quelle donne in genere si ritrovavano a fare di tutto per campare. Se stava con Pëtr, non c'era altro da aggiungere.

Si accomodarono a uno dei tavoli vuoti, Halajan servì loro un cappuccino e il vino illegale in una teiera, mentre chiacchieravano con alcuni volontari stranieri e altri clienti appena arrivati. Ancora nessuna traccia di Jack, ma c'era più gente dell'ultima volta. Ed era ancora presto. Nemmeno la dottoressa era arrivata.

«Guarda» le mormorò Bashir Hadi. «Questo posto è uno spettacolo!»

Sunny ridacchiò. «Be', non è male. Per essere la prima volta.»

Evidentemente Isabel li aveva ascoltati. «È fantastico» disse con tono rassicurante. «Guardatevi intorno. Guardate quanta gente. È magnifico.»

«Bashir Hadi, credo che la signorina mi stia dando una lezione di ottimismo.» Sunny sorrise, ma non riuscì a trattenere una punta di cinismo.

«Sciocchezze. Considerando la situazione, mi sembra che tu te la stia cavando proprio bene.»

Cercava solo di essere carina, pensò Sunny. Dalle una possibilità. «E tu? Perché sei qui a Kabul?»

«Sto scrivendo un articolo.»

«Sei una giornalista?» Non riuscì a nascondere lo stupore. Pensava che fosse un'oca giuliva. Colpa per associazione.

«Giornalista freelance. Una fondazione privata mi ha assunta per scrivere un pezzo per la BBC sulle conseguenze del progetto governativo di irrorare diserbante sulle piantagioni di papaveri.»

Notevole, pensò Sunny. Il piano era molto controverso e tutto quello che aveva a che fare con le piantagioni di papaveri era pericoloso, visti i soldi che giravano intorno all'oppio.

«La gente è preoccupata» proseguì Isabel. «Le donne temono per i figli, per il raccolto. Sarà un'irrorazione aerea indiscriminata. Se le sostanze chimiche uccidono i papaveri, stermineranno anche le altre colture e, se ammazzano le piante, magari non causeranno la morte delle persone, ma certamente porteranno malattie. La dottoressa Malik ne ha già parlato in passato. Pensavo di poter scambiare due parole con lei. Le persone perderanno le loro terre, non avranno più di che vivere. Moriranno di fame. Ma non voglio annoiarti. Naturalmente le donne sono più sensibili alla questione. Sono loro che devono nutrire la famiglia e allevare i figli. Ma non hanno né protezione né voce in capitolo. Non hanno nemmeno il permesso di protestare. È una situazione al limite della follia, con le madri schierate al fianco dei coltivatori di papaveri e dei trafficanti di droga.»

«È una questione appassionante» commentò Sunny,

inarcando le sopracciglia. «Ma pericolosa. Come tutto quello che riguarda l'oppio. Devi fare attenzione.»

«E adesso, chi sta facendo la lezione?» Isabel sorrise.

Sunny ricambiò. Quella ragazza, con il corpo di una coniglietta di «Playboy», i capelli da punk e quello stupido fidanzato, era in gamba.

«E Pëtr non è il mio compagno» precisò Isabel, come se avesse letto nella mente di Sunny. «È solo un amico. Con molti amici.»

Era anche intelligente. E dal modo in cui parlava, Sunny si rese conto che non somigliava affatto alle donne di cui si circondava Pëtr.

«Vuoi del tè?» Sunny sollevò la teiera piena di vino.

«Be', ma certo.» Isabel alzò la tazza. Sunny versò il vino e le due donne brindarono all'ottimismo.

La dottoressa arrivò con mezz'ora di ritardo, essendosi persa lungo il tragitto verso il caffè. A Kabul non c'erano indicazioni stradali, l'unico modo per individuare un posto nuovo era usare come riferimento elementi del paesaggio, come il gregge di pecore che brucava tra i rifiuti, o il cancello verde sotto il cartellone della Nokia, due case dopo il vicolo fangoso, o il terzo cancello con la porta di metallo turchese.

Ma l'autista non aveva visto il cancello verde e aveva proseguito per un chilometro e mezzo. Così aveva chiamato dal cellulare e Sunny aveva dovuto guidarlo attraverso le strade. Quando erano arrivati, c'erano quasi venti clienti; diciannove in più rispetto al solito mercoledì sera. La dottoressa indossava un bellissimo *punjabi*, una lunga veste con pantaloni abbondanti, di un azzurro intenso con ricami dorati, e un'ampia sciarpa blu sulla testa e intorno alle spalle, a mo' di scialle. Una volta entrata, si tolse la sciarpa rivelando una lunga chioma nera legata in una bella treccia.

Parlò in hindi, con cui gran parte degli afgani aveva qualche familiarità grazie all'ossessione per i film di Bollywood, ma un interprete traduceva le sue parole in inglese. Citò dati statistici che molti nella sala già conoscevano: il tasso di fertilità del paese era il secondo al mondo, ma l'Afghanistan era secondo soltanto al Sierra Leone quanto a mortalità materna. Ogni ventotto minuti una donna moriva di parto. Ma soprattutto parlò della sua recente visita nella provincia di Badakhshan, dove la mortalità materna era la più alta al mondo. Ogni sedici bambini nati, spiegò la dottoressa, una madre perdeva la vita. Gli ospedali erano troppo lontani e, se anche una donna in difficoltà ne avesse raggiunto uno, non disponevano delle attrezzature per aiutarla. Inoltre i medici erano tutti uomini. Data la rigida separazione tra sessi, le donne avrebbero preferito morire piuttosto che lasciarsi aiutare da un uomo.

Raccontò la storia di una donna del villaggio di Shattak che aveva avuto complicazioni durante il parto. L'ospedale più vicino era a sessanta chilometri di distanza e nessuno aveva un'automobile. Cosa potevano fare i compaesani? Avevano preso una scala e l'avevano posata a terra, poi vi avevano disteso sopra la donna e l'avevano sollevata. Venti uomini si erano dati il cambio per trasportare quella barella improvvisata lungo i sentieri rocciosi e spazzati dal vento, dove non passava quasi mai un veicolo. Erano stati troppo lenti e la madre era morta lungo il tragitto.

Nella sala non volava una mosca. Sunny notò che, all'altro capo della stanza, Yasmina aveva smesso di lavare i piatti e ascoltava rapita dalla cucina. Guardando la giovane, gli occhi carichi di angoscia e di dubbi, Sunny comprese che presto avrebbe dovuto parlare con lei, anche a rischio di umiliarla. Se non altro, per il bene del bambino. Yasmina la guardò e Sunny le rivolse un sorriso rassicurante.

La dottoressa Malik proseguì, parlando del corso di ostetricia che aveva creato per le giovani donne di tutta la provincia, da cui erano già uscite più di cinquanta diplomate. Parlò con passione del bisogno di donazioni per i medicinali e le forniture, per il vitto e l'alloggio, per l'istruzione, per i volontari. Con un tasso di analfabetismo così alto e la mancanza di rispetto nei confronti del cosiddetto sesso debole, le donne non avrebbero mai potuto risolvere i propri problemi di salute senza maggiore sostegno. I presenti la tempestarono di domande, di idee, ma alla fine si apprestò ad andarsene perché l'indomani mattina aveva un incontro con l'agenzia sanitaria della NATO. Promise di tornare la settimana successiva per discutere il tema della salute infantile, sempre che avessero voluto dedicare altro tempo alla sua causa.

«Torno subito. Vado a parlare con la dottoressa Malik prima che se ne vada» sussurrò Isabel nell'orecchio di Sunny, sotto l'occhio vigile di Pëtr. «Voglio darle qualche dritta riguardo alla NATO.»

Sunny osservò Isabel che si faceva largo fra i presenti e, mentre la folla lentamente si disperdeva, la vide assorta a parlare con la dottoressa. Era una donna tenace.

Più tardi, quella sera, dopo che i clienti se ne furono andati, Halajan disse a Sunny: «Quando tornerà la dottoressa, ci saranno più persone. E la volta dopo, ancora di più. Come dice il proverbio, goccia a goccia nasce il fiume».

Per Sunny fu come svegliarsi da un lungo sonno. La serata era stata un successo, si sentiva rinvigorita. «E stiamo aiutando la dottoressa. Sarebbe bello procurarle qualche volontario e allo stesso tempo riuscire a fare soldi... Allora, come siamo andati, Bashir Hadi?»

Stava contando l'incasso sul bancone. La guardò e sorrise. «Molto bene, Miss Sunny. È andata bene. Ma di questo passo, ci vorranno mesi per rifare il muro. E l'inverno è appena iniziato. Sai che non è facile far uscire la gente quando la sera fa freddo. Dovremo darci da fare per attirare clienti la prossima settimana.»

«Tappezziamo la sala: un annuncio su ogni tavolo, all'ingresso, posso mandare una e-mail a tutti quelli che conosco in città e chiedere loro di passare parola. Magari posso chiedere una mailing list all'ONU.»

«Ora sì che ci siamo» esclamò Bashir Hadi.

Sunny si ritirò in camera portandosi una teiera e una tazza, accese il computer e controllò la casella di posta. C'erano i soliti bollettini di notizie (gli insorti talebani combattevano a sud, sospette armi nucleari in Pakistan), offerte speciali dal distributore di carne a Dubai e dalla compagnia petrolifera.

Jack stava cercando di contattarla sulla chat. Sunny aprì la finestra.

Ho provato a venire, ma sono rimasto bloccato da una riunione. Ti sono mancato? ☺

Al che Sunny rispose:

Non usare le faccine con me. Quando sarai a capo della CIA, racconterò a tutti che usi gli emoticon. Così ti guadagnerai il loro rispetto!

Sorseggiò il vino e attese la risposta.

Denigri così le mie faccine? Ma che razza di donna

sei? A proposito, c'era gente stasera? O devo sentirmi in imbarazzo?

Sunny rispose:

Non è andata male. Puoi camminare a testa alta. Ma la prossima volta sarà meglio. La dottoressa torna mercoledì. È una donna incredibile.

Bevve un altro sorso mentre attendeva la risposta di Jack.

Allora… sto aspettando.

Sunny sorrise e scrisse:

Grazie. Sul serio. È stata una bella serata.

Jack ci mise un'eternità a rispondere:

Allora, quand'è che inizi i lavori per alzare il muro? Forse dopo mi manderai una faccina sorridente.

Sunny batté freneticamente le dita sulla tastiera:

Piantala di rompere le scatole!!! Sei proprio una piaga. ☺ ☺ ☺

E scoppiò a ridere quando Jack le scrisse:

La pianto solo se tu la pianti con i punti esclamativi. E con le faccine.

Lei rispose:

Sogni d'oro!

E lui scrisse:

Devo partire. Starò via un paio di settimane. So che sentirai la mia mancanza. Smetti di piangere, su. E vai a nanna.

Sunny uscì dalla stanza, percorse il corridoio e salì le due rampe di scale che conducevano al tetto. Era il suo posto preferito. C'era un piccolo tavolo con delle sedie, vasi per le piante in primavera, il cavalletto e la tavolozza. Se girare in automobile le permetteva di vedere, il tetto era l'unico luogo in cui poteva respirare. A Kabul, nel caffè, talvolta si sentiva sola, anche se non era mai da sola, tranne nella cameretta dove dormiva. E così, si era creata uno spazio tutto suo sul tetto.

Tirava vento e il cielo era libero, nero e tempestato di stelle. Uno dei vantaggi di vivere a Kabul. Senza elettricità, di notte, c'erano pochissime luci artificiali a confondere il chiarore naturale emanato dal cielo. Era come penetrare le profondità del firmamento, pensò, attraverso i vari strati fino al nucleo del cosmo. Strati di stelle, una coltre trasparente dopo l'altra. La bellezza era travolgente. Il vento le soffiava tra i capelli. Si impose di fermarsi, di respirare, di sentire.

Era una bella notte, quella notte. Aveva il presentimento che fosse l'inizio di qualcosa, al di là dei soldi che servivano per la sicurezza del locale. La gente doveva venire nel suo caffè per imparare qualcosa, per parlare, ascoltare, commuoversi. Era una bella sensazione, la sensazione di aver realizzato qualcosa di importante, non solo un buon cheeseburger.

Si chiese cosa ne avrebbe pensato Tommy al suo ritorno. Si strinse nelle spalle. La gente gli sarebbe piaciuta. Era un tipo socievole. Ma non si lasciava impressionare dalle idee e detestava la politica. Invece, Jack, be'... si fermò. Non serviva a niente metterli a confronto. Erano due uomini diversi. Per non parlare poi del fatto che uno era il suo compagno e l'altro solo un amico.

Dopo un po' scese nella sua stanza. Avrebbe voluto che Tommy fosse lì ad aspettarla. Era a letto che andavano più d'accordo, doveva ammetterlo. Ed era a letto, la sera, che sentiva più forte la sua mancanza. Quella sera, dopo l'euforia al locale, la passione nelle parole della dottoressa, tutta quella gente, i messaggi di Jack, la solitudine era più forte che mai. Mentre si spalmava la lozione all'arancio su braccia e gambe, soffermandosi sui gomiti e i talloni, si concesse di sperare che Tommy sarebbe tornato presto. Tra un mese, magari. Non scriveva mai, non chiamava mai, perciò non c'era modo di saperlo. Niente contatti dal campo, le aveva detto. Le uniche volte in cui le aveva telefonato era stato per invitarla a Dubai per una licenza di un paio di giorni.

Salì sul letto e sprofondò sotto le soffici coperte calde color ruggine, rosso e marrone bruciato. Poi si girò sul fianco, come faceva ogni sera. Ma quella notte, dovette ammettere di essersi sentita sola anche le ultime due volte in cui Tommy era tornato a casa. I suoi pensieri andarono a Jack e al fatto che, volendo essere onesta con se stessa, avrebbe voluto toccarlo, ridere con lui, stringerlo al suo corpo, lì sotto le coperte, sotto il tetto, sotto le stelle. Ma anche lui, come Tommy, stava per partire. E se stava pensando a qualcuno nel suo letto, sotto le stelle, era certamente alla moglie, a casa.

10

Candace si affacciò sulla vallata dalla sua stanza nella casatorre che si ergeva sulla proprietà di Wakil, oltre le cime degli alberi. Da quella prospettiva, gli alberi sembravano radi. I talebani ne avevano abbattuti parecchi durante la guerra per impedire ai nemici di trovarvi riparo e gli abitanti del posto li avevano tagliati per procurarsi legna da bruciare. La foresta era stata quasi rasa al suolo e le venne in mente che il folto di alberi che avevano attraversato per arrivare era sopravvissuto solo perché si trovava lungo un fiume.

A ovest, vide la landa arida e polverosa che conduceva a Kabul e, a est, la catena dell'Hindu Kush che si innalzava in modo scenografico, i picchi seghettati stagliati contro il cielo del primo mattino, i fianchi parzialmente in ombra, come carta piegata. Da lassù, i problemi del paese sembravano piccoli come le casette in lontananza. E Candace si sentiva una regina che contempla il suo regno.

Le guardie alla porta e le domestiche, che le avrebbero servito la colazione e l'avrebbero accompagnata all'*hammam* privato di Wakil per aiutarla a lavarsi e per farle un massaggio, contribuivano a farla sentire parte di una vera e propria corte principesca. Wakil curava ogni minimo dettaglio, eccetto quello che a Candace premeva di più: trascorrere del tempo da soli, in intimità. Percepì un'ondata di desiderio, la voglia di stringerlo e di sentire il suo corpo sotto di sé, ma non sarebbe successo. Non facevano l'amore da quando erano arrivati.

Wakil aveva detto che lì non poteva, quella era casa sua, la sua scuola. Era impossibile. Le aveva detto che era la sua anima gemella, che il suo cuore aveva trovato una casa in lei, che fare l'amore con lei era uno dei grandi piaceri della vita e che era irresistibile. Ma che non avrebbero dovuto farlo, non lì almeno. Dovevano aspettare di tornare a Kabul.

Quel giorno sarebbero partiti per la città e i sentimenti di Candace al riguardo erano contrastanti. Sebbene rispettasse quello che Wakil aveva fatto per i bambini e adorasse vederlo insieme con loro, al lavoro, preferiva di gran lunga l'uomo al principe. E sì, doveva ammettere che era pronta per i ristoranti di lusso, per indossare abiti firmati e per andare a letto con Wakil in casa sua. Certo, non potevano dormire insieme e avrebbero dovuto alloggiare su piani diversi, ma durante la notte, quando tutti erano addormentati, sarebbe venuto nella sua stanza.

Era anche ansiosa di tornare al lavoro. Aveva la responsabilità di raccogliere fondi per la scuola di Wakil e aveva preso appuntamento con alcune ONG impegnate nell'assistenza ai bambini afgani.

In tarda mattinata, salutarono tutti e salirono a bordo del solito suv nero guidato dal solito autista che li aveva accompagnati. Sedendo accanto a Wakil, spalla a spalla, ripensò a quando si erano conosciuti e a quanto fosse stato affettuoso e gentile, come gran parte degli uomini afgani. Aveva invitato lei e Richard a casa sua, se fossero mai tornati a Kabul e, un mese dopo, quando Richard era tornato in città per un appuntamento, Candace lo aveva contattato. Quella sera, mentre consumavano una cena sontuosa a casa sua, aveva capito cosa voleva che accadesse tra loro, cosa sembrava destinato a succedere sull'onda della forte attrazione che provava quando era con lui, ma non aveva idea che sarebbe finita per considerarlo un leader, un pezzo grosso. E non sospettava neppure che avesse la capacità di convincerla a fare praticamente qualsiasi cosa. Ovunque andasse, lei lo seguiva.

Passando attraverso i pini per entrare nelle distese di terra bruna e pietre, l'automobile si diresse verso Kabul. Superarono pastori a guardia delle capre, autocarri chiusi da assicelle di legno che trasportavano polli al mercato cittadino, muli carichi di sacchi di prodotti agricoli, un convoglio di veicoli militari sul margine della strada con soldati in uniforme mimetica, i fucili a tracolla. Sorpassarono un carro di uomini in camicia bianca e pantaloni larghi, gilet pashtun, giubbotti marroni e turbanti, tutti armati di fucile, probabilmente talebani. Nei pressi della città, costeggiarono una tendopoli fatiscente che si estendeva a perdita d'occhio, oltre un'alta barriera di filo spinato, dove bambini scalzi giocavano con un pallone spellato che strusciava nella polvere invece di rimbalzare, dove gli uomini oziavano e le donne se ne stavano accovacciate sulla terra dura, a capannelli, probabilmente per difendersi dal freddo. Più in là, una lunga coda di persone strisciava fuori da una tenda. E più in là ancora, un branco di cani strappava qualcosa con le zanne.

Candace guardò Wakil in cerca di una spiegazione.

Rispose: «Un campo profughi».

«Sì.» Li aveva già visti, aveva persino varcato i loro confini mentre viaggiava per il paese insieme a Richard.

Non avrebbe mai dimenticato gli occhi di quella madre, il bambino avvolto in una coperta sbrindellata, gli altri tre figli con l'addome gonfio che, affamati, si appoggiavano alla donna come se potesse offrire loro il riparo di cui avevano bisogno. «Così vicino a Kabul? Da dove viene questa gente? Dal Pakistan?» domandò, voltandosi verso il finestrino. «Come possono permettere che queste persone vivano così? Guarda i bambini. Non hanno le scarpe.»

«Le scarpe? Non hanno acqua potabile. Né cibo. E sono afgani. Deportati durante la guerra, persone che non hanno più niente. Alcuni sono rientrati dal Pakistan, dove il governo sta smantellando i campi, obbligandoli a tornare a casa, ma non hanno più un posto dove stare. Hanno perduto la casa, la terra, il lavoro, i soldi. Il governo corrotto se ne è lavato le mani» affermò con livore. «I russi, le forze NATO, gli americani, i rivoltosi: a ogni guerra le case vengono distrutte, la gente fugge e poi, quando torna, non trova niente. Anzi, meno di niente. Diseredati, vivono sulle mine antiuomo, nello squallore, nei propri escrementi. Gli afgani vivono peggio dei prigionieri nella loro terra.»

«Ma non pensi che l'ONU e...»

«Non bisogna essere ingenui. La NATO, l'ONU... non dispongono del potere per cambiare davvero le cose. Nemmeno i paesi ricchi sono interessati. L'Afghanistan deve sbarazzarsi delle persone che vogliono soltanto stuprare le donne, schiavizzare i bambini, distruggere la terra e le sue risorse.» Dalla sua voce trasudava rabbia. «E che lo tengono lontano da Dio.»

Naturalmente era d'accordo con lui. Dopo aver visto la scuola, la clinica e il campo profughi, sapeva che Wakil aveva ragione.

L'uomo aveva il viso paonazzo per la frustrazione. «È proprio grazie a questo che i talebani stanno risorgendo. Dagli abissi della miseria del nostro popolo.»

Quelle parole la lasciarono interdetta. «Non starai mica dicendo che i talebani sono l'alternativa migliore!»

«Di sicuro comprendo la loro crescente popolarità. Ecco tutto.» Si girò verso di lei, adesso in maniera più gentile. «Tu hai un cuore buono e grande, Candace. Questo» disse indicando la tendopoli, «è esattamente il motivo per cui abbiamo bisogno del tuo aiuto.» Le prese la mano nella sua. «Potrai cambiare la vita di queste persone. E di molte altre.»

Il suo tono di voce tranquillizzò Candace, che tenne lo sguardo puntato sul campo mentre passavano. Rimasero a lungo in silenzio.

Entrando nei sobborghi di Kabul, passarono da una città provvisoria a monumenti altrettanto provvisori. Una foresta di bandiere verdi, innalzate su sottili pali di legno conficcati nella terra polverosa, piegati dal vento. Segnavano le tombe dei martiri: ragazzi e uomini afgani caduti in battaglia. Per i combattenti stranieri c'era un cimitero vero e proprio, lo Sherpur, mentre gli afgani venivano sepolti sui fianchi delle colline, nelle pianure, nelle vallate, con soltanto un pezzo di stoffa verde su un palo di legno a segnare i loro sepolcri.

Poi raggiunsero le mura della città, crivellate di fori di proiettile e coperte di graffiti, per lo più in dari, e slogan antigovernativi. Parole che Candace conosceva bene. Suo marito aveva passato una vita a cercare di impedire la diffusione di tali sentimenti in Iraq, Pakistan e Afghanistan, senza mai impegnarsi a raccogliere fondi da investire in scuole, ospedali e commercio. Ora, dopo aver passato del tempo accanto a Wakil, si rendeva conto di quanto fossero stati futili e fuorvianti gli sforzi di Richard.

Lungo le strade ingorgate dal traffico, finalmente giunsero a casa di Wakil. L'auto varcò un doppio cancello, sorvegliato da due *chawkidar* armati, e percorse un lungo vialetto a forma di U pavimentato da pietre levigate. Wakil non aveva una casa ma un maniero. Il palazzo aveva cinque piani e gran parte delle pareti esterne era ricoperta di mosaici; a Candace ricordava una moschea, ma senza cupole. Vennero accolti all'ingresso da un servo con il turbante di seta che li scortò in un cortile interno, dove, da una fontana ricoperta da mattonelle azzurre, l'acqua si riversava in una piccola vasca e gli alberi in vaso raggiungevano il lucernario di vetro istoriato a un'altezza di cinque piani. Le volte a pilastri di pietra che circondavano il cortile davano all'edificio l'aspetto di un palazzo regale. Candace rimase senza fiato, anche se c'era stata già molte volte. Un altro servitore accorse nel cortile e sussurrò qualcosa a Wakil, che poi si rivolse a Candace.

«Devo andare. C'è un'emergenza. Ci vediamo a cena, amore mio.»

Gli sorrise, anche se si sentiva messa da parte. Si erano trasferiti a casa di Wakil perché così avrebbero avuto più tempo da passare insieme. Era una bambina viziata, o la loro relazione stava iniziando a raffreddarsi?

Venne accompagnata nella sua stanza, al terzo piano. Mentre disfaceva le valigie, le suonò il cellulare. Il suo contatto all'ambasciata voleva informarla che una famosa dottoressa indiana quella sera avrebbe tenuto un discorso sulle questioni riguardanti la salute infantile in un locale lì vicino. Pensava che Candace sarebbe stata interessata a incontrarla, dato il suo recente impegno per la clinica di Wakil. Riagganciò e si sedette sul letto, coperto da una splendida seta tessuta a mano, ricca nel colore e nella trama. Mentre accarezzava quel copriletto pregiato, sorrise. Era la strategia giusta per attirare l'interesse di Wakil. La dottoressa – la sua competenza e la sua capacità di calamitare l'attenzione per i propri progetti – era esattamente ciò di cui la clinica aveva bisogno. Sapeva che Wakil avrebbe annullato qualsiasi impegno pur di partecipare a quell'evento insieme a lei, visto che avrebbe potuto convincere la dottoressa ad aiutare la clinica. Che importava se Candace non sarebbe stata l'attrazione principale? Sarebbe stata più che felice di dividere la scena con la brava dottoressa.

11

Yasmina non si era sentita bene per tutta la settimana. Era esausta. Certe mattine faceva fatica persino a scendere dal letto. E sbrigare le faccende era quasi impossibile. Ma sorrideva e ce la metteva tutta per fingere di stare bene. In realtà, quella spossatezza la preoccupava. Si domandava se il bambino fosse in salute o se la caduta dall'auto in corsa, o il disinfettante che usava per pulire i pavimenti, o le strade sudice e cosparse di immondizia avessero nuociuto alla creatura nella sua pancia. Ciononostante non poteva rischiare di sollevare sospetti, perché sarebbe stato ancora peggio per la vita che cresceva dentro di lei.

Ed era di nuovo mercoledì. Se la settimana prima erano venute venti persone, quella sera ce ne sarebbero state il doppio o il triplo, sempre che il numero di telefonate che Sunny aveva ricevuto sul cellulare che portava appeso al collo come un talismano significasse qualcosa. La gente chiedeva la strada, la conferma dell'orario. Molti sarebbero venuti a cena prima dell'inizio dell'incontro. E c'erano stati anche molti preparativi: le commissioni, il pane e i biscotti, le ordinazioni, la cucina, le pulizie e aggiustamenti vari. Era come se tutta la settimana avesse portato a quel giorno.

Yasmina stava riposando sul *toshak*, le mani sul pancione, sognando che il bambino stesse bene, al caldo, sospeso nel suo grembo. Sperava che si succhiasse il pollice e che avesse ogni arto al posto giusto. Si chiese se anche il bambino la stesse sognando.

In quell'istante, la nausea che sentiva da giorni si abbatté su di lei come i venti sulle montagne. Riuscì a malapena a raggiungere la bacinella sulla cassapanca. Sudando, vomitò per quelle che le sembrarono ore. Alla fine si sentì svuotata e prese la bacinella per andarla a rovesciare nel bagno in fondo al cortile sul retro. Tornando in camera, si imbatté in Halajan che fumava, appoggiata al muro. Yasmina non aveva mai visto una donna fumare e, se fosse stata una serata diversa, sarebbe rimasta sbigottita. Ma considerando la sua condizione fisica e il suo malessere, non aveva certo giudizi da elargire agli altri. La luce del tramonto illuminava la scia di fumo che saliva in cielo. Tutto il resto era nell'ombra, cosa che a Yasmina fece piacere. Sapeva che il suo aspetto nauseabondo l'avrebbe tradita.

«Tutto bene, bambina smarrita?» le domandò Halajan.

«Tutto bene, grazie» rispose la ragazza. «Avevo solo bisogno di usare il bagno e di svuotare la bacinella.» Alzò lo sguardo. «Sarà una serata emozionante, vero?»

Halajan fissò intensamente Yasmina. «Ti interessano le storie della dottoressa?»

Yasmina chinò la testa. «Tutti dovremmo preoccuparci per il destino delle madri e dei loro figli.»

«Sì, è vero» convenne Halajan. «Ma ciò che importa è servire secondo una buona disposizione.»

Yasmina spalancò gli occhi. «Sono versi di Rumi. Me lo ha fatto conoscere mia madre. Recitava sempre le sue poesie! Amava Rumi sin da quando era bambina. Sua madre, mia nonna, le declamava i suoi versi. Generazioni e generazioni di miei famigliari hanno amato le sue parole. Un giorno, era arrivato un mercante da Kabul, e aveva un libro di poesie di Rumi. Anche se non sapeva leggere, mia madre lo voleva tanto. E così mio marito glielo aveva comprato.» Rise appena. «Il mio Najam avrebbe comprato un ago da cucire a un cieco, se glielo avesse chiesto.»

«Allora immagino che sia Rumi.» Halajan inspirò profondamente dalla sigaretta ed emise un lungo soffio. «Adesso va' a riposare, sarà una lunga serata.»

Yasmina notò che la luna era sorta dietro una nuvola bassa. Rumi. Sua madre. Layla. Forse fu perché si era ricordata di loro o perché aveva pensato a Najam, ma Yasmina si sorprese a sentirsi meglio. Non aveva che una preghiera quella sera: che Sunny capisse di non poter fare a meno di lei, prima di scoprire il suo segreto.

Sunny era euforica. Quasi tutte le sedie, tutti i tavoli del caffè erano occupati e gli avventori erano intenti a mangiare e chiacchierare, molto prima dell'arrivo della dottoressa. La clientela era composta per lo più da donne, divise equamente fra straniere e afgane. Sunny aveva assoldato un altro *chawkidar* per la serata, su insistenza di Ahmet, ma non ce ne sarebbe stato bisogno. Le donne non nascondevano pistole nella borsetta, specialmente quando andavano ad ascoltare una celebre dottoressa che parlava di salute infantile in Afghanistan.

Isabel era tornata per poter parlare ancora con la dottoressa. Era già seduta con Pëtr a un tavolo vicino, a sorseggiare il "tè" che aveva portato in una grossa bisaccia e che Halajan aveva subito versato in una teiera. C'erano due posti liberi al loro tavolo, che Sunny aveva riservato per sé, una volta che la dottoressa avesse iniziato a parlare, e per Jack, se mai si fosse fatto vivo. Non lo aveva più sentito dall'ultimo messaggio in chat. Non sapeva se arrabbiarsi o preoccuparsi, ma soprattutto avrebbe voluto condividere un'altra serata di successo con lui.

Intanto doveva servire i clienti, fare i caffè e sparecchiare i tavoli. Sunny immaginava le mura esterne rinforzate, gli incassi delle serate, i soldi così facili da guadagnare da non sapere come spenderli. "Fermati" pensò. "Adesso stai esagerando."

E poi udì un improvviso fragore, tutti si voltarono e smisero di parlare. Yasmina aveva fatto cadere un vassoio di tazze e piattini, mandandoli in frantumi. La povera ragazza era sotto choc, ma aveva anche un'aria grigia e stanca. Sunny avrebbe voluto prendersi a calci per aver permesso che Yasmina sgobbasse tanto e si precipitò da lei.

«Yasmina, *khair asti*? Stai bene?»

La giovane non rispose. Si diresse verso il ripostiglio e tornò con una scopa di saggina e una paletta.

«Yasmina, ci penso io» intervenne Halajan.

Ma la giovane era già in ginocchio a raccogliere i cocci.

«Cosa le prende?» sussurrò Halajan. «Non ha una bella cera. È malata?»

«Credo stia bene» rispose Sunny. «La terrò d'occhio.»

«Forse è soltanto pigra. Magari non è abituata a questo genere di lavoro.»

«Stai scherzando? Non si ferma mai ed è forte come due uomini. Non sopravviveremmo a una serata come questa senza di lei.»

Halajan sorrise poi si piantò una mano sul fianco. «Siamo sempre sopravvissuti e sopravviveremo anche dopo.»

«Ti senti in competizione, Halajan?» la provocò Sunny.

«Io? Ma scherzi? Guarda com'è diventata importante per te. Sta' attenta a non affezionarti troppo. Non resterà qui per sempre.»

«Be', vado ad assicurarmi che stia bene» disse Sunny.

Andò dietro il bancone ed entrò in cucina, dove Yasmina stava gettando i frammenti di ceramica nel cestino.

«Sunnyjan. *Emorz*, io no bene. Io lavorerò per ripagare danni.»

Sunny capì che le stava dicendo di essere dispiaciuta e che non si sentiva bene. «Sono solo *piyala*, poche tazzine. Ne abbiamo tante. Non c'è problema.»

Sunny vide l'espressione sbigottita sul volto di Yasmina e si rese conto che probabilmente la sua famiglia non poteva permettersi nemmeno una delle tazze che aveva appena rotto. Doveva sforzarsi di essere più comprensiva. Adesso, però, pensava soltanto alla salute della ragazza.

«Ti senti *khub*, bene? Sei *mariz*, malata?» Sunny inclinò la testa di lato e cercò di guardare la ragazza negli occhi, ma Yasmina teneva lo sguardo basso. «Vorresti vedere un *daktar*?»

La ragazza alzò gli occhi. «No, no, *tashakkur*, grazie, io *ba Khoda*» rispose. «Dio è mio testimone, cercherò di stare attenta.»

Sunny capiva che aveva detto di stare bene, ma vedeva che era rossa in viso. Aveva la fronte imperlata di sudore e gli occhi vitrei.

«Forse dovresti andare in camera tua a riposare» le propose Sunny. «Forse, dopo che la *daktar* avrà finito di parlare, potrebbe venire a...»

«No, no, per favore. *Besyar*, tante persone. Come

può...» Era spaventata, come se fosse certa che sarebbe stata punita.

Sunny le prese la paletta e la scopa, e disse: «D'accordo, niente *daktar*. Ma va' a riposare, così domani, quando ci sarà gente, sarai pronta ad aiutare». Lesse la paura sul viso della ragazza. «Non preoccuparti. Hai ancora il tuo lavoro e la tua casa, qui. E sarà sempre così, a prescindere da quello che succederà. D'accordo? È naturale, credo, avere la nausea quando...» Sunny si morse la lingua.

Yasmina spalancò gli occhi e la guardò terrorizzata.

«Va tutto bene. Probabilmente è qualcosa che hai mangiato. Ma se domani non ti sentirai meglio, dovremo andare dal *daktar*.»

«Sì, andrà tutto bene. Sono solo un po' stanca» dichiarò Yasmina.

Sunny la osservò mentre si scioglieva il grembiule e lo appendeva al gancio accanto al frigorifero. Yasmina si incamminò verso la porta sul retro, ma si fermò e si appoggiò al muro. Sunny le portò subito una sedia.

«Ti senti bene?» le domandò. «Ti prego, siediti.»

«Vorrei restare ad ascoltare la dottoressa» disse Yasmina.

«Sì, certo» rispose Sunny. E le posò una mano sulla spalla.

La porta del caffè si aprì ed entrò una donna vestita come una celebrità, con stivali alti fino al ginocchio, jeans attillati, un'enorme borsa firmata cosparsa di lustrini al braccio e un piumino stretto color panna. Tranne per il velo che portava in testa, avrebbe potuto trovarsi in una località sciistica. Con lei c'era un uomo imponente, un afgano molto più giovane, con indosso abiti tradizionali e un turbante raffinato. Era molto bello, alto e di corporatura robusta, dal portamento rigido. Ma erano i suoi occhi ad attrarre, occhi scuri dallo sguardo serio, magnetico.

La donna si tolse il velo e svelò una chioma lunga, liscia e platinata. Spostò il peso su una gamba e batté l'altro piede con impazienza. Evidentemente era abituata a entrare in un ristorante e a essere subito accompagnata al tavolo.

Invece di aspettare che Halajan emergesse dalla cucina, la donna scrutò la sala e si accomodò insieme al suo accompagnatore al tavolo di Isabel e Pëtr, occupando i posti che Sunny aveva riservato per sé e Jack. I due uomini si strinsero la mano e iniziarono a parlare.

Sunny era tentata di dire loro in maniera sgarbata di aspettare un tavolo, ma si trattenne. Quella serata doveva attirare clienti paganti e costruire il muro nuovo era più importante che raddrizzare l'arroganza di certa gente. Perciò andò a salutarli.

«Mi chiamo Candace, Candace Appleton» si presentò la donna biondo platino, porgendo la mano a Sunny, mentre la squadrava da capo a piedi, in attesa della risposta.

«Benvenuti, io sono Sunny.»

«Sunny?» Sorrise. «Bel soprannome! È il diminutivo di?»

Sunny socchiuse gli occhi. «Sunny, è così che mi ha chiamato mia madre.»

«Be', suona così... campagnolo.» Porse l'orecchio verso Sunny. «Come il tuo accento. Devi essere del Sud.»

Sunny lanciò un'occhiata a Isabel, che inarcò le sopracciglia e sorrise, essenzialmente per sfidarla a replicare. Ma Sunny fece spallucce e posò una mano sul fianco, pensando: "E tu, dall'accento, mi sembri proprio una stronza con la puzza sotto il naso". Sapeva di avere un accento da campagnola. Ma col cavolo che avrebbe permesso all'insolenza di quella donna di passare impunita! «E qual è il diminutivo di Candace... Candy?»

Isabel scoppiò in una risata sguaiata e disse: «Bel colpo».

Sunny non era riuscita a trattenersi. Aveva già conosciuto donne come Candace. Venivano a Kabul fingendo di voler aiutare, portandosi dietro i propri privilegi e le proprie aspettative occidentali, spesso legandosi a uomini come quello al fianco di Candace, ma in realtà erano incapaci di gestire la burocrazia e la corruzione, la sporcizia e la violenza, e alla fine se ne andavano decretando che quel paese, e la sua gente, erano del tutto inutili.

«A dire il vero, sì» rispose Candace. «E mi ci è voluta una vita per scrollarmelo di dosso. Pensavo che avessimo qualcosa in comune.» Si strinse nelle spalle. «Mi sono sbagliata.»

Sunny era dispiaciuta. Forse l'aveva giudicata troppo in fretta, come al solito. Adesso era curiosa. «Di dove sei?» domandò, non riuscendo a dedurlo dall'accento della donna.

«Boston» rispose. «Beacon Hill.»

«Oh, Beacon Hill,» esclamò Isabel, semiseria «aristocratico.»

«Strano,» disse Sunny «non hai l'accento di Boston.»

Candace esitò, guardò Isabel poi Sunny, infine disse: «Io non sono nata a Boston, vengo da lì».

A Sunny piaceva la sua schiettezza. «E allora dove sei nata, se non sono troppo indiscreta?»

Candace esitò di nuovo, si voltò a guardare il suo accompagnatore, che evidentemente era divertito da quella conversazione, e disse, con un marcato accento del Sud: «Dannazione, mi ha beccato. Sono di Willow Spring, Missouri».

Sunny dovette ridere e decise di darle un attimo di tregua. «Benvenuta, donna del Missouri. Io sono dell'Arkansas.»

«E io purtroppo sono di Londra» aggiunse Isabel. Allungò la mano per presentarsi.

Candace le rivolse un sorriso affettuoso e prese la mano di Isabel nella sua, per stringerla. Poi afferrò quella di Sunny e la scosse vigorosamente, come faceva la gente del Sud.

Sunny stava per chiedere a Candace cosa l'avesse portata a Kabul e, in particolare, nel suo caffè, ma da un'occhiata all'uomo affascinante al suo fianco capì tutto, o almeno parte della storia. E poi era giunto il momento che la dottoressa iniziasse il suo discorso. Perciò salì sul palco improvvisato e la introdusse con orgoglio, guardando una a una le facce di coloro che erano venuti ad ascoltarla. Poi tornò al tavolo e con l'aiuto di un interprete ascoltò la relazione della dottoressa Malik sul destino dei bambini nati da donne vedove. Su come finivano i bambini nati fuori dal matrimonio, di solito da violenze sessuali, talvolta da rapporti sentimentali non approvati dalle famiglie. E sul fatto che alle figlie femmine non venissero dedicate le stesse cure quando erano malate, visto che sarebbero state destinate alla famiglia del marito, una volta sposate. Citò un vecchio proverbio indiano: «Perché annaffiare l'albero del vicino?», e tutti risero.

La dottoressa tacque per lasciare spazio alle domande. Sunny era distratta da Candace e dal suo amico, che era rimasto seduto come inchiodato alla sedia per tutto il tempo, gli occhi nero carbone fissi sulla dottoressa. Di quando in quando, sussurrava qualcosa nell'orecchio di Candace e lei gli rispondeva. Era palese che avessero un'intimità naturale, e Sunny provò un moto di gelosia. Ma poi l'uomo sussurrò qualcos'altro e la donna si drizzò e agitò la mano.

«Mi scusi. Mi scusi!» mormorò Candace a voce un po' troppo alta, scuotendo il palmo della mano per attirare l'attenzione di Halajan. «Be', finalmente» disse quando la donna si avvicinò. «Vorrei un cappuccino. Decaffeinato, per favore.»

Halajan inarcò le sopracciglia e indugiò. Ma alla fine rispose: «Certo, signora. Certo. E il suo amico» soggiunse, rivolgendosi all'uomo seduto accanto a Candace. «Anche il suo amico desidera qualcosa?»

«Il cappuccino è per me, grazie» rispose lui in dari.

Halajan sussurrò a Sunny: «Gli uomini afgani che sono troppo grandi per ordinarsi il caffè da soli, sono troppo piccoli per goderselo».

«Rumi?» chiese Sunny.

«No, ma potrebbe anche esserlo!» rispose, e roteò gli occhi, poi inclinò la testa verso Wakil e se ne andò in cucina.

La dottoressa concluse il suo intervento rispondendo a decine di domande e fornendo l'indirizzo di un sito internet tramite il quale si potevano fare donazioni, infine promise di tornare la settimana successiva. Poi Isabel e Candace la avvicinarono. Prima Isabel chiese di poterla intervistare sui problemi di salute legati alle irrorazioni di diserbanti sui campi di papaveri. Poi le presentò Candace, che le parlò per alcuni minuti prima di accompagnare Wakil da lei.

Durante i pochi momenti in cui Wakil non poteva

sentirla, Candace sembrò rilassarsi. «Che serata! Grazie infinite, Sunny. Ho investito molto del mio tempo a cercare aiuto per i bambini e non so da quanto non esco con delle vere amiche. So che posso risultare un po' supponente» disse, guardando Halajan.

Sunny la prese come una richiesta di scuse, ma dall'espressione sul volto di Halajan non era sicura che la donna le avrebbe accettate. A ogni modo, Sunny era disposta a concedere a Candace il beneficio del dubbio.

«E grazie per avermi presentato la dottoressa Malik» disse Candace a Isabel.

«Non c'è di che, *Candy*» replicò lei con un sorriso.

«Se non fosse per quel tuo accento affascinante, dovrei strozzarti.»

«Allora vi aspettiamo la prossima settimana?» domandò Sunny, sorprendendosi a sperare che tornassero.

«Certamente» rispose Isabel, uscendo con Pëtr.

«Già» disse Candace con il suo accento strascicato del Sud. «Torneremo tutti, capito?»

Sunny scoppiò a ridere e osservò le due donne allontanarsi, una al seguito di un afgano, l'altra a braccetto con un russo.

Se il mattino metteva irrequietezza ad Ahmet per il richiamo delle montagne, le sere di Kabul gli facevano sentire con più forza le limitazioni che si era autoimposto, come se stesse sdraiato a petto nudo sulla strada lastricata davanti a sé. Si aggiustò il fucile in spalla e inarcò la schiena come per liberarsi dai segni delle pietre. Era buio e gli ultimi ospiti stavano lasciando il caffè. Per strada c'erano poche auto; le vie erano deserte. Il cielo era nero e pieno di stelle; la fuliggine e il fumo che conferivano un alone denso e scuro al cielo diurno si erano dissolte nell'aria notturna. Quelle stelle, che sembravano così vicine e scintillanti di vita, lo infastidivano. Calciò il muro con il tacco dello scarpone. Aveva solo vent'anni, ma si sentiva un ottantenne.

Soffiò l'aria dai polmoni e ridacchiò tra sé. Ecco cosa succede a presidiare un cancello per diciotto ore di seguito: ti fa sentire vecchio e stanco. Ripensò a suo padre, a quanto in fretta fosse invecchiato e al fatto che non fosse sopravvissuto oltre i sessant'anni. Suo padre, l'uomo che aveva rispettato, che gli aveva insegnato a usare il fucile, a riparare un tetto e a costruire un bagno, un uomo di poche parole ma dal cuore gentile, tanto gentile quanto era testarda sua madre. Gli mancava. Avrebbe desiderato che Ahmet restasse a casa, che non sognasse né troppo in lungo né troppo in largo. Non sarebbe stato deluso da lui, come sua madre.

La donna con i capelli biondi e lisci sbatté la porta del caffè mentre si dirigeva verso il cancello, accompagnata dall'alto afgano con cui era arrivata. Era bella, pensò Ahmet, ma troppo moderna per i suoi gusti, con gli stivali alti e gli abiti dai colori accesi. Si era coperta la testa con un velo, ma aveva i capelli sciolti, lo si vedeva dalle ciocche che ondeggiavano al vento. Era molto più vecchia dell'uomo. Ahmet aveva visto quello spettacolo molte volte: donne straniere con uomini afgani, uniti da un patto di soldi e di bisogno reciproco. Non faceva per lui. Ma voleva tanto un legame con una donna. Aspettava di essere presentato alla sua sposa nel modo giusto, nel modo appropriato: da famiglia a famiglia, secondo le regole di Kabul, per rispetto alle leggi islamiche. Non abbandonarsi mai a quegli occhi verdi; non guardare mai la sposa fino al giorno del matrimonio.

Voleva lavorare per conto suo. Voleva proteggere sua madre e, allo stesso tempo, essere libero dalle responsabilità. Voleva questo e quello. Voleva, voleva, voleva, molto più di quanto avrebbe dovuto un bravo musulmano giudizioso. Molto più di quanto Maometto gli avrebbe concesso. Molto più di quanto gli permetteva la sua fede.

Deglutì, sperando che i desideri se ne scendessero insieme all'amaro in bocca.

L'uomo e la donna uscirono, e Ahmet richiuse il cancello. Al forte clangore metallico, l'uomo si voltò verso di lui e lo guardò negli occhi. Ad Ahmet bastò quell'unico sguardo per scandagliarlo, usando l'istinto che non lo aveva mai tradito in quattro anni a guardia di quel cancello: niente di buono. L'afgano alto con l'americana appariscente non aveva niente di buono.

12

Rashif si sedette al tavolo, la penna in mano, la pergamena davanti a sé. La stanza era nera come il cielo oltre l'unica finestrella dall'altra parte della stanza, tranne il tavolo, illuminato da una lampadina appesa al soffitto. Era tardi e Rashif era esausto, ma aveva una lettera da scrivere prima di coricarsi.

Guardò la pagina bianca e vi appoggiò la penna.

Mia carissima Halajan,
domani è giovedì e verrai al bazar. Sogno di vedere i tuoi occhi e prego Allah che non indosserai il burqa. So che è più sicuro per te, ma mi fa arrabbiare. È come se gli occhi, il viso di una donna, fossero un male. Noi, che siamo abbastanza vecchi da aver vissuto un regime dopo l'altro, sappiamo che il burqa nasce dalla paura dell'uomo e non dalla malizia della donna.

Hala, vorrei tanto scrivere dei tuoi occhi e di cosa suscitano in me, ma oggi sono arrabbiato. Perdonami, so che l'islam proibisce di guastarsi l'animo con la rabbia, ma non riesco a trattenermi. Stamattina due soldati di Karzai sono entrati nel mio negozio, entrambi armati di fucile; uno aveva due cappotti militari sul braccio. È arrivato l'inverno, ha detto. Deve adattarci questi cappotti, ha aggiunto l'altro, o moriremo di freddo. Erano appartenuti a soldati morti sul campo. L'inverno incombe, le risorse dell'esercito sono ridotte all'osso e i cappotti devono essere recuperati. Ma un uomo alto rimpiazza uno basso, un tipo grasso prende il posto di un'acciuga e adattare i cappotti era un grosso lavoro.

Ho offerto loro un caffè. Ed è stato allora che ho notato che erano solo dei ragazzi, di quindici, sedici anni. E ho pensato che fossero stati derubati delle loro vite.

So che, nel tuo cuore, tu provi la stessa cosa. I talebani stanno tornando in forze superiori alle volte precedenti, e non c'è niente che i nostri soldati possano fare per fermarli. E nemmeno gli americani. La loro presenza qui alimenta soltanto il fuoco dell'odio talebano. È come se tutti pensassero di potersi appropriare degli afgani. Come se non fossimo vere persone con un cuore e una mente, ma bestie che hanno bisogno degli umani per essere forgiate. Per Maometto, sono convinto che, se avessimo tutti un'istruzione e potessimo leggere, potremmo costituire una forza travolgente. Potremmo assumere il controllo delle nostre vite.

Ma non preoccuparti, Hala, so di essere soltanto un sarto, e non un leader. Tuttavia nessuno può impedirmi di sognare!

Temo per te, per noi, e per il nostro amato paese. Come tu e io sappiamo, la vita può cambiare da un momento all'altro. Ricordi quando chiacchieravamo in jeans e maglione? Ho ancora le vecchie Nike, ma le indosso solo dentro casa. È stupido, lo so. Eccomi in pigiama e scarpe Nike. Sto forse esagerando?

Sono così arrabbiato anche perché non possiamo stare insieme, per colpa di leggi stupide. Mia moglie è morta, tuo marito è morto, eppure... se questa lettera fosse letta dalle persone sbagliate, verresti lapidata.

So cosa mi diresti, se mai mi scrivessi una lettera. Potresti citare Rumi, che diceva: «La pazienza è la chiave della serenità». Be', ne ho piene le tasche di Rumi!

A domani, amore mio. Buon viaggio. Un giorno verrò a trovarti al caffè. Tu mi dici di non venire per via di tuo figlio, ma un giorno ti disobbedirò, amore mio, e comparirò alla tua porta. Gli sorriderò e sarà per me come se fosse figlio mio.

Tuo, Rashif

13

Bashir Hadi era seduto su uno sgabello al bancone e sommava con una calcolatrice i guadagni della sera precedente prima di appuntarli sul libro mastro. Alzò lo sguardo e annunciò: «Un altro paio di serate come questa e avremo il nostro muro nuovo». Fece un sorriso da orecchio a orecchio. «E poi, niente più ci fermerà. Ecco, guarda.»

Sunny avvicinò il libro e si protese a leggere: «Oggi il muro, domani il mondo» scoppiò a ridere.

«Dov'è quella ragazza?» chiese Halajan, spuntando dalla cucina. «Qualcuno ha visto Yasmina?»

Oh, perfetto. Sunny aveva voglia di prendersi a schiaffi. Aveva pensato di passare da lei quel mattino, ma si era distratta. Di solito Yasmina scendeva prima del richiamo del muezzin, quando il sole faceva capolino dalle vette a est di Kabul. Il sole stava già riversando la sua luce dalle finestre, diffondendo un riflesso accecante sulle mattonelle del pavimento.

Sunny si alzò e disse: «Non ancora. Vado a...».

«Ci penso io» intervenne Halajan dirigendosi verso il retro.

«Halajan, aspetta. Vado io» insisté Sunny, posandole una mano sul braccio. Si sentiva responsabile, sapendo che la stanchezza di Yasmina era dovuta alla gravidanza, e non voleva che Halajan lo scoprisse: era una donna moderna, ma avrebbe fatto di tutto per proteggere il figlio, il caffè e la sua casa. Dare ricovero a una donna non sposata e incinta era pericoloso per tutti.

Ma Halajan ribadì: «Ci penso io» e, prima che Sunny riuscisse a fermarla, aveva già varcato la porta sul retro.

Halajan bussò alla porta di Yasmina. E, siccome non ricevette risposta, l'aprì lentamente. Non entrava in quella stanza da quando Sunny l'aveva arredata per la ragazza, e che bel lavoro aveva fatto! Perfino uno specchio! Vide che era rivolto verso la parete e capì, perché la ragazza veniva dalle montagne.

Yasmina era ancora sul *toshak*, sembrava addormentata. Ma Halajan non poteva saperlo, perché non la vedeva in viso.

«Yasmina» sussurrò, inginocchiandosi accanto al giaciglio. «Yasmina, è ora di alzarsi.»

La ragazza si voltò senza dire una parola. Aveva la pelle tra il grigio e il verdognolo, gli occhi infossati. La camicia da notte leggera rivelava il pancione gonfio.

Halajan avvertì un formicolio di paura sulla pelle. Aveva già visto quell'espressione sui volti di altre donne quando, molti anni prima, faceva la levatrice. E anche sul proprio volto, quando era incinta di Ahmet, venti anni prima, e ricordava ancora la nausea. Si guardò alle spalle per assicurarsi che la porta fosse chiusa.

«Yasmina» mormorò. «Aspetti un bambino?»

«Certo che no» rispose, tirandosi le coperte addosso e girandosi verso la parete.

Halajan insisté. «Devi dirmelo, figliola. Chi altri può aiutarti?»

«Nessuno. E se ci proverai, sarai punita, proprio come me» rispose Yasmina, con la voce carica di paura.

«Ma chi è il padre?»

«Mio marito» rispose Yasmina, piangendo.

«E dov'è adesso? Lo sa?»

«È morto. In un'esplosione sul fianco della collina.» Parlò come se il suo mondo fosse finito quel giorno.

Halajan non indagò sulle circostanze che avevano portato Yasmina al caffè, ma aveva intuito la verità. Per quale altra ragione una donna della sua bellezza era sola e senza un posto dove andare? Emise un sospiro profondo e si asciugò la fronte. Sudava, anche se nella stanza c'era freddo.

«Di quanti mesi sei?»

«A metà circa» rispose, in preda al panico. Nel *qamis* leggero che indossava per dormire, non riusciva a nascondere la rotondità dell'addome, che sporgeva come un piccolo melone.

«Sei stata stupida a non dirlo a Sunnyjan. Dobbiamo farlo adesso.»

«Ma, come posso dirglielo?» Aveva gli occhi pieni di lacrime. «Quando lo verrà a sapere, non avrà altra scelta che buttarmi fuori di casa. E allora non avrò un posto dove stare, non ci sarà più nessuno a proteggere il mio bambino. Ti prego, Halajan, aiutami a nasconderlo. Io voglio questo figlio. È l'unico legame che mi resta con il mio Najam, che se n'è andato in paradiso troppo presto. Ti supplico. Non tradirmi. Se perderò il bambino, perderò tutto. Hai sentito cos'ha detto la dottoressa ieri sera? Le storie di figli maschi rubati, di femmine uccise? E io ho già perso tutto.» Le lacrime le scorrevano sulle guance cadendo sul cuscino.

«Tu sottovaluti Sunnyjan. Lei capirà. E troverà una

soluzione.» Ma Halajan sapeva bene cosa succedeva alle donne non sposate che avevano figli. Non aveva bisogno che una dottoressa straniera le dicesse che spesso i neonati venivano rapiti e venduti come schiavi, guerrieri o giocattoli sessuali, le donne imprigionate o uccise.

«Non c'è altro modo. Non a Kabul, non in Afghanistan. Una donna e il suo bambino valgono qualcosa solo se c'è un uomo a prendersi cura di loro.»

Halajan esitò, guardò Yasmina negli occhi e prese una decisione. «Lo nasconderemo finché sarà possibile. Ma prima, devi stare meglio. Andrò al mercato a comprare alcune erbe. È giovedì, dopotutto. Il giorno di mercato.»

Si chinò su Yasmina per baciarle la fronte, ma poi si trattenne, rendendosi conto che non era sua figlia. Invece sfiorò la fronte della ragazza con la punta di tre dita, poi se le portò alla bocca, le baciò e gliele posò di nuovo sulla testa.

Poi le sussurrò: «Dirò a Sunnyjan che hai la febbre e che ti vado a comprare un rimedio al mercato. Oggi non muoverti, hai capito?».

Yasmina posò la mano su quella di Halajan e disse: «Grazie, Halajan. Grazie».

Si udì bussare ed entrò Sunny. Richiuse la porta dolcemente, scrutò le due donne in volto e capì che il segreto di Yasmina era stato scoperto. Per il momento decise di stare al gioco. Si avvicinò al *toshak*, mentre Halajan si alzava per cederle il posto, e si inginocchiò sul pavimento.

«Come ti senti, Yasmina?» chiese con gentilezza.

«Ha la *tab*, la febbre» la interruppe Halajan.

«È così?» domandò Sunny. «Hai la *tab*? Dovremmo portarti dal dottore.»

«Ha solo bisogno di riposo» rispose Halajan.

Sunny si rivolse a lei e disse: «Halajan, per favore.

Posso parlare con Yasmina? So che il mio dari non è un granché, ma lei mi capirà».

Yasmina annuì e fece un debole sorriso.

«Allora, non credi che sia il caso di andare da un *daktar*?»

«Non ha bisogno di un dottore!» ribadì Halajan. «Deve solo stare tranquilla.»

Sunny si alzò e si posizionò di fronte a Halajan. «Ma», e si protese in avanti per sussurrarle in un orecchio, «è incinta. E ha bisogno di farsi visitare da un medico.»

Finalmente Halajan tacque. Guardò Yasmina e le rivolse un cenno del capo.

La ragazza iniziò a piangere.

«Lo sapevi?» chiese Halajan.

«Sì» rispose Sunny con calma. «Lo sapevo, ma volevo lasciar passare un po' di tempo, per conquistare la fiducia di Yasmina. Non volevo spaventarla o umiliarla. E non sapevo come avrebbero reagito gli altri.»

«Ma quando lo hai capito? Perché non mi hai detto niente?» domandò Yasmina.

«Allo *Wazarat-e Zanan*, il ministero per gli Affari femminili, la prima volta che ti ho visto.»

Halajan sorrise e annuì. Sunny era una brava donna, seccante, certo, ma buona.

«Sapevi che ero *hamla* e mi hai portato comunque a casa tua?»

«Ovvio» rispose Sunny, che conosceva la parola dari per "incinta". «Non avevo altra scelta.»

Gli occhi di Yasmina traboccavano di lacrime. «Cos'è che mi ha tradito?» chiese. «Come lo hai capito?»

«Da un gesto impercettibile. Lo stai facendo anche adesso. La tua mano. Quando l'assistente di quella orribile *wazira* ti ha detto che potevi restare per una notte o due alla scuola di bellezza, hai messo una mano sulla pancia. Come adesso. Una donna come me, che non è mai stata *hamla*, non si terrebbe mai la pancia in quel modo. Solo una donna che porta una vita dentro di sé si toccherebbe con…»

«Con tanto amore» completò Halajan.

Le tre donne rimasero in silenzio per un po', poi Sunny chiese a Halajan: «Allora, cosa facciamo?».

«Be'» rispose Halajan, gonfiando il petto come un gallo. «Per vostra fortuna, e per la tua, Yasmina, io ero una *qabila*, una levatrice. Aiutavo i bambini a venire al mondo. Ne ho fatti nascere a centinaia.» Poi guardò Sunny e disse: «Allora, finché non verrà il momento, *in sha' Allah*, sarà il nostro segreto».

Sul volto di Yasmina apparve un'espressione di sollievo.

«Ma nessuno deve saperlo» continuò Halajan. «Non dovete dirlo ad anima viva. È molto, molto pericoloso. Persino un uomo buono può diventare malvagio in questa situazione. Siamo d'accordo?»

«Non lo diremo ad anima viva» ribadì Sunny. «Ma cosa succederà quando il bambino…?»

«Quella è un'altra storia. Ci penseremo più avanti.»

Sunny guardò Yasmina e vide che si era addormentata. Lei e Halajan uscirono in punta di piedi dalla stanza.

Quando tornarono nel locale, trovarono Bashir Hadi intento a preparare il caffè. E poi, Sunny lo vide. Seduto al solito tavolo, c'era Jack che sorseggiava un cappuccino e leggeva il giornale, le gambe accavallate a lato del tavolo perché il ripiano non era abbastanza alto. Sunny emise un forte sospiro, come se avesse trattenuto il fiato da quando se n'era andato, e decise di andare da lui, di comportarsi in modo naturale, di non essere irrazionale. Era scomparso per due settimane e rivederlo le metteva voglia di cantare. Ma non lo avrebbe certo dato a vedere.

Anche lui la ignorò. «*Al-salam 'alaykum*, Halajan. Spero che questo bel mattino la trovi in salute.»

«*Wa 'alaykum al-salam*» rispose con un ampio sorriso dipinto sul volto. «Com'è andato il viaggio? È ancora tutto intero, a quanto vedo.»

Sunny afferrò uno straccio, pulì il bancone, prese due vassoi e li caricò di tovaglioli, piattini e cucchiai, lanciando un'occhiata di sottecchi a Jack. Mentre aspettava che Bashir Hadi vi posasse le tazze, notò che la pelle di Jack era abbronzata dal sole invernale, i capelli grigi sulle tempie erano più evidenti, le rughe agli angoli degli occhi più profonde. Era come se in due settimane fosse invecchiato di due anni.

Jack si diede una pacca sulla coscia. «Tutto intero. Mi conosce, Hala. Non sono tipo da fucili. Quelli li lascio ai giovani e ai coraggiosi.»

«No, ma possono usarli contro di lei. Non so cosa faccia, ma è sempre un sollievo vederla tornare.»

«Anche per me, lo confesso. E tu,» esclamò rivolgendosi a Sunny «ehi, tu!»

Finalmente lei gli sorrise e Jack fece un cenno con la testa in direzione della porta. «Vieni. Ho una cosa per te, qua fuori.» Si alzò. «Andiamo.»

«Tutto qua? Niente "ciao"? Niente "come stai"? E figuriamoci "mi sei mancata e non posso credere di esserti stato lontano così a lungo"?»

«Chiudi il becco e seguimi. Porto doni. In realtà, un dono.»

Sunny si diresse verso la porta, ma Jack la trattenne

per un braccio. La donna sentì le farfalle nello stomaco e un formicolio alla pelle.

«Sei contenta di vedermi, eh? Mettiti qualcosa addosso. Fuori si gela.»

Afferrò il cappotto dal gancio alla parete e mentre lo indossava disse: «È così grosso da dover stare fuori? Io adoro i regali, ma in genere di quelli piccolissimi che entrano in una tasca».

«Tipo una gomma da masticare?»

Gli occhi di Jack scintillavano.

«Solo se con un diamante incastonato.»

«Strano, non mi sembri il tipo da diamanti.»

«E da cosa l'hai dedotto?»

«Oh, non saprei» rispose, squadrandola da capo a piedi. «Forse dai capelli, dai jeans, forse...» E con due dita sollevò delicatamente la cordicella da cui le penzolava il cellulare, e continuò: «Questo è il tuo concetto di collier».

Sunny gli strappò la cordicella di mano, lasciando cadere il cellulare sul petto.

«Andiamo,» disse Jack «ho una cosa così speciale che ti cambierà la vita.»

«Una moto!» Ne desiderava una da quando era arrivata a Kabul. Tommy aveva promesso di comprargliela, ma era partito prima di farlo. Jack naturalmente le aveva detto che sarebbe stata un'idiota a prenderla.

«Vuoi venire o no?»

Sunny aggrottò in modo plateale la fronte, chiuse un lembo del cappotto sopra l'altro e li tenne uniti. «Va bene, va bene. Ma se non è una moto... allora non so proprio cosa...»

Le tenne la porta aperta e Sunny sentì una folata d'aria gelata in faccia. Il cielo era azzurro e i raggi del sole sfioravano già le mura del cortile. Che giornata stupenda! Un regalo! E Jack era tornato! Niente poteva andare storto.

Prima vide Ahmet, con gli occhi fuori dalle orbite per la paura. Aveva in mano una fune. All'altro capo, seduto sul terreno vicino al muro, c'era un pastore tedesco di circa settanta chili, quattro zampe e una bocca bavosa. Un cane! Doveva aver scorto l'espressione di Sunny perché iniziò ad abbaiarle contro. Ahmet balzò indietro e l'animale si girò verso di lui per leccargli la mano.

Disgustato, Ahmet si pulì sul cappotto.

«Vieni, Poppy» lo chiamò Jack e la creatura lo raggiunse ad ampie falcate. Jack le scarruffò la testa e le grattò le orecchie. «Sunny, ti presento Poppy.»

Sunny odiava i cani. Erano sporchi, stupidi ed esigevano amore e attenzione; come se ne avesse da buttare! Si girò e fece per tornare nel caffè.

«Aspetta» la supplicò Jack. «Concedimi un minuto. Lasciami spiegare.»

Lei sospirò, poi si voltò verso Jack e si piantò una mano sul fianco.

«Poppy è addestrata. Ha lavorato per anni come cane antidroga, per l'oppio. Da qui il suo nome: Poppy, papavero. Adesso è vecchia e deve andare in pensione. Ma è ancora troppo giovane per non fare niente. Impazzirebbe. Ha bisogno di un lavoro. E tu potresti darglielo.»

«E cosa diavolo potrei farmene di un cane?»

Poppy abbaiò ripetutamente, come per difendersi. Fece un gran baccano.

«Di un cane pericoloso?»

«La porterai con te, come guida. Sarà il tuo cane-guida. La tua cane-mobile. La tua Mercedes modello cane.» Scoppiò a ridere. «Il tuo cane del corpo!»

«Smettila, ti prego!»

«Sul serio, tutte le volte che giri per la città, da sola, in macchina, con una Mercedes, anche se vecchia, metti a repentaglio la tua vita, santo cielo! Da adesso in poi, porterai con te Poppy. Quando farai una passeggiata, Poppy ti accompagnerà. Gran parte degli afgani, come sai, odia i cani...»

«Forse è per questo che ho un'affinità con questa gente.»

«...e li teme. Io sto male ogni volta che esci con la macchina. Be', adesso...»

«Quindi pensi sul serio di lasciarmi questo vecchio pastore tedesco – insomma, non è nemmeno bello – per te? Così tu non ti preoccupi. Che generosità!» Si rivolse verso la porta e gridò: «No, grazie».

Non vide che Jack aveva preso il guinzaglio da Ahmet, sollevandolo da quella terribile incombenza.

«Vieni a vedere, Sunny» disse Jack.

Sunny tornò da lui e Poppy le andò incontro, trotterellando come un cavallo, la lingua penzolante dalla bocca, le orecchie all'insù. Si fermò davanti alle gambe di Sunny e si mise a sedere, alzando lo sguardo, la lingua in fuori, la bocca aperta piena di saliva.

Sunny le accarezzò la testa. Poppy le leccò la mano. E Jack infilò le mani in tasca, con aria compiaciuta.

«Posso avere la colazione? Ho fame e qua fuori fa freddo.»

«Prima però ci vuole un giro di prova.» Sunny guardò il cane, poi Jack. E sorrise. «Portiamola a fare un giro.» Corse dentro e dopo un minuto tornò con un pesante portachiavi.

Jack raccolse il guinzaglio di fortuna di Poppy e lo porse a Sunny. «È tutta tua.»

Mentre uscivano dal cancello, Jack ringraziò Ahmet

per aver badato al cane. Il giovane indietreggiò di un passo mentre gli sfilavano accanto, ma evidentemente anche Poppy si sentiva in dovere di ringraziarlo, perciò si strofinò contro la sua gamba e alzò lo sguardo tirando fuori la lingua e scodinzolando. Il suo affetto, tuttavia, non era corrisposto, e Ahmet si ritrasse.

Fecero il giro intorno al muro esterno della casa fino al vicolo dov'era parcheggiata la macchina. Sunny prese posto al volante, Jack accanto a lei e Poppy dietro. Faceva freddo, ma Sunny aprì uno dei finestrini posteriori e immediatamente il cane mise le zampe sullo sportello e il muso fuori per respirare la deliziosa aria di fogna di Kabul. Prima di partire, Sunny controllò nello specchietto retrovisore e in quello laterale.

«Accidenti» esclamò.

«Cosa?» domandò Jack.

«Lo specchietto, non c'è più. Merda! Anche l'altro. Ma insomma!»

Qualcuno aveva rubato tutti e due gli specchietti laterali della macchina, un giro d'affari non indifferente a Kabul, secondo soltanto al furto di automobili. Per fortuna, Tommy aveva installato un super impianto di accensione sull'auto e ci voleva un martello pneumatico per metterla in moto senza la chiave.

«So come sistemarli» disse Jack. «Gira a sinistra al prossimo vicolo.»

«Dove andiamo?» Sunny doveva voltarsi a destra e a sinistra e girarsi indietro, senza gli specchietti ad aiutarla. Il dedalo delle strade di Kabul era una terra di nessuno. Gli afgani guidavano a destra, come in America, ma i parcheggi in doppia fila, i sorpassi, la mancanza di corsie e di segnali sulle strade lastricate rendevano la guida sicura un'utopia.

«A riprenderci gli specchietti.» Sorrise, come se avesse colto una battuta che nessun altro aveva capito.

Sunny seguì le sue indicazioni, la Mercedes sbandava per le vie affollate e polverose, con la grossa testa di Poppy che spuntava dal finestrino posteriore. La gente si scansava quando si fermavano a un incrocio, i bambini che giocavano a pallone la indicavano, i vecchi accovacciati accanto alle bancarelle scuotevano la testa sgomenti.

Jack la condusse nella periferia della città, dove i vicoli cedevano il passo a strade più larghe costeggiate da basse case grigie, invase da macerie e pietre, capre al pascolo e bambini che giocavano, e il fetore di fogna che si propagava dal centro si trasformava in una miscela di polvere, tanfo e fumo dai focolari accesi nelle case.

Le indicò una strada che sembrava puntare dritta verso le montagne, ma la fece fermare dopo una trentina di metri. «Siamo arrivati» disse. «Di là.»

Jack legò Poppy al guinzaglio, la fece scendere dal sedile posteriore e condusse lei e Sunny lungo un terrapieno e oltre una passerella di legno, senza ringhiere cui aggrapparsi, dove un tempo scorreva un fiumiciattolo o un canale, verso un'ampia distesa dove stavano allineati numerosi container, uno accanto all'altro. Alcuni avevano scritte in cinese, altri in arabo, altri ancora in russo. Sopra c'erano cataste di ricambi di vecchie automobili, pneumatici e altri aggeggi non identificati. Ogni cosa sembrava ricoperta di fuliggine, di sporcizia. Tutt'intorno c'erano vecchie automobili, con uomini a bordo a sorseggiare tè. Una vecchia station wagon aveva il baule aperto e tre tizi, con indosso *salwar qamis* color marrone bruciato, cappotti di lana e turbanti grigi, oziavano seduti sui vecchi sedili mangiucchiando qualcosa.

A Sunny parve di essere su un altro pianeta.

Poi Jack disse: «Questo sì che è un pranzo "al sacco"!».

Gli uomini guardarono la coppia. Si alzarono non appena scorsero il cane. Si tolsero il fucile dalla spalla e lo puntarono contro Poppy.

«Aspettate un attimo, ragazzi» disse Jack in dari, con la disinvoltura di un madrelingua. Indicò l'automobile e loro dissero che avevano degli specchietti adatti, poi frugarono tra i rottami e ne tirarono fuori un paio.

«Questi potrebbero andare» dissero. Il capo non staccò mai lo sguardo da Poppy, che aveva un'aria molto seria, forse perché sentiva risvegliarsi il suo istinto di cane poliziotto.

Ma certo che potevano andare. Erano gli specchietti di Sunny. Jack stava negoziando per ricomprare proprio gli specchietti che erano stati rubati dalla sua macchina.

«Che racket» commentò Jack salendo in auto e posando gli specchietti fra sé e Sunny. «Ingegnoso, però. E Poppy, ti sei comportata bene. Che animale!»

«Già,» replicò Sunny con sarcasmo «la prossima volta che mi rubano gli specchietti e dovrò ricomprarli, sarà davvero utile.»

Tornarono a casa, Jack montò gli specchietti e, una volta rientrati nel cortile, Sunny dichiarò: «E va bene. Concederò una settimana di prova a questo sacco di pulci. Ma se fa qualcosa di male – se morde qualcuno, mangia quello che non dovrebbe, o fa i bisogni nel posto sbagliato – se ne va».

«D'accordo» rispose Jack.

«D'accordo?» chiese Sunny a Poppy tenendole la mano sotto il muso per guardarla dritto negli occhi. «Adesso che ne dici di fare colazione?» propose a Jack. «Fa un freddo tremendo qua fuori.»

Quando entrarono nel locale, Halajan strillò.

Sunny si mise a ridere. «Va tutto bene, Hala. Questa è Poppy, il nostro nuovo cane. Ringrazia Jack del bellissimo regalo.»

«Non ci saranno bestie a quattro zampe nel caffè! Se devi tenerlo, tienilo fuori, come una capra o un cavallo.» Halajan era insieme arrabbiata e impaurita. Indugiò in un angolo. «Voi americani...»

«Cosa?» intervenne Sunny, per provocarla. «Cos'abbiamo noi americani?»

«Vivete con i cani, dormite con i cani! È una follia.» Si torceva le mani, il viso contratto in una smorfia di ribrezzo. «È come se loro fossero i padroni e voi gli animali. Ho sentito dire che in alcune città americane, la gente raccoglie i loro escrementi e li mette in un sacchetto.» Scosse il capo. «Non è così?»

«Io la penso come te» rispose Sunny.

Jack scoppiò a ridere. «È vero. Ma, Halajan, i cani, come scoprirà, sono...» e poi iniziò a parlare in dari. Sunny cercò di seguirlo. Disse a Halajan che i cani erano puliti, leali e protettivi. Le raccontò del passato di Poppy e del fatto che l'avesse portata a Sunny per via della macchina, ma che anche il caffè aveva bisogno di essere protetto in ogni modo. Quindi aggiunse scherzando che, se le cose non fossero andate bene, poteva sempre cucinare Poppy e servirla all'idraulico che la spennava ogni volta, e Halajan rise così forte da piegarsi in due.

Poi Jack tirò fuori il cellulare dalla tasca ed esclamò: «Un messaggio». Lo lesse, si voltò verso Sunny e le disse: «Indovina un po'? Devo andare», e si incamminò verso la porta del caffè.

«Davvero?» replicò lei, seguendolo. «Perché? Cosa devi

fare di tanto importante di giovedì. Domani è *Jum 'a*, il giorno di riposo. Be'?» Gli puntò l'indice contro il petto. «Allora?»

Jack divenne serio. «Devo chiamare mio figlio.»

«Chiamalo da qui. Dov'è il tuo cellulare?»

«No. Sai, preferisco parlare in un posto tranquillo.» E poi alzò la voce: «Lontano da voi matti».

«Oh-oh» disse Sunny. «Non sa di noi?» Arrossì immediatamente, pentendosi di aver pronunciato quelle parole.

«Oh, andiamo» obiettò lui. «Può darsi che questa settimana abbia ricevuto una risposta da qualche college.»

«Oh, sono sicura che...»

«Sì, be', lui vorrebbe andare alla Michigan, come il suo vecchio.»

«È un'ottima università.»

«Già, e Ann Arbor è un bel posto dove vivere. Ma è dura essere ammessi. Non come quando ero ragazzo io. Diavolo, hanno preso me. Prova di quanto fosse facile.»

«Già, se hanno preso te...» Sembrava stupida, ma quella conversazione la metteva a disagio perché toccava un nervo scoperto. Non era mai andata all'università e la cosa l'aveva sempre imbarazzata. Non era un argomento di cui parlava volentieri.

«È solo che sua madre, be', vorrebbe che restasse vicino a casa. In Virginia, o a Washington.»

«E, ehm, come sta sua madre?»

«Sta bene. Credo. Insomma, non dev'essere facile. Tu la capisci meglio di me: una donna sola, in attesa del marito...»

«Io non sto aspettando mio marito.» Adesso era sulla difensiva.

«D'accordo. Non ti inalberare così. Tu non stai aspettando tuo marito. Stai aspettando il tuo fidanzato.»

«Ehi, io non sto aspettando nessuno. Io ho una vita.»

«E anche lei. Ma...» La sua voce si spezzò.

Sunny aspettò un attimo, per dargli tempo. Ma visto che non diceva altro, gli domandò: «Allora, perché loro sono là e tu sei qui?».

«E perché tu sei qui e Tommy è là fuori?» Fece un cenno verso la porta.

«Non siamo sposati e non abbiamo figli. E siamo nello stesso paese. La tua famiglia è all'altro capo del mondo.»

Jack affondò le mani nelle tasche e guardò dalla finestra.

«Allora? Mi rispondi o no?» incalzò Sunny. «Perché loro sono là e tu sei qui?»

«Ehi, ti ho appena portato un vecchio cagnolone per proteggerti. Dovresti essere gentile con me.»

«Io non te l'ho chiesto.»

«Già, be', ma ne hai bisogno.»

«Come diamine fai a sapere di cosa ho bisogno?»

«Lo so benissimo, tesoro, e quando me ne sarò andato...»

«Quando te ne sarai andato? E non chiamarmi "tesoro"!»

Jack sorrise. «Intendevo, quando dovrò tornare negli Stati Uniti. Non oggi, non domani, ma prima o poi sì.»

«Be', non preoccuparti per me.»

«Sai badare a te stessa. È quello che amo di te. Sunny sa sempre badare a se stessa.»

«Quello che ami di me, eh?»

«In senso letterale, è una delle cose che mi piacciono di te. E il fatto che sei cocciuta come un asino e forte come un toro.»

«Davvero? E cos'altro?» Sentì le parole uscirle di bocca, ma non credeva di essere stata davvero lei a pronunciarle.

La fissò a lungo, poi rispose, con voce delicata: «Il fatto che fingi di essere una dura, ma non lo sei. Che sei avara di parole gentili, ma hai un gran cuore. È questo che amo di te. Ecco la triste verità, e ti confesso che mi sta facendo impazzire». Le sfiorò i capelli con due dita.

Lei indietreggiò istintivamente e si piantò le mani sui fianchi.

«Ora vai,» gli sussurrò con gentilezza «telefona a tuo figlio.»

«Ci vediamo domani.»

«Sì, ci si becca.»

«Quanti anni hai, dodici?»

«Già, e vado per i trentotto.» Sorrise.

«Cavoli, non te ne avrei dati più di trentasette.»

Adesso era vicino. Riusciva a vedere le screziature nere dei suoi occhi. «Allora, te ne vai o no?» disse a mo' di ordine.

«Sii gentile con Poppy.»

«Sì. La tratterò come… un cane.»

Jack si chinò verso di lei e, prima che riuscisse a ritrarsi, la baciò sulla guancia.

La porta si richiuse con un tonfo alle sue spalle e Sunny ci si appoggiò per cercare di riprendersi. Cosa diamine doveva fare adesso? Si sfiorò la guancia con le dita. Lo sapeva. Niente. Assolutamente niente.

14

Sunny si stava impegnando in modo ancor più maniacale del solito nei preparativi del Natale di quell'anno, soprattutto per non pensare a Jack. Quel bacio del tutto innocente aveva impresso sulla sua guancia un marchio, come sui tori, in America. Era da lei ingigantire le cose, ossessionarsi, preoccuparsi e porsi mille domande. Ma stavolta sapeva di aver superato il limite. Perciò, in preda alla smania, aveva preso le scatole accatastate nel ripostiglio sul retro e le aveva aperte per iniziare a organizzare e decorare. Per prima cosa inserì un cd nel lettore e alzò il volume. I Chipmunks intonarono le canzoni di Natale con la loro voce in falsetto.

È Natale a casa mia
tra regali ed allegria…

Bashir Hadi – che stava appendendo le lucine sfavillanti che a Sunny piacevano tanto sul muro del patio, lungo lo stipite della porta all'interno e all'esterno, dove il soffitto incontrava le pareti del caffè, lungo il bancone, a zig-zag sulle pareti e, naturalmente, intorno all'enorme albero di plastica che si era fatta spedire da Dubai anni prima – smise di lavorare e si rivolse a Sunny, parlando forte per farsi sentire.

«Miss Sunny! Per piacere. Posso sopportare Michael Jackson che canta *Santa Claus Is Coming to Town*, ma i Chipmunks non li tollero proprio. Toglili, ti supplico!»

Sunny scoppiò a ridere e gli disse che poteva mettere tutti i cd di Natale che voleva. Una sola regola: musica natalizia da adesso fino alla festa della vigilia, due settimane dopo. Sunny sapeva che era una cosa stupida, ma i clienti ormai se l'aspettavano. Organizzava la miglior festa di Natale di tutta la città, una serata a base di tacchino arrosto e salsa di mirtilli, regali sotto l'albero e costumi da elfo, e quell'anno... Poppy vestita da Rudolph, la renna dal naso rosso! Non ci sarebbe stato bisogno di prendere in prestito la capra del vicino!

Era una tradizione da cinque anni. Non c'erano molte feste di Natale a Kabul, tranne che all'ambasciata e all'ONU. Il locale poteva ospitare fino a quaranta persone a cena e, benché il prezzo fosse esorbitante, erano già al completo. E c'era ancora molto da fare.

Mentre la macchina si faceva strada verso il Mondai-e, la polizia e l'esercito intasavano le strade, insieme ai mendicanti.

«Cosa ci è successo?» domandò Halajan a suo figlio, che si era rasato la barba e aveva indossato un *salwar qamis* nuovo e inamidato. «Guarda qua. È disgustoso. Quand'è che abbiamo smesso di prenderci cura l'uno dell'altro?»

«Abbiamo smesso di pregare, madre. Siamo diventati sordi al richiamo del muezzin.»

Halajan fece schioccare la lingua e osservò una donna in burqa accovacciarsi nelle fogne, il braccio proteso, un neonato in grembo. Pensò a Yasmina, confinata nel locale per tutta la durata della gravidanza, e sentì salire la rabbia. «Pensi che le preghiere possano aiutarla? Dov'è il tuo potente Allah? Hai pregato per questa gente? O preghi per quei bei vestiti che indossi, o le tue preghiere per questi disgraziati non sono state ascoltate.»

Vide l'espressione addolorata sul volto di Ahmet e si rese conto di essere stata troppo dura. Non sarebbero mai andati d'accordo sul Corano o sulla politica, ma era suo figlio e lei lo amava. Non voleva che quelle parole scavassero una frattura più profonda di quella che già c'era.

Alla fine raggiunsero il fiume, secco tranne che per un lieve strato di neve caduto la notte precedente. Halajan disse ad Ahmet di aspettarla lì, in auto, e che sarebbe tornata dopo due ore.

«Fa' attenzione, madre» disse Ahmet. «Io prego per te, ma visto che nessuno mi ascolta, sei sola.»

Rise di quella battuta, ma, in tutta onestà, stavolta le sue parole la ferirono. Halajan attraversò in fretta il letto arido del fiume verso il Mondai-e e percorse i vicoli in tutta sicurezza. Nel giro di pochi minuti, raggiunse la bottega di Rashif. Bussò alla porta e lui le aprì in cappotto e cappello.

«Halajan» la salutò, passandole una busta. «Sei sola oggi?»

«Mi ha accompagnato Ahmet. Mi aspetta in macchina.»

«Vengo a salutarlo!»

«Non puoi. Tutti questi anni e ancora non riesci ad accettare il mondo in cui viviamo? Agli occhi della gente, mio figlio è il capofamiglia. È lui a dettare le regole. E tu non capisci la sua mentalità. Con il tuo passato e il suo presente, be', come dice Rumi...»

«Il mio passato? Ah» esclamò con una smorfia. «Quei mullah alla moschea avvelenano qualsiasi sforzo che non sia stato concepito da loro. Perché non predicano dal cuore del Corano invece che dalle loro paure?»

«Come dice Rumi…»

«Basta con Rumi! Dimmi cos'hai nel cuore, con parole tue.»

Rimase in silenzio per un momento. «Mio figlio è di un'altra generazione. Non ti accetterà mai.»

«Lo aiuteremo a tornare giovane.»

Halajan scorse la luce nello sguardo di Rashif. Sorrise. «Il tuo cuore è più giovane del suo. Purtroppo, per lui è tardi ormai.»

«Il nostro amore lo cambierà. Gli parlerò io. Verrò al caffè e…»

«Devo fare le compere per la festa di Natale.» Fece per andarsene.

«Allora verrò alla festa» le disse mentre si allontanava.

«Se lo farai, non ti parlerò mai più.» Si voltò e sorrise.

«Non scrivi, non parli. Mi basterà stare nella stessa stanza con te.»

Halajan sentì le ginocchia cedere, ma si fece forza. «Siamo al completo. Non c'è più posto, nemmeno per una persona.»

Rashif inarcò le sopracciglia e sospirò con grande pazienza. «Vedremo, mia Halajan. Vedremo.»

«A giovedì prossimo, *in sha' Allah*.»

«*In sha' Allah*, a giovedì. Se non prima.» Le sorrise, gli occhi scuri che scintillavano.

Halajan si voltò e si fece strada verso le viuzze affollate del mercato, temendo che la pazienza di Rashif si esaurisse. Lo amava immensamente, ma amava anche suo figlio. A chi dei due doveva spezzare il cuore? Chi doveva far infuriare? Mentre faceva compere – popcorn per i festoni, melagrane secche e nastro rosso per decorare l'albero, più le provviste sulla lista – cercò di distrarsi, ma era oppressa dai troppi pensieri. Fece attenzione a comprare esattamente quello che Sunny le aveva chiesto perché, con il Natale, quella donna diventava più matta del solito e chissà come avrebbe reagito se Halajan le avesse portato la salsa di mirtilli sbagliata. In quel periodo dell'anno, ogni anno, Sunny aveva un fuoco dentro e una malinconia che Halajan comprendeva. Anche lei si sentiva così. Era emozionata dai preparativi, la trepidazione la inebriava e la intontiva, le fremevano le dita e la testa sembrava sul punto di scoppiare. Ma i ricordi del passato e i timori del futuro le appesantivano il cuore. Le festività erano un miscuglio complicato, pensò Halajan mentre portava le borse alla macchina. Rashif non avrebbe mai potuto venire al caffè per la vigilia di Natale. La situazione era già abbastanza complicata.

15

Pëtr scomparve il mattino in cui Isabel doveva partire per visitare le piantagioni di papaveri. Si svegliò intontita dai postumi della sera prima e scoprì che se n'era andato. Ricordava vagamente un fugace scambio di battute, tra il sesso e il secondo (o il terzo?) bicchiere di vodka, in cui Pëtr aveva detto qualcosa sulla necessità di lasciare Kabul, che era stato divertente e che magari un giorno si sarebbero rivisti. Non aveva lasciato biglietti, non aveva chiamato né detto addio. Isabel non era delusa. Aveva già conosciuto uomini come lui ed era sempre stato uno scambio alla pari: lei aveva dato a lui quello di cui aveva bisogno, e viceversa. Sarebbe sembrata una cosa incredibilmente fredda se avesse dovuto spiegarla o esprimerla ad alta voce, ma da giornalista donna in un paese di uomini sapeva cosa fare. Solo una volta questa strategia si era rivelata controproducente, ma era acqua passata e si era ripromessa di non ripetere l'errore né di stare ad autocommiserarsi.

Pëtr ci aveva messo alcuni giorni per organizzarle il viaggio: per farla entrare nei campi di papaveri per parlare con certe persone, e farla uscire. Avevano trascorso tutte quelle serate all'Atmo, a sbronzarsi e a far baldoria, le notti a fare sesso e le mattine a smaltire la sbornia.

E la sera passata era stata come tutte le altre solo che, quando Isabel si era svegliata, era quasi come se Pëtr non fosse mai esistito.

Era stata la telefonata delle otto a svegliarla. L'autista che Pëtr aveva ingaggiato per accompagnarla all'aeroporto aveva chiamato per chiedere la conferma dell'orario. Il volo era alle undici e il viaggio in aereo sarebbe durato alcune ore, poi avrebbe preso la macchina per raggiungere la provincia del Badashkan, a nordest, lungo il confine con il Tagikistan. Montagnoso e irraggiungibile, il Badashkan era diventata una delle principali aree di produzione di papaveri in Afghanistan perché era attraversato dal corridoio del Vacan, una via commerciale verso il resto dell'Asia. Naturalmente le province meridionali di Helmand e di Qandahar erano ancora più importanti, ma erano in mano ai talebani ed entrarci era pericoloso, persino per Isabel, che aveva viaggiato in alcuni dei luoghi più rischiosi al mondo. Il Badashkan non era talebano, non ancora. Era governato dall'Alleanza del Nord, un'organizzazione di resistenza che dall'11 settembre riceveva il sostegno dell'America e del Regno Unito, e adesso lottava per respingere i talebani.

L'Afghanistan forniva dal 92 al 95 per cento dei papaveri da oppio al mondo per la produzione di eroina, a seconda dell'anno, delle condizioni meteo e di quanto fossero attivi gli Stati Uniti nella lotta alla droga. Il presidente Karzai aveva avallato i progetti americani di aiuto ai coltivatori perché trovassero un'altra fonte di reddito. Erano arrivati fiumi di denaro, per migliorare l'irrigazione e la viabilità, per la costruzione di ospedali e per la coltivazione di prodotti agroalimentari, come patate e pomodori. Ma i lavoratori erano stati torturati, altri uccisi, e alla fine semplicemente non valeva la pena combattere contro i signori della droga e gli altri paesi coinvolti nelle esportazioni di papaveri dall'Afghanistan.

E la corruzione – la collusione tra governo e signori della droga, il fatto che le due categorie spesso coincidessero – era fuori controllo. Ne pensano una più del diavolo, le aveva detto Pëtr.

Riempì la piccola sacca da viaggio con il cambio per alcuni giorni, un paio di pantaloni in più per il fango e maglioni per il freddo, vestiti che la coprissero a sufficienza, in quanto donna, e oggetti indispensabili come carta igienica e un gel igienizzante per le mani, oltre a qualche regalo di rito che aveva acquistato al mercato: veli per le donne e preziose collane da preghiera per gli uomini. E, ovviamente, prese la tracolla di tela con il taccuino e le penne, il registratore, il cellulare, il tesserino di giornalista, il passaporto e la videocamera. Raccolse le borse e lasciò la comodità dell'albergo per salire sull'auto, un piccolo suv guidato da un uomo di nome Mohammad, e partì da Kabul.

La città era fantastica vista dall'auto, pensò. Siccome l'autista non poteva andare troppo forte, Isabel aveva l'occasione di vedere tutto: quello che le passava davanti agli occhi, quello che c'era dietro e dietro ancora, come se più stretta fosse la prospettiva, più cose si rivelassero alla vista. Superarono due bambini che giocavano a pallone in strada, a piedi nudi nei canali di scolo, a destra dell'auto. Altri bambini scuotevano un barattolo pieno di *spand*, una graniglia che veniva bruciata per scacciare il malocchio o gli spiriti maligni, sperando di racimolare un paio di afgani. Alle loro spalle un anziano stava accovacciato sui talloni sotto la tenda della bancarella, il sedere quasi appoggiato a terra, in una posizione in cui aveva visto solo le sue nipotine e che pensava solo i bambini fossero in grado di assumere. Stava tagliando i capelli a un uomo acquattato davanti a lui. Due donne infagottate contro il freddo erano in piedi accanto a loro, le teste vicine, a chiacchierare. E dietro ancora c'era un negozietto che vendeva cellulari, l'insegna a pezzi, la porta scardinata; due uomini uscirono, litigando.

Aprì appena il finestrino, cosciente del pericolo di abbassarlo completamente, per assaporare il miscuglio di odori: le fogne, i gas di scarico, le noci tostate, gli escrementi degli animali. Sentiva anche gli schiamazzi dei bambini, le voci sommesse delle donne, lo scalpiccio di scarpe troppo grandi o troppo piccole sul selciato, i clacson, gli uomini che litigavano per una scommessa, il belato delle capre e il canto del muezzin.

Sunny aveva ragione. Camminare a Kabul offriva una visuale troppo limitata. Si perdeva la profondità della vita cittadina.

Da quella prospettiva, vide oltre le mura di Kabul la vallata verde ai piedi dell'Hindu Kush, fino alle vette incappucciate di bianco. Poi iniziò a nevicare. I fiocchi erano piccoli e argentati contro l'azzurro intenso del cielo e Isabel immaginò un milione di fatine Campanellino, ricordandosi di sua madre, che le aveva letto *Peter Pan* tanto, tanto tempo prima. Sua madre, che era solo una bambina quando la sua famiglia era fuggita dalla Germania nazista. Sua madre, la cui passione per la vita non era riuscita a fermare l'orribile cancro che alla fine l'aveva uccisa, prima che Isabel si rendesse conto di quanto avesse bisogno di lei, soprattutto dopo l'incidente in Sierra Leone. L'automobile sbatacchiava e sobbalzava, l'autista non smetteva di parlare in dari al telefono così in fretta che Isabel non riusciva a capire una parola, proprio come le succedeva con i tassisti in Inghilterra. Poco dopo arrivarono all'aeroporto, la neve scendeva ancora, ma non attaccava sull'asfalto.

Durante il volo, cadde in un sonno intermittente. In quei minuti di semiincoscienza, le apparve ciò che da quel giorno vedeva sempre quando dormiva da sobria: l'uomo che le puntava il coltello alla gola, il viso schiacciato contro il suo, la violenza che aveva lasciato ferite ben più profonde di quelle fisiche. E si svegliò, come sempre, nel momento in cui l'uomo aveva finito, ma prima che si alzasse e la colpisse con il calcio del fucile, così forte da farla svenire e staccarle alcuni denti. Aveva il respiro affannoso, il cuore le batteva forte, la rabbia che saliva insieme alla vergogna per la propria debolezza, per l'incapacità di fermarlo. Ecco perché l'Atmo faceva per lei. Oltre ad averla messa in contatto con Pëtr, l'alcol e le feste le offrivano una via di fuga dai ricordi.

All'aeroporto, la accolse l'uomo che Pëtr le aveva assoldato come autista, guardia del corpo e interprete. Arrivarono al *compound* nel tardo pomeriggio. A sinistra e a destra, davanti e dietro, si estendevano i campi di papaveri, circondati dalle montagne, più in là. Era stagione morta e i baccelli giacevano infruttuosi nella terra gelata. Un trattore se ne stava silenzioso come una sentinella al limitare dei campi.

All'interno delle mura di pietra del *compound*, apparvero alcuni edifici bassi di fango, dove finiva la strada. L'automobile si fermò accanto ad altri veicoli parcheggiati. Isabel scese dal suv, si voltò in direzione del massiccio frastagliato che si ergeva malevolo verso il cielo, e si stiracchiò.

Una voce alle sue spalle la fece sobbalzare. Si girò e vide un uomo in abiti tradizionali – un *salwar qamis* bianco e un gilet di pecora, un *pakul*, il cappello schiacciato e occhiali da sole – con la mano posata sul fucile automatico appeso alla spalla.

Isabel deglutì la sua paura e disse: «*Al-salam 'alaykum*,» poi proseguì in inglese, con l'autista che traduceva in dari «sono Isabel Hughes, sono qui per vedere Abdul Khan». Pëtr le aveva fornito il nome del narcotrafficante di quella fattoria, che in realtà era il nome di qualsiasi signore della droga che gestisse una piantagione di papaveri. Le aveva detto di averle organizzato una breve visita e un'intervista.

L'uomo con il fucile fece cenno a Isabel di entrare nell'edificio più vicino e ordinò all'autista di risalire in macchina e di aspettarla lì. L'autista replicò in dari e Isabel immaginò che stesse dicendo di doverla seguire per tradurre. Ma l'uomo con il fucile fu irremovibile. L'autista guardò Isabel e scosse la testa, frustrato. Isabel fece un respiro profondo, mandò giù la paura e seguì l'uomo con il fucile, lasciando l'autista solo in macchina.

All'interno c'era una grande sala dal pavimento ricoperto di tappeti bordeaux e rossi, arredata con mobili di legno scuro, stucco dorato e velluto. Un uomo con un *karakul*, il cappello reso celebre dal presidente Karzai, sedeva su una sorta di trono a una scrivania enorme dalle gambe finemente cesellate. Davanti a sé aveva un computer portatile. Al suo fianco c'era un altro uomo, forse il suo luogotenente.

Abdul Khan si alzò, salutò con affetto Isabel in dari, poi gli uomini la scortarono a un tavolo pieno di piccole ciotole di *kishmish*, i dolcetti che gli afgani servivano sempre nell'intento di risultare ospitali, anche quando erano armati di fucile: mandorle candite, uva passa, ceci secchi con pepe e caramelle incartate. Il signore della droga si accomodò davanti a Isabel, sorridendo con cordialità, senza mai staccarle gli occhi di dosso. Era nervosa, il cuore le rombava nelle orecchie, ma ricambiò il sorriso, sforzandosi di apparire tranquilla. Il luogotenente uscì da una porta laterale e tornò subito dopo con un uomo che avrebbe fatto da interprete. Un domestico apparve con una teiera. E il signore della droga diede a Isabel il benvenuto nella sua piantagione.

«In primavera ci saranno papaveri a perdita d'occhio» affermò facendo con il braccio un ampio gesto pieno di orgoglio. «Questa piantagione è un grande successo. Ma i diserbanti distruggeranno tutto quello che abbiamo ottenuto con tanta fatica.»

Isabel tirò fuori il piccolo registratore e chiese: «Lei è d'accordo se registro la conversazione?».

«Per adesso sì» le ripose. Poi sorrise. «Quando non lo vorrò, glielo farò sapere.»

«Grazie» disse Isabel. «E grazie anche per la sua generosità, per avermi concesso di venire qui e per avermi dedicato il suo tempo.» Lo ringraziò, pur sapendo che i signori della guerra, come tutte le celebrità, amavano le luci della ribalta.

«L'anno scorso è stata un'annata eccellente per noi. Il tempo è stato clemente e il mercato in ascesa» affermò Abdul Khan con soddisfazione. «Non come quando abbiamo provato a coltivare pomodori. È stato un errore madornale. Tutti hanno prodotto pomodori nello stesso momento, non c'è stato modo di metterli sul mercato abbastanza in fretta e, anche se ci fossimo riusciti, l'offerta era sempre superiore alla domanda. Troppo dispendioso, in più non sapevamo come immagazzinarli. Che idea stupida... sicuramente frutto della mente di qualche burocrate americano. I papaveri sono il prodotto migliore. Non creano problemi di stoccaggio e il profitto è garantito. Ci guadagnano tutti: i contadini nei campi, i proprietari della terra, io» sfoderò un sorriso da Stregatto «e l'Afghanistan, il mio paese.» Tacque e sospirò. «Ed è questo il nocciolo del problema» disse piluccando una mandorla e infilandosela in bocca. «In primavera, con l'irrorazione degli erbicidi, scomparirà tutto e non avremo più niente. È sbagliato. È una punizione ingiusta. Gli americani dicono che uccideranno solo i papaveri. È un inganno. Uccideranno tutto. Raggiungeranno il loro scopo: liberare l'Afghanistan dagli afgani.»

«Ma cosa mi dice dell'*haram*, la violazione della legge islamica? Il Corano non impone regole chiare contro il fumo, l'alcol e la droga?»

«Siete voi occidentali a fraintendere il Corano. Fumare, bere e drogarsi è *haram*, sì. Ma è scritto chiaramente che se un uomo deve fare una determinata cosa per sopravvivere, allora non è *haram*. Se non produciamo papaveri, la mia famiglia morirà di fame. E insieme alla mia centinaia di altre famiglie.»

«Mi scusi» ribatté Isabel, abbassando lo sguardo per non apparire troppo polemica, «allora perché non costruisce strade? Non istalla sistemi di irrigazione? Non migliora il suo paese e la vita della gente? Lei è un bravo uomo d'affari. Potrebbe arricchirsi. E liberarsi della responsabilità di aver creato una generazione di tossicodipendenti.»

«Io sono già ricco, la ringrazio. E la perdono per la sua miopia. Gli americani, voi inglesi, gli occidentali in genere credono di sapere cosa sia giusto e cosa sia sbagliato, fanno soldi vendendo oppio ed eroina con una mano e con l'altra pagano i mullah per predicare che la coltivazione di papaveri è contro il Corano.» Fece una risata. «Ipocriti, tutti quanti!»

Isabel alzò lo sguardo e annuì per dimostrare che aveva capito. Quell'uomo non aveva tutti i torti. La corruzione in fatto di droga, in qualsiasi parte del mondo – lo aveva imparato durante la sua missione come inviata in Africa – era sbalorditiva. Ma ribadì: «Non capisco come mai ammetta l'uso di droga tra gli uomini che lavorano le sue terre» disse, notando che l'uomo faceva un cenno al suo luogotenente. «O tra le donne che spremono il lattice per lei e che poi diventano drogate a loro volta. Lei sta provocando...» Si trattenne, allarmata dal proprio tono prevenuto e poco professionale. Il suo compito era raccogliere la storia, non mostrare le proprie carte.

«E il veleno che spruzzeranno? Pensa davvero che riescano a contenerlo? Che fine faranno i nostri campi di frutta e verdura? E l'aria che respireranno i nostri bambini?» Fu interrotto dallo squillo del cellulare. La suoneria era l'*Ouverture* del *Guglielmo Tell*. L'avrebbe fatta ridere, se la conversazione non l'avesse già fatta infuriare.

«*Bali, bali*» sì, sì, rispose, poi si rivolse a Isabel: «Mi scusi, la prego» infine si alzò e uscì dalla stanza.

"Tempismo perfetto" pensò Isabel.

Non tornò più. Arrivò invece un altro uomo che la scortò fuori dalla stanza. Evidentemente l'intervista era terminata ed era il momento di fare un giro della struttura. Un'opera di pubbliche relazioni ben orchestrata: Isabel era fuori di sé dalla rabbia, ma cos'altro poteva aspettarsi?

L'uomo la condusse prima verso un edificio di mattoni e fango che fungeva da dormitorio maschile, occupato da file e file di *toshak*. Alcuni uomini stavano sonnecchiando, altri ascoltavano la radio, altri ancora sorseggiavano il tè.

Poi superarono un cancello ed entrarono nell'edificio riservato alle donne e ai bambini. Era buio, illuminato da una sola lampadina appesa a un filo. Sentiva il ronzio del generatore in un angolo, lo scricchiolio dei telai. Quando i suoi occhi si abituarono all'oscurità, vide le donne che tessevano tappeti usando enormi telai di legno che dovevano essere manovrati da più persone. I bambini le aiutavano con il filato, steso ad asciugare dopo la colorazione su funi che andavano da un capo all'altro della stanza. Avvolgevano il filato in gomitoli, poi si sedevano sulle lunghe panche di legno e lavoravano fianco a fianco con le donne, presumibilmente le madri, con indosso mantelle di lana per proteggersi dal freddo. Le nocche delle donne, Isabel lo notò anche da lontano, erano gonfie. I bambini alzarono lo sguardo, gli occhi neri offuscati dal lavoro estenuante, poi tornarono alle loro pesanti matasse di filato.

Qualcosa – un rumore, o un movimento, forse – fece voltare Isabel verso destra, dove si apriva una porta che conduceva in un'altra stanza. Mentre la guida parlava con uno dei bambini, Isabel si spostò con cautela, lentamente, per vedere cosa ci fosse dietro quella porta. Dal varco aperto, si spandeva l'inconfondibile odore di oppio: dolce, ricco, inebriante. In un angolo scorse una donna con un neonato in braccio, avvolto in vecchi cenci marroni. La donna fumava oppio da una pipa, le dita arrossate. Quello che Isabel vide subito dopo turbò perfino la sua sensibilità indurita dal mestiere di giornalista. Ogni volta che la donna espirava, soffiava il fumo direttamente in faccia al neonato, che se ne stava in silenzio. Non piangeva, non strillava per poppare. Anche gli altri bambini, se ne accorse in quel momento, erano stranamente silenziosi e si muovevano lentamente, come storditi. Isabel capì che erano drogati – intossicati dall'oppio – probabilmente anche loro fin da neonati. Forse era così che le madri impedivano ai figli di sentire la fame o il freddo; li "curavano" con la stessa sostanza da cui dipendevano.

Isabel doveva fare una fotografia. Frugò nella borsa in cerca della fotocamera. La tirò fuori e subito sentì una mano posarsi con forza sulla sua spalla.

«Niente foto, per favore» le disse l'uomo nella sua lingua natia. «Venga da questa parte» le disse e la condusse in fondo al corridoio, dove la lasciò ad aspettare mentre lui tornava nella stanza delle donne. Isabel udì un tonfo e un lamento; corse verso la porta e vide la pipa sul pavimento e l'uomo schiaffeggiare un'altra volta la donna in pieno viso con un forte *sciaff*. Isabel era certa che, vista la forza del braccio alzato e lo schiocco della mano contro la guancia, l'oppio non sarebbe bastato a rendere quella donna insensibile al dolore. Sapeva benissimo quanto potesse far male un colpo simile.

L'uomo si voltò e si sorprese di trovare Isabel alle sue spalle. «*Beya!* Venga!» le latrò con rabbia.

Isabel lo seguì, ma non prima di aver dato un ultimo sguardo agli occhi della madre oppiomane, alla sua bocca insanguinata, al labbro già gonfio e al neonato intossicato fra le sue braccia. La donna distolse lo sguardo, coprendosi il viso con il velo. Probabilmente sperava di scomparire, o almeno così credette Isabel.

Quella notte, dopo essersi sistemata in una locanda prenotata da Pëtr, Isabel prese qualche appunto mentre i fatti erano ancora freschi nella sua memoria e decise di tornare l'indomani per controllare come stesse la donna. Sapeva che se lei non avesse varcato quella soglia, se non l'avesse vista fumare, non sarebbe stata picchiata. Era colpa sua se quella donna era stata punita. Camminò su e giù per la stanza. Non riusciva a dormire, era inorridita dal proprio errore e si vergognava di se stessa.

Quello che Isabel ignorava era il vero pericolo in cui aveva messo la donna per il semplice fatto di aver visto l'uomo picchiarla. La vergogna in Afghanistan esiste solo quando c'è un testimone, non quando qualcosa avviene dietro porte chiuse.

L'indomani mattina tornò alla piantagione di papaveri, nonostante l'autista avesse cercato di convincerla di non farlo. Tornare poteva equivalere a suscitare l'ira del signore della droga, mettersi nei guai, persino rischiare la vita.

Alla fine, rischi e indagini non servirono a nulla; la donna e il suo bambino si erano volatilizzati.

16

Candace aprì gli occhi, e si ritrovò al buio in un letto vuoto. Quando riuscì a mettere a fuoco, vide dalla sveglia sul comodino che erano solo le quattro e venti del mattino e che Wakil se n'era già andato. Aveva un vago ricordo di quando l'aveva baciata sulla guancia e le aveva sussurrato di dover tornare in camera sua. Il profumo di Wakil aleggiava ancora nell'aria e le restava un formicolio sulla pelle dopo aver fatto l'amore. Eppure, con lui era finita. Lo aveva capito, non soltanto dalla sua assenza fisica. L'aveva lasciata emotivamente. Non era accaduto all'improvviso, ma con lentezza, progressivamente nel corso delle settimane, come il sole che compie la sua parabola dall'ardore dello zenith di mezzogiorno al basso tepore di quando tramonta all'orizzonte. Quel pensiero le strappò un sospiro profondo. Paragonare la traiettoria della loro relazione all'orbita del sole era un cliché patetico, avrebbe voluto prendersi a schiaffi. Ma la similitudine era azzeccata. Sfiorò le lenzuola nel punto in cui era stato il corpo di Wakil. Erano fredde.

Sapeva che non sarebbe più riuscita a prendere sonno, perciò si alzò e fece una doccia. Normalmente l'avrebbe aiutata una delle domestiche che Wakil le aveva messo a disposizione, ma il corridoio fuori dalla sua stanza a quell'ora era vuoto e Candace, grazie a Dio, era sola. Camminò in punta di piedi verso il bagno e chiuse la porta.

Un'intera parete era occupata da un bellissimo specchio, con una cornice di legno scuro intagliato. Si avvicinò e con l'indice sfiorò le rughe sotto gli occhi e agli angoli della bocca. Si scostò i capelli dal viso e controllò la stempiatura, colpa dell'età o delle troppe decolorazioni. Indietreggiò e inspirò a pieni polmoni, come se l'aria potesse darle il potere di accettare la sua età, il suo aspetto, la sua vita.

Espirò e capì subito che non aveva funzionato. Entrò nella doccia.

Aveva un appuntamento di primo mattino per colazione all'hotel Serena, il più lussuoso di Kabul. Doveva incontrare una delegazione di ricche filantrope americane. Il Serena, costruito alcuni anni prima dal principe Amyn Aga Khan, era l'unico albergo a quattro stelle della città e si sforzava in ogni modo di conservare una facciata di lusso e sicurezza. Aveva preparato la presentazione e sapeva esattamente come impostare il discorso, visto che ormai da dieci anni viveva in mezzo a donne di quel genere. Alcune erano di famiglia benestante, ma più probabilmente avevano una storia simile alla sua: potevano contare su un marito ricco che le manteneva e permetteva loro di non lavorare. Alcune avevano figli, altre no, ma erano tutte annoiate. Cercavano i progetti giusti per sentirsi importanti. Nutrire gli affamati di casa loro non era sufficiente. Andavano a caccia di prestigio in Africa o in Medio Oriente, ovunque ci fosse la guerra e l'attenzione dei media. Bene, pensò Candace. Aveva giurato a se stessa – e a Wakil – che non avrebbe accettato un no come risposta, né un contributo inferiore a qualche milione di dollari.

Capiva quelle donne. Era stata una di loro, e lo era ancora. Pateticamente aggrappata a un uomo che l'aveva sedotta, che la scopava e fingeva di amarla, solo per ottenere da lei quello che voleva. Non che non avesse ottenuto niente in cambio, non che fosse la vittima, ma quello che realmente desiderava – una vita insieme – non sembrava rientrare nei patti.

Chiuse il rubinetto e si avvolse in un grande asciugamano vaporoso. Tornò nella sua stanza, si asciugò i capelli con il phon, si truccò e si vestì. Aveva l'aspetto giusto, non c'era dubbio. Con il suo tailleur di Chanel sembrava elegante, facoltosa e sufficientemente discreta. Si era fatta fare la manicure il giorno prima, al salone di bellezza del Serena. A colazione, nessuno avrebbe mai sospettato che era andata a letto con un afgano.

Si avvicinò alla specchiera e scelse un orecchino di perla, inclinò la testa di lato e lo inserì nel forellino. Cos'era successo? si chiese. Erano così appassionati all'inizio, ma col passare del tempo il sesso era diventato meno frequente, fuori dal letto non si toccavano quasi più. Lui continuava a dare la colpa al fatto che fossero tornati nel suo paese, ma Candace non era così stupida. Sapeva che c'era dell'altro. Indossò l'altro orecchino, poi si osservò allo specchio. Era ancora attraente, lo era, si disse. Sì, Wakil era molto più giovane, ma lei aveva un corpo ancora sodo e formoso come quello di molte venticinquenni. Gli uomini si voltavano a guardarla, lo sapeva. Emise un sospiro e si mise il rossetto. Era soltanto distratto, ecco tutto, le aveva detto. E perché non avrebbe dovuto credergli? Lui l'amava. Le aveva detto anche questo.

Tuttavia... Si sedette sul bordo del letto e notò che il cielo si stava già schiarendo. Non erano le sue parole a turbarla. Forse l'amava davvero, a modo suo. Solo che lei era terribilmente delusa. Tuttavia... Digrignò i denti e ricacciò le lacrime. Adesso si sentiva sola come da bambina, quando viveva con la povera zia Lucy nella periferia di una città fuori dal mondo.

Si alzò e si avvicinò alla finestra. Oltre il cortile, il caos di Kabul si estendeva sotto i suoi occhi. Di certo era lontana da casa, se solo avesse saputo dove diavolo fosse, casa.

Alzò il mento e tirò le spalle indietro, decisa a non farsi fregare come tante altre donne che conosceva e che se ne stavano con le mani in mano ad aspettare qualcosa – o qualcuno – che desse un senso alla loro vita. Guarda Sunny. Guarda Isabel. Anche se le aveva conosciute da poco, erano un modello per lei. Sunny aveva il caffè, Isabel la carriera.

E aveva un appuntamento da rispettare. Si sarebbe fatta portare presto in macchina, in modo da poter bere un caffè e prepararsi all'arrivo delle altre, alle otto. Sistemò la giacca del tailleur, si diede un'ultima occhiata allo specchio e, soddisfatta, prese la borsa e uscì dalla porta, fiduciosa nella propria abilità di raccogliere fondi. Dopotutto era Natale. Non avrebbe potuto scegliere un periodo migliore.

17

Sunny era sulla porta del caffè, le mani nelle tasche del ridicolo grembiule natalizio che indossava ogni anno dal suo arrivo a Kabul, e immaginava di essere un cliente che entrava nel caffè per la prima volta la vigilia di Natale. Sarebbe rimasta senza fiato nel vedere la sala illuminata dalle candele e dalle mille lucette a intermittenza. Avrebbe inspirato a fondo l'aroma di tacchino arrosto, patate dolci e torta di mele. Avrebbe riso del cane con il naso rosso e le corna di Rudolph la renna. Avrebbe sgranato gli occhi davanti all'enorme, splendido albero di Natale che occupava quasi un quarto della stanza. E avrebbe sperato che uno dei regali appoggiati lì sotto fosse per lei. Il clima di festa le avrebbe ricordato i momenti felici della sua infanzia e fatto sentire la mancanza della famiglia e del suo paese.

Ma quello non era il suo primo Natale a Kabul, era il sesto. Il grembiule si stava disintegrando, la porporina verde cadeva a terra a ogni passo e la renna stampata aveva perso uno degli occhietti bianchi e neri a forma di bolla. L'albero di plastica stava diventando sempre più spoglio e stortignaccolo, dopo essere stato premuto tante volte nel sacco, riposto per un anno nel ripostiglio sul retro e tirato fuori. Il cane aveva un'aria patetica. E i regali li aveva comprati tutti lei: uno per ogni cliente che aveva prenotato la cena al caffè per quella sera. C'erano veli per le donne, *pakul* per gli uomini, giocattoli per i bambini e una sciocchezza per Jack.

Ciononostante, l'enorme albero sfiorava il soffitto e riempiva un intero angolo della sala, lasciando posto ad appena dieci tavoli. Non importava che fosse di plastica. Era un albero di Natale, a Kabul, a un fantastiliardo di chilometri da casa. L'infanzia, per Sunny, sembrava ancora più lontana. La verità era che il suo Natale non era mai stato caldo e meraviglioso come nei libri e nelle case degli altri. Spesso era sola, al massimo lei e sua madre, e riceveva soltanto regali utili, come vestiti o scarpe. Le feste erano segnate dall'assenza di suo padre o dalle sue sbronze, e non sapeva quale delle due preferire. Forse era per quello che festeggiare il Natale come si doveva era diventato così importante per lei, da adulta. A casa, la sua migliore amica, Karen, l'aveva ribattezzata la Regina del Natale per l'impegno al limite dell'ossessione che ci metteva: biglietti, regali, nastri, carta da pacchi, ornamenti, decorazioni, luci, musica, persino vestiti. L'armamentario al completo.

A Kabul, Sunny aveva chiesto ai clienti abituali di comprarle tutte le decorazioni che avrebbero trovato durante i loro viaggi, di approfittare della svendita post-natalizia se erano negli Stati Uniti e di portarle tutti gli addobbi possibili. Passare la frontiera era particolarmente esilarante. Manco avessero valigie piene di droga e armi, i suoi amici dovevano dare spiegazioni per il presepe di plastica, la stella luminosa o il cagnolino di cristallo con il cappello verde.

Ogni tavolo aveva un centrotavola creato da una bottega su Flower Street, a cui Sunny aveva portato scatole piene di cianfrusaglie natalizie acquistate al negozio Tutto-a-un-dollaro su Chicken Street. Loro avevano aggiunto fiori, inventando composizioni talvolta buffe, ma festose. Fiori e Babbi Natale di plastica, piccole renne e fiocchi di neve di gomma. Sunny li trovava stupendi.

Bashir Hadi era chino sul forno aperto a ungere i tacchini, il cappello da Babbo Natale che ondeggiava all'onda di calore. Grazie a Dio tutti i suoi conoscenti che andavano e venivano dagli Stati Uniti le portavano la zucca in barattolo e il preparato per il ripieno. Quelli che potevano tornare a casa per le vacanze si sentivano particolarmente in colpa e portavano una valigia piena di cibo per l'anno successivo. Ma per i tacchini c'era bisogno di contrattazioni speciali e del talento di Buddy Donaldson, l'amico di Tommy, il suo contatto con il mercato nero dell'esercito. Con il suo grosso sigaro e gli occhiali a specchio da aviatore, sembrava in grado di procurare qualsiasi cosa in cambio del compenso adeguato. Trovare quattro tacchini, evidentemente, era stata un'impresa: le erano costati un occhio della testa. Ma a Sunny non importava. Era Natale.

Trovare il vino rosso era stata tutt'altra storia. Kabul si stava prosciugando, un altro effetto del ritorno dei talebani. C'era un solo posto in tutta Kabul dove trovarlo. Ed erano i bordelli cinesi. In una giornata fredda di due settimane prima, aveva preso la macchina, scortata da Poppy, e aveva attraversato la città bussando di porta in porta fino ad accumulare una ventina di bottiglie. Non sarebbero bastate, ma gli ospiti provenienti dall'ambasciata francese o italiana sapevano che non sarebbero mai stati ammessi senza una bottiglia di buon vino.

Alle sue spalle, la porta si aprì e si richiuse. Si voltò; alcuni collaboratori ONG di New York la salutarono e iniziarono a togliersi i cappotti. Halajan accorse al suo fianco per accompagnarli al tavolo, Sunny spuntò i loro nomi dalla lista e Yasmina, che quella sera era uno splendore, con il velo e l'abito nuovi color arancione, porse loro i menu.

Quando la porta si aprì e si richiuse di nuovo, apparve Jack. Indossava un bellissimo *salwar qamis* nuovo. E aveva un mazzo di rose in mano. Le sorrise.

E appena lui sorrise, anche Sunny sorrise. Andò così. Forse furono i suoi occhi, o gli angoli della bocca arricciati all'insù. O forse andò così e basta.

«Bel grembiule!» le disse. «E anche gli orecchini.» Le sollevò con l'indice uno degli orecchini a forma di albero di Natale.

«Vedi che mi piacciono i diamanti» disse Sunny, riferendosi ai fondi di bicchiere che decoravano gli alberelli.

«Ma Poppy mi sembra un po' giù di morale. Guardala, poverina.» Poppy corse da Jack e lui si accovacciò per grattarle le orecchie. «Poppy, ragazza mia, guarda come ti hanno combinato. Povera piccina.»

«Sta benissimo.»

Si alzò e fissò intensamente gli occhi di Sunny, poi disse: «Mai, mai travestire un cane. È la prima regola per un padrone. È un abuso, potrei farti arrestare».

Lo ignorò e prese i fiori. «Per me?»

«Be', ormai sì.»

«Adesso dovrei dirti che non avresti dovuto, ma sarebbe una bugia!» Il desiderio di baciarlo, di confessargli quello che provava veramente, era così forte che dovette distogliere lo sguardo e dirigersi verso il ripostiglio in cerca di un vaso.

Halajan, con indosso un cappello da elfo sopra il velo, accompagnò Jack al tavolo e gli versò del vino da una teiera. Era nervosa. E se Rashif fosse venuto al caffè, come aveva detto? Ahmet stava lavorando all'interno; al cancello c'era il suo amico Khalid. Ahmet avrebbe certamente riconosciuto Rashif, non solo come il sarto del mercato, ma come il suo rivale: il giovane rappresentava il vecchio Afghanistan, mentre il vecchio rappresentava quello nuovo. Come poteva nascondere i suoi sentimenti per Rashif? Era impossibile. E secondo la tradizione – che quel suo figlio orgoglioso prendeva tanto sul serio – non c'era spazio per i sentimenti quando si trattava del rapporto tra un uomo e una donna. Le uniche cose che contavano erano le giuste presentazioni e una corte moderata, in base alle regole sociali implicite che sottraevano la vita alla vita.

Cercò di mettere a tacere l'amarezza e di ignorare quelle preoccupazioni. E comunque c'era troppo a cui pensare. Quattro portate, il vino, l'acqua. Servire e pulire.

La sala era meravigliosa e Sunny non era mai stata tanto felice. Era seduta al tavolo con Jack e l'affetto nei suoi occhi era visibile a tutti, tranne che a lei.

Poi Halajan si sentì toccare sulla spalla. Si voltò e lo vide: Rashif, con il cappotto e la sciarpa, il cappello calcato sulla fronte, un enorme sorriso in volto. Si girò di scatto per assicurarsi che Ahmet non fosse a portata d'orecchio.

«Eccomi qua! Buon Natale, Halajan!»

Non poté fare a meno di ricambiare il suo sorriso. Ma cos'avevano certi uomini? Era quasi impossibile non contraccambiare il loro sorriso. Ma era una cosa molto rischiosa, per lui, venire a parlare con lei faccia a faccia, da uomo a donna. Per fortuna, al momento non c'erano afgani nella sala. D'altro canto, Rashif saltava all'occhio proprio per quel motivo.

«Sapevo che saresti stata felice di vedermi» le disse.
«Non è vero.»
«Ma sembri felice.»
«Sto fingendo per non ferire i tuoi sentimenti.»
«Be', ti ringrazio. Sta funzionando.»
«Come hai fatto a entrare, a superare la guardia al cancello? E Ahmet alla porta?»
«Ho una consegna da fare, non vedi?» Sollevò il braccio, su cui era appoggiata una busta portabiti. «Per te, il vestito nuovo che hai comprato per stasera. Aveva bisogno di qualche ritocco, ricordi?»
«Il mio vestito nuovo?»
«Dovevo pur inventarmi qualcosa!»
«Be', grazie e arrivederci.»
Rashif scoppiò a ridere. «Non preoccuparti, non resterò. Sono a cena con la famiglia stasera. Con i miei cugini, che vorrei tanto presentarti.»
«Bene, perché ho da fare. Questo è troppo. Ho paura anch'io.»
«Allora me ne vado» disse Rashif, guardandosi alle spalle per controllare Ahmet, che stava appendendo il soprabito di una cliente. «Ma prima», si frugò in tasca e tirò fuori una lettera, «questa è per te.» E gliela porse.
Istintivamente Halajan lanciò un'occhiata ad Ahmet, che era uscito dal guardaroba ed era occupato con un gruppo di funzionari ONU appena arrivati.
Prese la lettera più velocemente possibile e la infilò nella tasca del grembiule. «Ora vai» gli intimò.
Rashif fece due passi verso la porta, ma poi tornò da lei e le diede la borsa portabiti. «Quasi dimenticavo. Questo è il mio regalo di Natale per te. Indossalo stasera, fallo per amor mio.»
Halajan trasalì. Guardò quell'uomo meraviglioso da-

vanti a sé, e sentì il desiderio di accarezzarlo sulla guancia. Ma poi vide Ahmet, che se ne stava solo e stoico alla porta, a sorvegliare la sala che si riempiva di risate e del tintinnio dei bicchieri. Per un istante i loro sguardi si incrociarono, ma il ragazzo si voltò rapidamente. Che stesse fingendo di non vedere? Era forse il suo regalo di Natale per lei?

«Hala mia, passa una bella serata. Uscendo, saluterò Ahmet. È lui il ragazzo alla porta, lo so. L'ho visto mentre ti aspettava al mercato. E poi, ti somiglia.»

A Halajan si mozzò il fiato. Non si era mai sentita tanto travolta dall'amore e dalla paura. La gente a Kabul scompariva per infrazioni sociali ben più insignificanti di quella. Un uomo e una donna afgani, non sposati, che parlavano in pubblico? Davanti a un figlio tradizionalista? Davanti ad altri? Grazie al cielo, gli unici afgani presenti nel caffè erano Yasmina, che avrebbe certamente chiuso un occhio, e Bashir Hadi, affaccendato in cucina a preparare le pietanze.

«Non farlo» lo supplicò. «Ti prego.»

Ma lui se n'era già andato, fermandosi sulla porta per salutare Ahmet. Il vecchio fu gentile e gli porse la mano, ma il giovane non la strinse: se ne rimase impalato come un albero, dritto, alto e inflessibile.

Halajan calcolò di avere tre minuti a disposizione per correre sul retro e mettere l'abito nuovo prima che qualcuno notasse la sua assenza. Un vestito nuovo! Dopo tutti quegli anni. Lo avrebbe indossato come se fosse stato confezionato con le lettere di Rashif, come se le sue parole le fossero entrate sotto pelle, fino a raggiungere il cuore.

Isabel si tolse il cappotto e la sciarpa e si sentì bella con il vestito e i lunghi orecchini indiani a perle dorate che aveva comprato su Chicken Street. Era da molto tempo che non si metteva elegante e avrebbe voluto che ci fosse qualcuno di speciale da cui farsi notare. Lasciò il soprabito alla guardia alla porta, che le chiese di aspettare che sua madre l'accompagnasse al tavolo. In mezzo alla gente, vide la vecchia donna che parlava con un gentiluomo afgano. Si sistemò il vestito e raddrizzò le spalle, come per scuotersi di dosso i soliti pantaloni militari e il maglione abbondante con lo scollo a V.

Sorrise alla guardia mentre richiudeva il guardaroba alle sue spalle. Il ragazzo se ne rimase impassibile, le mani unite dietro la schiena, i piedi leggermente divaricati, come un soldato sull'attenti. "Che tipo serio" pensò. Le ricordava i ragazzi aristocratici di Londra, quei supponenti che si sentivano in dovere di tenere alto il proprio lignaggio. Spocchiosi, così li chiamava lei.

Finalmente l'anziana donna si avvicinò, alquanto nervosa.

«Mi dispiace di averla fatta aspettare» disse.

«Non c'è problema» rispose Isabel.

«Il sarto è venuto qui per una consegna. Si accomodi pure» la invitò, con una busta di plastica posata sul braccio.

Isabel non le aveva chiesto niente, ma evidentemente la donna sentiva il bisogno di giustificarsi. Isabel si sedette al tavolo di Jack e Sunny, si protese verso di loro e, mentre Sinatra cantava *The Little Drummer Boy*, disse: «Pare che la signora abbia un fidanzato».

«Halajan? Interessante.» Sunny si accigliò. «Ahmet andrà su tutte le furie.»

«Chi è Ahmet?»

«Quel soldatino laggiù piantato come un palo» rispose Sunny, facendo un cenno con il capo verso l'ingresso. «È suo figlio. Si occupa della sicurezza.»

«E cosa gli importa? Soprattutto se sua madre è felice?»

«Non è permesso, nemmeno oggi» le spiegò Sunny.

«Perché in base ai costumi afgani» disse Jack, «una donna come Halajan, una vedova con un figlio maschio, può risposarsi soltanto se il figlio non solo acconsente, ma combina il matrimonio.»

«Be', nei giorni scorsi ho visto con i miei occhi come vengono trattate le donne in questo paese. Per me non è una novità, succede in tutto il mondo, ma ogni volta è scioccante come la prima. Ma non parliamone stasera. È festa!»

«Dai, raccontaci» la invitò Sunny, con comprensione. «Va' avanti.»

Isabel esitò, sapendo che avrebbe potuto guastare l'atmosfera. Ma poi continuò: «Alla piantagione di papaveri, ho visto un guardiano che picchiava una donna, e mi hanno scoperta. Quando il giorno dopo sono tornata, la donna era scomparsa. E anche il suo bambino». Tacque, sorseggiò del vino per mascherare l'emozione che cresceva in lei.

«Le donne scompaiono di continuo» disse Jack. «Non è stato direttamente per colpa tua.»

Isabel era colpita. Sospirò. Mandò giù un altro sorso di vino. «Vi prego, possiamo cambiare discorso?»

«Be', parlavamo di amore» disse Jack. «E del fatto che non sia per tutti.»

«Che stupidaggini!» esclamò Isabel, sorridendo.

Sunny scoppiò a ridere. «Esatto!» E poi, imitando l'accento britannico di Isabel, aggiunse: «Tutte stupidaggini!».

«Mi prendi in giro, eh?» replicò Isabel.

Jack guardò Sunny dritto negli occhi. «Fidatevi, l'amore non fa per tutti.»

"Che uomo dolce" pensò Isabel, osservando il modo in cui guardava Sunny. "Accidenti, è innamorato di lei!"

Sunny lo guardava in silenzio, a disagio, e si raddrizzò sulla sedia. «Di cosa stai parlando?»

Era così ovvio, pensò Isabel, parlava di quello che provava per lei. Ricordava di essersi sentita così, tanto tempo prima. Una volta. Forse. E benché conoscesse Sunny da pochissimo tempo, sapeva che l'amica non aveva idea di come si sentisse o, se anche lo sapeva, non era pronta ad ammetterlo.

«So come vanno le cose, tutto qua» replicò Jack. «È dura aspettare qualcuno che ami.»

Sunny sembrava lo stupido cagnolino stampato sul grembiule, pronta ad attaccare briga. «Intendi Tommy? Pensi che mi stia struggendo per lui?»

Jack guardò Sunny come se la sedia fosse d'un tratto diventata scomoda, come se non potesse stare fermo un momento di più. «Non ci stavo nemmeno pensando... a Tommy! E tu? Era questo che intendevi?»

«No! Io non ho detto niente. Sei tu quello che ha toccato l'argomento.»

Poi Jack posò la mano su quella di Sunny. Isabel trattenne il fiato. La conversazione si era fatta all'improvviso più intensa, come accade quando i sentimenti tra due persone sono ancora inespressi. I due ignoravano totalmente la presenza di Isabel, come se non ci fosse nemmeno. Ma lei coglieva ogni dettaglio, ogni parola sottintesa.

«Dico solo» proseguì Jack con voce sommessa, «che tu sai cosa intendo. Questo paese è duro con le persone.»

Isabel meditò di lasciarli soli, di dare a quell'uomo l'occasione di dichiararsi, ma non riusciva a muoversi. Era troppo divertente!

Sunny guardò Jack. E Isabel si chiese se vedesse in lui quello che ci vedeva lei: quell'uomo, che sembrava un vecchio brontolone incallito, era affettuoso e dolce, una persona da cui lasciarsi coccolare. Be', certo, se una amava le coccole. Abbassò lo sguardo sulla mano forte di Jack posata su quella di Sunny e desiderò che qualcuno la toccasse in quel modo. Poi Sunny ritrasse il braccio e si alzò dal tavolo.

Era agitata. «Devo aiutare Halajan» annunciò, e si incamminò verso la cucina.

Isabel colse l'occasione per scambiare due parole con Jack. «So che non sono affari miei, ma lei è una persona speciale per te, vero?»

Jack la guardò e sorrise. «Se non fosse la vigilia di Natale, ti direi che hai ragione: non sono affari tuoi. Ma stasera, ti dico questo: sei davvero un'ottima osservatrice. Solo che non voglio trovarlo sul giornale di domani.»

Sunny tornò con un vassoio, ma non guardò Jack. «Questo è per voi.» Posò sul tavolo alcuni piatti di antipasti dall'aspetto delizioso. «Buon appetito.»

Isabel prese la forchetta e disse: «E buona serata a tutti!».

Rashif il sarto! Nel suo locale! Quell'uomo aveva parlato con sua madre in pubblico? Ahmet avrebbe dovuto fermarlo alla porta, ma il caffè si stava riempiendo, c'erano clienti da accogliere, cappotti da perquisire, armi da riporre, e si era distratto. E poi, non c'erano altri afgani nella sala, tranne Yasmina e Bashir Hadi, che erano intenti a lavorare, perciò la reputazione di sua madre gli interessava solo fino a un certo punto.

Solo quando Rashif gli aveva offerto la mano, augurandogli buon Natale, Ahmet aveva avuto l'occasione di dire qualcosa. Avrebbe voluto metterlo in guardia: «Stia alla larga da mia madre». Invece gli aveva risposto: «*In sha' Allah*, che Maometto vegli su di lei».

Ora, alzando lo sguardo e scoprendo che sua madre aveva indossato un abito nuovo, proprio quello che Rashif le aveva portato, si accorse che sembrava le fosse stato cucito addosso e si ripromise di non permetterle mai più di incontrare il vecchio sarto.

Quella sera Yasmina indossava il velo nuovo sopra il chador. Portava anche il vestito nuovo, ma sotto se n'era messa un altro, per nascondere il pancione. Voleva partecipare ai festeggiamenti e mostrare a Sunny il proprio rispetto per il Natale. Il caffè era splendido, caldo e accogliente in quella sera così fredda. Amava la musica e non vedeva l'ora di assaggiare le patate di Bashir Hadi e quella conserva rossa di mirtilli.

"Layla," pensò "se solo potessi vedere tutto questo. Tu non hai mai visto una sala così bella! Layla, i giorni passano, ma troverò un modo per portarti al sicuro, prima che sia troppo tardi."

Al bancone, mise quattro scodelle su un vassoio per riempirle con la minestra di zucca che aveva cucinato Bashir Hadi. Profumava di cannella e cardamomo. Decorò ciascuna scodella con una cucchiaiata di panna montata, esattamente come le avevano indicato. Poi portò il vassoio a un tavolo vicino all'ingresso, accanto alla postazione di Ahmet.

Yasmina sentiva il suo sguardo addosso, ma non osò voltarsi. Servì la minestra ai due uomini e alle due donne al tavolo. Erano americani. Giovani e ben vestiti, le donne con i capelli lunghi e la testa scoperta, gli uomini belli e magri. Si chiese perché si trovassero lì, così lontani da casa. Ma le loro risate e le conversazioni brillanti dimostravano che si stavano divertendo, anche se le loro famiglie si trovavano all'altro capo del mondo.

A quel punto lanciò uno sguardo verso Ahmet, senza riflettere. Lui la stava fissando. Si voltò, ma poi si impose di guardarlo di nuovo. Lui le fece un cenno col capo. "Ecco un uomo" pensò "che avrebbe potuto allontanarsi da sua madre e diventare padrone di se stesso. Cosa lo tratteneva lì?" si chiese.

Tuttavia Yasmina era felice che non se ne fosse andato. Era così bello, e le rare volte in cui sorrideva, era come se lo facesse soltanto per lei. E così, la ragazza gli sorrise. Lui annuì, poi si voltò.

Yasmina si girò per tornare in cucina, ma qualcosa la spinse a voltarsi di nuovo. Stavolta, anche lui le stava sorridendo! Trasalì, come se le avessero rovesciato addosso un secchio d'acqua gelata.

Poi Halajan apparve con indosso un bellissimo vestito nuovo, la gioia sul suo viso risplendeva come le perline che lo decoravano. Yasmina si domandò quando lo avesse comprato e chi lo avesse cucito, perché le stava talmente bene che doveva essere stato creato con cura e amore, era evidente.

Tutt'a un tratto, nonostante i Jackson Five stessero cantando *Santa Claus Is Coming To Town*, nonostante l'aroma di tacchino e di patate dolci, l'atmosfera natalizia nel caffè cambiò. Candace era apparsa sulla soglia, con la sua carica di energia. Si sfilò il cappotto e lo porse ad Ahmet con un brusco: «Lo tratti bene, per favore», e attese che Halajan l'accompagnasse al tavolo.

Sunny, impegnata a servire e a ciacolare (ovvero parlare con i clienti), assisté allo show di Candace dal bancone della cucina. Indossava un abito di seta verde con una spallina sola, molto aderente, con sandali gioiello dal tacco vertiginoso (l'autista doveva averla portata in braccio dall'auto alla porta) e lunghi orecchini finti a pendente (erano finti, no?). Il suo trucco era impeccabile, i capelli una cascata d'oro. Solo una donna come Candace poteva conoscere l'unico e vero salone di bellezza a Kabul. Camminò verso il tavolo come se avesse tutti gli occhi addosso, ed era così. Era impossibile ignorarla. Tutti la invidiavano, avrebbero voluto essere come lei. Oppure ucciderla. Aveva il carisma di una leader, senza tuttavia sapere come usarlo.

Sunny andò a salutarla, ma prima passò accanto a Halajan, che indossava un nuovo vestito variopinto.

«Halajan, stasera sei bellissima!» esclamò Sunny.

«Sì, è il mio vestito nuovo. Era il momento giusto e, per l'occasione, ho accettato. Come dice Rumi, "Il fiore che…".»

Ma fu interrotta da Candace che le aveva raggiunte.

«Sunny, il locale è meraviglioso!» disse. Poi si rivolse a Halajan: «Anche lei è molto bella. Posso sedermi? E avere qualcosa da bere? Ho passato una settimana che non potete immaginare. Isabel! Come stai?».

Sunny guardò Isabel, che le fece un sorrisetto compiaciuto. Non c'era bisogno di parlare. Perché era arrivata Candace, convinta che la sua brutta settimana battesse quella di chiunque altro, come sempre. Si erano incontrate al caffè solo poche volte, ma le persone a Kabul si conoscevano in fretta, legate dall'esperienza, dalla paura e dalla solitudine. Il tempo era come accelerato, i rapporti progredivano in fretta e i consueti tempi di attesa prima di entrare in intimità con qualcuno si saltavano a piè pari.

«Brutta settimana tu? Scommettiamo?» esordì Sunny, mentre lei e Candace si sedevano al tavolo di Isabel.

Candace le aggiornò sugli sviluppi della sua campagna di fondi per i progetti di Wakil. Parlò per circa un'ora – intanto consumarono due portate, Sunny si alzò diverse volte per lavorare, servire, sparecchiare e versare il "tè" – lasciando spazio solo per un paio di commenti e di domande. Sembrava sola, come se loro fossero le prime persone con cui parlava da giorni.

Un bicchiere di vino dopo l'altro, la sua voce crebbe di volume e iniziò a rovesciare la testa all'indietro quando rideva. L'alcol stava cominciando a darle alla testa e la discussione passò dalla raccolta fondi a un tema più personale.

Sunny notò che Halajan si aggirava intorno al tavolo, per origliare. Non poteva invitarla ad accomodarsi con dei clienti e Halajan non si sarebbe mai unita a loro, nemmeno se Sunny glielo avesse chiesto. Non stava bene.

«E non facciamo l'amore da un mese» confessò Candace sotto voce. «Non so cosa sia successo. È sempre all'orfanotrofio, mi telefona a malapena perché laggiù non c'è rete e, quando ci vediamo, è solo perché devo consegnargli gli assegni.» Tacque. Al tavolo rimasero tutti in silenzio. Poi sbraitò: «Mi sento come una moglie abbandonata! E dovrei sapere come ci si sente. Mi è già successo!».

«Sai, Candace, potrebbe essere sposato» intervenne Jack.

"Interessante" pensò Sunny "soprattutto detto da lui."

Quel commento catturò l'attenzione di Candace, ma lo liquidò con una risata. «In quel caso sarei la sua amante e faremmo l'amore, giusto?»

«O magari la femminilità non è di suo gradimento» propose Isabel.

«Vuoi dire che forse è gay?» Adesso non era l'unica a ridere. Le battute, il vino, la possibilità di ficcanasare nelle faccende private di Candace li fecero sghignazzare tutti come ragazzini.

«Tesoro, sono tutti gay» esordì Sunny, riferendosi all'opinione diffusa che agli uomini talebani "piacessero" i bambini.

«Oh, andiamo, è una diceria bella e buona» replicò Jack. «Non tutti gli afgani, e nemmeno i talebani...»

«Non è gay» protestò Candace.

Bashir Hadi si avvicinò al tavolo e Sunny temette che sentisse quella conversazione. Cercò di avvertire Isabel che l'uomo si trovava proprio alle sue spalle.

«Oh, andiamo, Jack» ribatté Isabel. «Lo sanno tutti che i talebani si divertono con i ragazzi giovani. È colpa della sessualità repressa. Come per i vostri preti americani.»

«E i vostri preti inglesi» aggiunse Candace.

«Non tutti gli uomini afgani» ripeté Jack, con maggiore enfasi, lanciando un'occhiata a Bashir Hadi che stava versando un altro giro di vino.

«Insomma, magari è un talebano» disse Isabel, inarcando le sopracciglia e dando una gomitata a Sunny.

«Sì, ecco, appunto» convenne Sunny. «Magari sta addestrando i bambini a farsi martiri per le settantadue vergini che troveranno in paradiso.»

«Questa è buona. Il mio amante, Osama bin Laden.» Candace si scolò un'altra tazza, rovesciò la testa in una risata e poi fece cenno a Bashir Hadi di versarle dell'altro vino.

Fu con le sue risate che Candace si conquistò la simpatia di Sunny. Non per via di Wakil – nessuno credeva seriamente che ci fosse qualcos'altro, a parte un ego smisurato – ma perché si rese conto che in effetti Candace si accorgeva di quanto fosse ridicola la propria situazione e sapeva coglierne il lato umoristico. E visto che ne aveva fatta tanta di strada da Willow Springs, Missouri, forse era soltanto insicura. Nel profondo, a livelli quasi insondabili, Candace era una persona a posto. Sunny aveva incontrato donne come lei in America: tutte spavalde, sexy e sicure di sé, tutte intente a coprire la verità. Era come se conoscesse Candace da tutta la vita. Forse perché venivano entrambe dagli stessi quartieri poveri, posti che ti mettevano voglia di scappare, ma che ti facevano anche sentire indegna di farlo.

«Comunque stiano le cose, mi manca» disse Candace. «Mi dava qualcosa da, ehm...»

«Da fare, forse, nelle freddi notti d'inverno?» domandò Isabel. «In tal caso, ti capisco perfettamente.»

«Oh, sì!» disse Candace dimenando appena le anche. «E più di una volta!»

«Ecco il bandolo della matassa» replicò Isabel.

Sunny guardò Jack, che la stava fissando. Sorrideva. «Quindi è così che parlano le donne di noi quando non ci siamo. Ma dimenticate... che io sono qui! Seduto proprio qui!»

«Ma tu sei uno di noi» ribatté Isabel.

«Sì, è vero» ribadì Sunny.

«Adesso non so più se piangere o ridere» disse Jack.

«Non muovetevi » disse Sunny alzandosi dalla sedia e avvicinandosi all'albero. Poppy era sdraiata lì accanto, nella cuccia, umiliata dalle antenne e dal naso rosso. Sunny le grattò le orecchie e le sussurrò: «Ehi, ragazza. Perdonami per il costume».

Poi raccolse alcuni pacchetti e tornò al tavolo. «È

ora di scartare i regali!» Consegnò i doni a Isabel, Candace e Jack. E mentre lo faceva, si sentì davvero felice. Queste nuove persone erano i suoi amici. Non importava che avesse conosciuto quelle donne solo di recente. Nei loro cuori erano uguali: donne che ambivano a una vita piena, all'amore, ad avere amici con cui ridere, bere, piangere. Aveva una marea di cose in comune con Candace, e vedeva il mondo con gli stessi occhi di Isabel. E, naturalmente, Jack la affascinava. "Ecco il bandolo della matassa" pensò Sunny.

Candace aprì il regalo e trovò un bel velo, simile a quello bordeaux per Isabel, ma di un azzurro perfetto per la sua carnagione. Sunny aveva comprato a Jack un giocattolo per Poppy, in modo che potessero divertirsi insieme. L'uomo scoppiò a ridere e Candace lo guardò con malizia, come se fosse sul punto di saltargli addosso.

«Mi dispiace di non averti portato un regalo» disse Candace a Sunny.

«Anche a me» aggiunse Isabel. «Non è solo maleducato, ma anche triste, davvero!»

«Io te l'ho portato» intervenne Jack. «Hai me! Fortunella...»

Sunny lo ignorò. «Non c'è problema» rispose. «È la mia festa. Speriamo solo di farne un'altra l'anno prossimo.»

«Che vuoi dire?»

«Ci stiamo ancora arrabattando e può darsi che non avremo i soldi per sopravvivere. Stiamo cercando di ottenere la conformità ONU per avere più clienti, ma è costosa. Avete idee su come guadagnare di più? Abbiamo ospitato la dottoressa, ma abbiamo bisogno di qualcos'altro.»

«Io ce l'ho un'idea» disse Candace, alzandosi dal tavolo. «Bashir, Bashir Hadi, potrebbe venire qui. Che ne pensa di...?»

E sussurrò qualcosa a Bashir Hadi, che batté le mani ed esclamò: «Impossibile! Non può farlo. Sarebbe fantastico, certo».

«Ma io posso, eccome» protestò lei. E si rivolse al tavolo, gli occhi sbarrati per l'entusiasmo.

Bashir Hadi era senza fiato, in attesa dell'annuncio.

«Il mio ex marito» esordì, «conosceva tutti. E mi ha presentato a molta, moltissima gente, per lo più vecchi burocrati noiosi. Ma mi ha anche fatto conoscere Malalai Joya. E quella ragazza ha un debito con me. Un debito bello grosso.»

Nonostante la musica e il brusio, Ahmet udì Candace quasi urlare il nome "Malalai Joya" e si chiese cosa stesse diventando quel locale: un covo di rivoluzionari? Un luogo di ritrovo per donne arrabbiate e vecchi riformisti? Tutti in Afghanistan conoscevano Malalai, la parlamentare che levava la sua voce contro le ingiustizie, che non aveva paura di accusare i politici di essere in combutta con i signori della droga e della guerra, probabilmente la donna più coraggiosa del paese. Probabilmente, la persona più coraggiosa. Ahmet la ammirava. Come avrebbe potuto non farlo? Ma lì? Nel caffè? Sarebbe stato pericoloso e ci sarebbero voluti molti uomini per proteggere il locale. Malalai aveva così tanti nemici che Ahmet si chiedeva con che coraggio uscisse ogni giorno, sapendo che poteva essere l'ultimo. Naturalmente a sua madre sarebbe piaciuto ospitarla.

Fece un respiro profondo, si riempì i polmoni degli aromi invitanti della stanza e provò due cose: l'orgoglio per la possibilità che quella guerriera indomita venisse nel suo caffè e la rabbia che la sua visita potesse mettere in pericolo sua madre, Sunny, e soprattutto Yasmina.

"Yasmina," pensò "com'è bella stasera." In quell'abito scintillante, con i capelli che si intravedevano da sotto il velo, era bella come il sole. Avrebbe voluto prendersi a pugni per averle sorriso poco prima, ma se n'era reso conto quando ormai era troppo tardi. Controllare i suoi istinti era fondamentale per lui. E che dire delle regole su cui tanto insisteva con sua madre? Giorno dopo giorno, Yasmina lo metteva alla prova. Risvegliava il bambino che era in lui, gli faceva dimenticare i suoi doveri e gli metteva voglia di correre in strada a giocare. Soprattutto quella sera, in quella sciocca tradizione annuale di Sunny che lui in segreto amava e aspettava con trepidazione... persino a Maometto sarebbe piaciuta quella festa!

Aveva voglia di abbracciare Yasmina, di proteggerla, di amarla. "Yasmina" pensò osservandola servire i clienti, parlare con loro, sparecchiare, versare l'acqua. "*Yasmina.*"

Prima che finisse la serata, Sunny spense la musica e si avvicinò al bancone. Fece tintinnare il bicchiere colpendolo alcune volte con un cucchiaio per invitare tutti a tacere. Naturalmente Jack non l'aveva persa di vista un istante e si alzò per aiutarla. «Ehi, gente! La signora ha qualcosa da dire!» ruggì con quella sua voce cavernosa e un sorriso contagioso. Attese che nella sala scendesse il silenzio prima di tornare a sedersi.

Poi Sunny fece quello che faceva ogni Natale, e solo a Natale, da quando aveva aperto il caffè a Kabul: fece un breve discorso. Iniziò ringraziando tutti per essere venuti, per aver reso la serata perfetta. Disse che sperava avessero gradito la cena (al che tutti acclamarono e gridarono) e chiamò Bashir Hadi per ringraziarlo delle deliziose pietanze. L'uomo fece un leggero inchino e la stanza si riempì di applausi. Presentò Halajan come la proprietaria dell'edificio e, di conseguenza, come grande capo e responsabile del locale. Ringraziò Yasmina, che arrossì, e Ahmet, che se ne rimase tutto orgoglioso mentre Sunny gli esprimeva la propria gratitudine per quell'anno di servizio. Consegnò a ciascuno un regalo impacchettato con cura e i clienti applaudirono calorosamente. Ringraziò il trafficante di tacchini e le persone che le avevano portato le decorazioni natalizie da lontano.

E poi Sunny abbassò la voce, sollevò il bicchiere e disse: «Non sarei mai riuscita a gestire il caffè senza l'aiuto di queste persone meravigliose. Così lontana dalla mia casa e dalla mia famiglia, qui ho trovato una casa e una famiglia che sono tutto per me. E in questo periodo dell'anno mi sciolgo come una candela. Il Natale è un momento speciale, a prescindere da dove ci troviamo, è il momento in cui mettiamo da parte le differenze e...» le si spezzò la voce. Deglutì per ricacciare indietro le lacrime. «Sembro un patetico biglietto d'auguri!» esclamò, e tutti risero e applaudirono. Guardò Jack, che la stava fissando intensamente, la fronte corrugata, preoccupato, poi sorridente, felice per lei. Guardò Isabel e Candace, la sala piena di clienti e conoscenti. Aveva così tanto amore nel cuore che le traboccava in petto, in gola, costringendola a inspirare ed espirare lentamente. «Lo sapete che sono una romantica incallita, ma stasera mi perdonerete, vero?» Seguì una risposta corale. Poi Sunny alzò il bicchiere, guardando il suo tavolo: «Agli amici. Buon Natale a tutti voi!». Tutti le risposero a gran voce: «Buon Natale!» e poi Sunny aggiunse: «E non vi azzardate ad andarvene senza un regalo!».

Sunny si posizionò sulla porta per augurare la buonanotte a ogni cliente e consegnargli un regalo, baciando tutti sulla guancia. Si trattennero soltanto i suoi amici e la sua famiglia: Jack, Isabel e Candace, Halajan, Bashir Hadi, Yasmina e Ahmet. Non sapeva più chi fossero gli amici e chi fosse di famiglia, e forse erano entrambe le cose, o forse non aveva più importanza.

Quella sera era andata esattamente secondo i suoi desideri. La musica, il cibo, il vino e le risate, e nemmeno una discussione; ecco perché quella famiglia era tanto diversa dalla sua.

Non c'era Tommy, e la sua assenza era sempre stata un peso per lei. Ma quella sera Sunny era leggera come non si sentiva da anni. C'era un'ultima cosa da fare.

Prese Jack per un braccio, dicendogli: «Seguimi» e lo portò attraverso la porta sul retro del locale, lungo il corridoio che conduceva al suo appartamento. Sentì la voce di Candace alle sue spalle: «Dove diamine ve ne andate voi due?».

Lì, appeso a un lampadario, c'era un rametto di vischio di plastica.

E lì, lo baciò.

18

Candace mantenne la promessa, e così bastarono tre mercoledì sera, a gennaio, per raccogliere i soldi per costruire il muro. Malalai Joya accettò di parlare. Arrivò accompagnata da un'unità di forze di sicurezza ONU senza le quali non osava spostarsi. Ahmet, che aveva cercato di convincere sua madre a dissuadere Sunny, alla fine aveva accettato il proprio compito di buon grado e aveva assunto alcuni *chawkidar* esperti, uomini con il permesso di usare le armi, oltre che di portarle, per garantire la sicurezza del caffè dai *mujahidin* che Joya aveva spesso accusato della morte di migliaia di afgani. Il caffè era al completo e la gente si era accalcata, spalla a spalla, spartendosi le sedie e sedendosi sul pavimento o appoggiandosi alle pareti. Ma non ci furono incidenti. Solo una serata elettrizzante.

Di tutte le cose che Sunny aveva letto e sentito di Malalai, nessuna aveva mai citato la sua bellezza. Probabilmente perché chi l'ascoltava non la vedeva più e sentiva soltanto le parole appassionate di un'indefessa sostenitrice dei diritti umani, dimenticando persino che fosse una donna, quando chiedeva ai signori della guerra di smettere di nascondersi sotto il mantello della democrazia per governare l'Afghanistan. Criticava anche l'America e i suoi obiettivi nel paese. L'Afghanistan era da troppo tempo un campo di battaglia, di lotta per il potere, un'enorme piantagione di papaveri dove la gente restava ignorante, analfabeta, povera e completamente priva di diritti, senza voce in capitolo.

Malalai si mise in mezzo alla sala, i capelli coperti da un velo nero, gli occhi scuri fiammeggianti di passione e determinazione. "Tu potrai sempre parlare a mio nome" pensò Sunny mentre Malalai faceva il suo discorso.

«I signori della guerra sono responsabili per le condizioni in cui versa il nostro paese» disse. «Opprimono le donne e hanno rovinato l'Afghanistan. Potranno anche essere perdonati dal popolo afgano, ma non dalla storia.»

Alcune donne, pensò Sunny, erano destinate alla grandezza. Altre, come lei, immaginò, erano destinate a offrire uno spazio perché quella grandezza si diffondesse, anche di poco. Si scoprì orgogliosa e avrebbe voluto abbracciare Bashir Hadi, baciarlo e ringraziarlo per averla spronata a rimboccarsi le maniche e raccogliere più denaro. Senza il suo incoraggiamento, niente di tutto ciò sarebbe stato possibile.

La settimana successiva, Sunny si mise a studiare i requisiti di altezza del muro, Bashir Hadi contattò l'impresa edile e la costruzione cominciò. Non era un lavoro difficile. Dovevano soltanto alzare di un altro metro circa il muro che già circondava il *compound*. Avrebbero dovuto posare i mattoni rossi di argilla per la struttura portante, poi rivestire il muro di cemento e rifinire con una mano di vernice in modo che non si notasse la differenza con la parte vecchia.

Mentre il muro cresceva, salendo così in alto che l'acacia nel cortile della casa vicina si vedeva a malapena e le montagne a est erano completamente schermate, Sunny osservava dalla finestra, con le mani piantate sui fianchi. Quel muro avrebbe dovuto proteggerla, invece la faceva sentire murata viva. Era una perfetta metafora visiva del triste stato della sua amata Kabul e dei cambiamenti che erano avvenuti dal suo arrivo. Quando Sunny era giunta a Kabul, i talebani erano stati ufficialmente "detronizzati", ma in realtà erano solo passati sotto copertura, radendosi le lunghe barbe e tagliandosi i capelli, dopo che un anno prima gli americani avevano invaso il paese. Pochi anni dopo, Hamid Karzai, un pashtun di Qandahar, era stato eletto presidente nelle prime elezioni democratiche del paese. Poi l'America si era dedicata all'Iraq, lasciando che i signori della guerra, le diverse mafie e tutti i delinquenti si arricchissero, si rafforzassero e si ritagliassero ciascuno il proprio feudo. Ora i talebani erano usciti allo scoperto, più forti e numerosi, avendo saggiamente impiegato il tempo per trovare reclute e fomentare una rivolta impetuosa che diventava giorno dopo giorno sempre più palpabile.

Perciò il muro rappresentava più di una semplice protezione. Significava creare una barriera con l'esterno, separarsi dalla vita delle strade, essere consapevoli dei pericoli che potevano violare la sua casa. Il muro, in poche parole, faceva schifo.

Ma un luminoso e pungente pomeriggio di febbraio fu completato. Doveva solo essere dipinto e Sunny stava raccogliendo consigli sul colore.

Halajan voleva un blu pavone. A Bashir Hadi sarebbe piaciuto l'arancione albicocca che c'era prima, a cui era abituato e a cui anche i clienti erano affezionati, e poi, disse, il cancello era turchese e il muro avrebbe dovuto essere di un colore diverso. Quando Sunny chiese l'opinione di Yasmina, la ragazza indugiò a rispondere, ma infine votò per l'arancione, come Jack e Ahmet.

«In onore della democrazia, che arancione sia» decretò Sunny.

Con la macchina e Poppy raggiunse Paint Street per comprare il materiale, piena di entusiasmo. Era da tanto che non comprava vernici. Il suo negozio preferito era a circa metà della strada. Parcheggiò lì davanti e lasciò Poppy dentro la macchina a fare la guardia.

Era un negozio minuscolo, con i pennelli e gli altri utensili appesi a ganci ai muri e al soffitto. Due pareti erano occupate da espositori di diverse marche americane con piccole mensole di campioni di colori, il codice e il nome, come #54 Arancio Florida o #208 Mango Chiaro, proprio come nelle ferramenta americane.

Sunny si mise a raccogliere tutti gli arancioni che le piacevano, confrontandoli e cercando di immaginarli su una grande superficie, come sarebbero apparsi alla luce del sole e poi, lentamente, con attenzione, li ridusse a tre. Portò i cartoncini al negoziante, seduto al bancone su uno sgabello a leggere il giornale e a bere da una lattina di Coca-Cola.

«*Al-salam 'alaykum*» disse per salutarlo e proseguì in dari. «Sto valutando questi colori per il muro intorno a casa mia. Cosa ne pensa?»

Guardò attentamente i campioni, poi disse: «Molto, molto belli. Allegri! L'arancione è uno dei miei colori preferiti». Poi ne indicò uno e disse: «Purtroppo questo non lo abbiamo in magazzino».

«Be', allora la scelta si restringe» replicò Sunny con voce allegra. «Lei quale dei due preferisce?»

Lui ci rifletté intensamente, poi rispose: «Questo. È più luminoso. Metterà in risalto la casa».

«È esattamente quello che voglio. D'accordo, lo prendo.» Poi gli disse l'altezza e la lunghezza del muro di cinta e decisero la quantità di vernice necessaria, calcolando almeno due mani di colore.

Il negoziante andò sul retro, mentre Sunny si guardava intorno nel negozio e aspettava. Ma l'uomo tornò subito, scuotendo il capo.

«Quel colore l'ho terminato» disse.

«Peccato. Be', allora prendo il...»

«Mi sa che ho finito anche quello, ma vado a controllare.»

Sunny sentì montare l'impazienza, mentre aspettava che l'uomo riemergesse di nuovo dal magazzino.

«Come pensavo... niente nemmeno di quello!» le gridò dal retro.

Sunny scoppiò a ridere. «Ha una vernice arancione qualsiasi in magazzino?»

«No, in questo momento no. Domani, *in sha' Allah*. So per certo che deve arrivare una consegna.»

Sunny sapeva che "domani" poteva significare una settimana, due, o forse mai. «Non ho tempo. Che colori ha in magazzino? Magari un verde acqua? Ce n'era uno che mi piaceva...»

Abbassò lo sguardo a terra. «Purtroppo non ho molti colori per il suo muro. Ho del Blu Oltremare, codice 67, e del Giallo Coloniale, codice 317, che potrebbero stare bene insieme. Un accostamento magnifico. Ah, ho anche del Bianco Tecnico e del Bianco Acceso, ma di certo non vorrà dipingere il suo muro di bianco! Sarebbe sciocco.»

Fu costretta a sorridergli. Il fatto che non avesse vernici non gli impediva di fare il galante. «E basta? Di tutti quei colori?» Fece un cenno verso gli espositori con le centinaia di offerte.

«Potrei ordinare la vernice a Dubai.»

«Non importa» replicò Sunny con tono deluso e aggiunse velocemente, «ma la ringrazio.»

Uscì, pensando di provare in un altro negozio di vernici, ma sapeva che sarebbe stato inutile. Se quel negozio non aveva scorte, non le aveva nessuno. Tornò alla macchina, e trovò Poppy seduta al volante, come un cane autista.

«Torniamo a casa, ragazza» le disse Sunny mentre saltava sul sedile passeggero. «Ci inventeremo qualcosa.»

Quando arrivarono al caffè, Poppy se ne andò nel suo posticino speciale sul retro del locale, dove girò diverse volte su se stessa prima di distendersi a palla sul *toshak*. E Sunny andò nel cortile anteriore a guardare il muro.

Era tardo pomeriggio ormai. Il sole era basso nel cielo e illuminava il muro mentre tramontava a ovest. La porzione di muro non ancora verniciata sembrava scintillare sotto la luce; i frammenti di vetro e di pietra nel cemento brillavano. A Sunny tornò in mente il murale che aveva dipinto al liceo, beccandosi una sospensione, un processo e due settimane di cosiddetti lavori socialmente utili, che in realtà consistevano nel raccogliere l'immondizia ai lati della superstrada.

«Lavori socialmente utili un corno» disse ad alta voce.

Tutti odiavano il liceo, il Jonesboro High, soprattutto l'edificio in sé, con le balaustre gotiche, le piccole finestre e i quattro piani di altezza. Incombeva sulla periferia della città come una fortezza. Lo chiamavano la Prigione Rosa. E così, Sunny aveva deciso di abbellirlo. Sapeva di essere brava a disegnare, i suoi quaderni pieni di ghirigori e di immagini più elaborate ne erano la prova. Ma non aveva mai dipinto. Perciò era andata in ferramenta e, usando i soldi che si era guadagnata lavorando dopo la scuola e nei fine settimana come cassiera al negozio all'angolo, aveva comprato vernici, pennelli, solventi e torce, e aveva convinto alcuni amici a incontrarsi dietro la scuola a mezzanotte di quel fatidico sabato. Dovevano tenere le torce mentre lei dipingeva. E dipinse, mentre gli altri bevevano birra e fumavano erba. Se avesse avuto più tempo, sarebbe venuto meglio, ma alle sei dell'indomani mattina il murale doveva essere pronto.

Ricordò il sole che sorgeva sul piattume di Jonesboro, la luce che si rifletteva sulle finestre delle casette anonime che costeggiavano le strade. Il cielo era purpureo, giallo chiaro e arancione all'orizzonte. Quando il sole era sorto, i suoi raggi avevano colpito il graffito. Non aveva progettato di realizzarlo in quel modo, ma alla fine era uscito così. Talvolta le creazioni estemporanee hanno qualcosa di magico. Alcuni dissero di averlo visto da chilometri di distanza. Altri che il sole mattutino, colpendo il giallo e l'oro del murale, aveva emanato un bagliore così intenso che bisognava mettersi gli occhiali da sole. (Naturalmente nessuno era sveglio così presto di domenica mattina, ma il graffito divenne comunque una leggenda metropolitana).

Sunny ricordava di aver indietreggiato, il pennello in una mano e l'altra appoggiata sul fianco, cercando di contemplare il dipinto con occhio imparziale. E l'unica cosa che aveva pensato era che se solo avesse avuto un azzurro migliore, sarebbe stato ancora più bello. Sotto i raggi del sole, la figura nuda distesa nel bosco scintillava, letteralmente. Intorno alla sagoma umana c'erano grandi palme, fiori e animali, stilizzati come nell'arte popolare, primitivi. Il tutto creava una strana visione paradisiaca. Era bello, lussureggiante, vivido. E l'avrebbe fatta finire nei guai.

Non era consentito dipingere un nudo della preside. Perché la donna nuda era proprio lei. Era la faccia della signora McQueen su un corpo senza veli, con gli occhiali tartarugati, ma senza il tailleur con le spalline e le scarpe basse. Era una signora McQueen dall'aria lasciva, distesa sul fianco e poggiata sul gomito, una mano che reggeva la testa e l'altra a coprire l'inguine.

Ora, in piedi nel cortile, a migliaia di chilometri e di universi dalla sua piccola città, Sunny decise che avrebbe dipinto il muro da sola. Non di Blu Coloniale o Senape Americana, o comunque si chiamassero quei colori. L'avrebbe dipinto con le sue tempere a olio. Un murale. Il cuore le balzò in gola per l'emozione e corse dentro a buttare giù qualche schizzo. Avrebbe dipinto la facciata sulla strada con qualcosa di nitido e semplice che identificasse il caffè, mentre sul lato rivolto verso le finestre avrebbe raffigurato una scena elaborata di modo che, quando si sarebbe affacciata, avrebbe potuto fingere, anche solo per un istante, che il muro non esistesse.

In quello stesso tardo pomeriggio, Yasmina era in piedi davanti allo specchio. Raggiante. Quel bambino – adesso che aveva superato la fase delle nausee – le rendeva i capelli più lucenti, le guance più colorite, il sorriso più radioso. Eppure quello stesso bambino la faceva preoccupare a morte, anche se nessuno guardandola se ne sarebbe accorto. Le scure vesti pesanti e i lunghi chador nascondevano il pancione, ma presto sarebbe arrivato il giorno in cui il bambino avrebbe voluto uscire allo scoperto. E poi? Il sorriso svanì. Non aveva mai compreso la vergogna delle donne incinte, ma adesso sì. Chi avrebbe creduto che fosse figlio di suo marito? Avrebbe disonorato tutti, soprattutto Bashir Hadi e Ahmet. Tutti l'avrebbero presa per una prostituta. Se non l'avessero uccisa perché era incinta, sarebbe certamente morta di parto, come molte altre donne. Ma, forse, *in sha' Allah*, Maometto avrebbe vegliato su di lei e avrebbe provveduto alla loro salvezza. E, in assenza di Maometto, che aveva cose ben più importanti a cui badare, aveva Halajan, che sapeva smuovere le montagne.

E sua sorella, Layla? Era ancora a casa con lo zio? La neve era stata sufficiente a bloccare le strade, a impedire che qualcuno entrasse o uscisse dal villaggio? O quell'inverno il sole era stato più forte e aveva permesso ai signori della droga di rapire anche lei? Non era passato un solo giorno senza che avesse pregato Allah di salvare sua sorella, insieme al suo bambino. Doveva trovare il modo di chiedere a Sunny di parlare con il suo amico, Mister Jack. Lui conosceva le persone giuste. Sarebbe riuscito a raggiungere Layla prima di primavera. Ma Sunny stava già nascondendo il suo segreto. Chiederle un altro favore era troppo.

Poi Halajan bussò alla porta, come materializzata dai suoi pensieri.

Era trafelata. «Yasmina, le tubature! Si sta allagando tutto! Ahmet è alla moschea. Ho bisogno del tuo aiuto. Vieni!»

Yasmina afferrò un velo per coprirsi la testa, poi seguì Halajan nel bagno in fondo al corridoio, aprì la porta e si ritrovò in piedi in cinque centimetri di acqua fredda. Lo sciacquone stava scorrendo senza fermarsi e l'acqua dalla tazza traboccava sul pavimento. Halajan aprì la cassetta, tirò una leva e l'acqua smise di scorrere. Poi lasciò la leva e l'acqua ricominciò a uscire, stavolta infradiciandola.

«Ecco» disse alla ragazza, «reggi questa per fermare lo sciacquone, io torno subito. Tieni, ti stai bagnando tutta. Mettitelo addosso.»

Si sfilò il grembiule dalla testa e lo legò intorno al corpo di Yasmina. Poi se ne andò. E la ragazza rimase da sola nell'acqua ghiacciata, reggendo con una mano la leva dello sciacquone. Si infilò l'altra nella tasca del grembiule. C'era qualcosa. Lo tirò fuori. Era un pezzo di carta piegato. Si era bagnato quando l'acqua era traboccata perciò lo mise sotto il grembiule, nella tasca del vestito, per proteggerlo.

Poco dopo, Halajan riapparve con Ahmet, che si mise al lavoro senza un sorriso né una parola.

Sistemò il water, sostituendo il pezzo di plastica che si era rotto e Yasmina si meravigliò della sua abilità. La ragazza asciugò l'acqua e pulì il bagno. Dopo quel tour de force, aveva i pantaloni e la veste bagnati dalle caviglie alle ginocchia.

«Ci vorranno altre riparazioni per impedire che non accada di nuovo» disse Ahmet, «quindi oggi non andremo al mercato di Mondai-e.»

«Prenderemo l'autobus» replicò Halajan.

«Vi pregherei di non andare senza di me» rispose severo. «Non è sicuro, per due donne sole. E poi...»

«E poi cosa?»

«Non sta bene. E lui è...»

Yasmina non sapeva a chi si riferissero, ma percepiva la loro rabbia.

«Lui è cosa, Ahmet?»

«Promettimi solo che non tornerai al mercato senza che vi accompagni io.»

Halajan non aprì bocca, ma scosse il capo, la mascella serrata e le palpebre socchiuse come quelle delle lucertole che stavano sulle pietre del fiume, a casa sulle montagne.

Ahmet parlò: «Si è bagnata, madre».

«Già, non vorrai prenderti un raffreddore» disse Halajan, rivolgendosi a Yasmina.

«Non ho niente da mettere. L'altro *salwar qamis* è steso ad asciugare. L'ho lavato ieri sera.»

«Oh, hai bisogno di un altro cambio. Dobbiamo andare in Chicken Street per comprare un vestito nuovo, magari domani» affermò, dardeggiando un'occhiata ad Ahmet. «Ora vieni con me.»

Yasmina seguì Halajan nel suo appartamento, accanto al caffè e all'interno del muro di cinta, perciò non dovettero uscire dal cancello.

«Vieni, entra» la invitò Halajan. «Ti prendo qualcosa da mettere e ti preparo del *chai* con *badan*», intendendo il tè dolce con le mandorle. Si tolse il velo e il *qamis* bagnato e rimase a braccia nude davanti a Yasmina, a proprio agio, come accadeva alle donne di Kabul nella privacy della proprie case. Indossava una maglietta bianca con un grande cuore rosso e alcune parole inglesi a lettere nere.

"Cosa c'è scritto su quella maglietta?" si chiese Yasmina. "E guarda che capelli corti! Se li è tagliati da sola?"

«A me piacciono così. È più facile tenerli puliti» spiegò Halajan come se avesse letto nella mente di Yasmina. Si passò una mano tra i capelli. «Ti prego, mettiti comoda. Dammi il velo e il grembiule, tornerò subito con un cambio per i pantaloni e la veste.»

La ragazza si tolse il velo e lo diede a Halajan, rivelando la spessa treccia di capelli neri lucenti. Mentre si toglieva il grembiule, disse: «Niente *chai*, grazie, mi fa venire mal di stomaco».

La vecchia prese i vestiti e si allontanò. Rimasta sola, Yasmina si accorse che la casa di Halajan era calda e accogliente, piena di cuscini e stoffe colorate, quadri alle pareti, tende brillanti intessute d'oro e mobili deliziosi. Sorprendente, visti gli abiti cenciosi che la vecchia donna indossava ogni giorno al caffè. Sul pavimento c'erano tappeti bellissimi e lungo le pareti erano allineati dei *toshak*. Uno aveva accanto un tavolino basso, decorato da meravigliosi intarsi di legno e addossata alla parete opposta c'era un alto comò con molti cassetti.

Poi Halajan riapparve con alcuni vestiti appoggiati sul braccio. «Vieni» disse, «togliti gli abiti bagnati e metti questi.»

Ma Yasmina non voleva che Halajan vedesse quanto fosse cresciuto il pancione dall'ultima volta. Si voltò e fece per sfilarsi la veste, ma poi si ricordò della lettera, si fermò e la tolse dalla tasca.

«Questa è tua. Era nel grembiule e...»

«È questo che fai in casa mia?» si inalberò Halajan, la voce sempre più forte, visibilmente infuriata. «Rubi le cose che non ti appartengono?» Strappò il biglietto dalla mano di Yasmina.

«No, no. Io volevo soltanto tenerla al sicuro. L'acqua avrebbe potuto rovinarla. Spero che l'inchiostro non si sia sciolto e che sia ancora leggibile.»

«E poi non è nemmeno mia.»

«Davvero? Strano, c'è il tuo nome sopra.»

Halajan sgranò gli occhi. Aprì la lettera, la scorse velocemente e la ripose in tasca.

«Ti ho vista al mercato, a parlare con il sarto. Mi sembra un brav'uomo» disse Yasmina.

«Non sono affari tuoi! Devi promettermi che non dirai niente a nessuno, né di lui né delle lettere.»

«Non lo farei mai. Te lo prometto.»

«Adesso togliti i vestiti bagnati.»

Yasmina si sentì più coraggiosa, ora che conosceva il segreto di Halajan. Tuttavia si voltò per togliersi gli abiti umidi e indossò il *salwar qamis* che le stava porgendo Halajan. Era bello, di un verde intenso, vivace e setoso, ma le fasciava il pancione, mettendolo in evidenza.

Si girò verso Halajan, tenendo i vestiti bagnati davanti a sé, ma non troppo vicini per non bagnare quel bellissimo indumento.

Si chiese come mai Halajan non portasse mai vestiti così, invece dei soliti sacchi di iuta.

«Yasmina, sei un incanto. Perché non lo tieni tu?»

«Grazie, ma no, non posso.»

«E perché no? A una vecchia come me non serve quel colore. È tuo...»

«Perché no? Per questo.» Allontanò gli abiti bagnati dal proprio corpo ed ecco, esposto al mondo intero, il suo pancione, basso e vicino al parto.

Halajan si sedette, come se il vento l'avesse abbattuta. «Ma certo.» Fissò Yasmina, senza parlare, poi chiuse gli occhi e scosse la testa. Presto il bambino sarebbe nato. Riusciva a immaginare le parole di suo figlio quando avrebbe scoperto di Yasmina; immaginava la rabbia dipinta sul suo volto, i tratti scuri e il viso paonazzo, la bocca schiumante come quella di una tigre in un pascolo di capre, e tutto ciò che l'aveva sostenuta fino a quel momento – il desiderio di essere sé stessa, moderna, aperta – si volatilizzò come uno spettro. Finalmente sfogò le sue paure, sbraitando, senza pensare a quanto fossero velenose. «Non capisci cosa succederà? Ti ricoprirai di vergogna. Ti daranno della puttana.» Si alzò. «Ti picchieranno. Ti uccideranno. Speriamo solo che tuo figlio, *in sha' Allah*, sia un maschio. Altrimenti non vivrà a lungo.»

Yasmina fissò Halajan con gli occhi sbarrati, sconvolta. Non riusciva a credere a una sola parola di ciò che aveva appena sentito. Quella non era la donna che conosceva e a cui voleva tanto bene.

«Ma, Hala...»

«Non lo vedi? Io non posso proteggerti!» Crollò in ginocchio sul tappeto.

«Halajan, io non mi aspetto che tu lo faccia. Affronterò la vergogna, se sarà necessario.»

«Non essere sciocca, ragazza. Ti getteranno l'acido in faccia. Non solo ti daranno della puttana, ma ti tratteranno come tale. Mio figlio, Ahmet...»

«È un brav'uomo. Lui...»

«Lui si sentirà tradito e umiliato, e ci denuncerà entrambe. Non lo hai sentito poco fa? Proibirmi di andare al mercato senza di lui? Perché non gli piace Rashif? Ha l'anima buona, ma la testa dura come la pietra. Non si libererà mai delle antiche tradizioni.»

«Allora tu e Sunny...»

«Zitta e ascolta! Io non sono nulla. E Sunny può proteggerti solo per poco tempo. Non può restare in Afghanistan per sempre. Non lo capisci? Quello che penso io, o che pensi tu, non conta niente. Non conta nulla il fatto che le donne non meritino di essere trattate come cani. Kabul, questo paese, è troppo grande per te, per me, per un bambino. L'unico modo...»

«Sì,» la supplicò Yasmina «qual è?» Giunse le mani in preghiera, davanti al petto.

«È che dopo la nascita, quando sarà forte abbastanza, tu mi permetta di portarlo in ospedale e di lasciarlo. Dirò loro che l'ho trovato e ne faranno quel che vogliono.»

«Non credo alle mie orecchie!» gridò Yasmina. «Tu mi hai accolto come una figlia.»

«È esattamente per questo che il bambino deve andarsene. Per proteggerti. Per salvarti. Se ti accadesse qualcosa... Mio figlio, il mio adorato Ahmet, non permetterà mai...»

Yasmina abbassò la testa e il suo cuore andò in frantumi. In qualche modo, da quando era arrivata al caffè di Sunny, aveva iniziato a sperare che i miracoli fossero possibili. Ma anche lei era consapevole della vergogna che portava con sé.

Halajan ribadì: «Quando il bambino sarà nato, me ne sbarazzerò».

«Non puoi farlo! Ho già perso una...»

«Cosa vuoi dire? Hai avuto altri figli?»

Yasmina scosse il capo. «No, la mia sorellina, Layla, che adesso ha dodici anni. Quando la neve si sarà sciolta, gli uomini che mi hanno rapita torneranno a prenderla. Non posso perdere anche mio figlio.»

Halajan annuì. «Lo dirò a Miss Sunny. Magari Jack potrà aiutarti. Ma il bambino che porti, è come se se ne fosse già andato.»

Yasmina cominciò a singhiozzare, per il bambino condannato ancor prima di nascere, per Halajan che, per quanto indipendente, non poteva smuovere le montagne, dopotutto. Pianse anche per la speranza che Mister Jack potesse salvare Layla. Il fatto che Halajan si fosse offerta di chiederglielo significava che Allah aveva ascoltato le sue preghiere! Con tristezza e ottimismo, pianse per tutte le figlie dell'Afghanistan.

Halajan le si avvicinò, le prese il viso fra le mani e le disse: «Non c'è nient'altro che possa fare».

Yasmina annuì appena e replicò: «Capisco». Alzò

la testa e guardò gli occhi gialli e stanchi di Halajan, la pelle grinzosa come quella di una lucertola, consumata da anni di sole e sigarette. Non avrebbe mai permesso a Halajan di prendersi suo figlio. Se ne sarebbe andata prima del parto, poi avrebbe cercato la dottoressa Malik o qualcuno che potesse aiutarla. Ma era in debito con Halajan per aver mantenuto il suo segreto.

«In cambio del tuo aiuto, forse c'è qualcosa che posso fare per te» disse.

«Per me?» Halajan scoppiò a ridere. «Di che aiuto avrei bisogno?»

«Magari non oggi, ma un giorno.»

«"Un giorno" è lontano, potrei essere già in paradiso» disse Halajan mentre, istintivamente, si infilava le mani in tasca. Guardò Yasmina, poi si voltò con fare nervoso.

«Cosa ti prende?» domandò Yasmina.

«In effetti ci sarebbe una cosa che...» La voce di Halajan si smorzò, come se formulare la richiesta fosse più difficile che scalare l'Hindu Kush.

Yasmina attese. Siccome Halajan non le diceva niente, si ricordò della timidezza di Layla, della reticenza di una bambina che, quando voleva qualcosa, esitava a chiedere per paura della risposta.

E allora la implorò: «Di cosa si tratta, Halajan? Puoi chiedermi qualunque cosa».

Halajan la fissò dritto negli occhi, fece un profondo sospiro e sussurrò: «Tu sai leggere, vero?».

«Sì. Fin da quando ero bambina.»

«Ma come hai imparato?»

Yasmina avvampò. La gente era ottusa nel giudicare gli altri, specialmente le persone come lei, così diverse dai cittadini di Kabul. «E so anche scrivere. Solo perché sono *jangli*, come dite voi, una ragazzotta di montagna, pensate che sia ignorante, analfabeta? Mia madre mi ha insegnato a leggere, ad apprezzare la poesia e le belle storie. Per il resto, sono ignorante, quindi sì, hai ragione.»

«Non intendevo offenderti. Solo che sei giovane per essere così istruita.»

Ma Yasmina aveva un talento speciale per smascherare le bugie della gente – come quando Layla diceva di aver finito i lavori domestici e in realtà voleva portare le capre al pascolo perché era una bella giornata di sole – e pensò che Halajan stesse mentendo.

Lentamente, l'anziana tirò fuori la lettera dalla tasca. «Adesso che mi hai detto che sai leggere» disse, ma la sua voce si affievolì.

Possibile che..? A quel punto Yasmina capì. Halajan era analfabeta! E allora come aveva fatto a leggere le lettere d'amore di Rashif? Aveva forse chiesto a qualcuno di farlo per lei? O non ne aveva mai letta nemmeno una per il rischio di ricoprire di vergogna la sua famiglia anche solo riconoscendone l'esistenza.

«Sì, posso leggertele. E, se vuoi, posso insegnarti a leggerle da sola. E aiutarti a rispondergli.»

«Fammi vedere» disse Halajan. «Leggila. Avanti, leggila.»

Yasmina aprì la lettera e iniziò:

Halajan, amore mio,
questa settimana sono accadute molte cose. Ho ricevuto una lettera da mio figlio, a New York. Sta bene. Sua moglie aspetta un bambino. Diventerò nonno! Sogno il giorno in cui rivedrò lui e la sua famiglia.

Inoltre ho finito di pagare le rate della nuova macchina da cucire e del generatore per alimentarla. Perciò presto avrò soldi da spendere per ricoprirti di fiori.

Ieri, fuori dall'ambasciata russa, sono state uccise sei persone. La situazione può solo peggiorare. La lotta per l'Afghanistan è ripresa, inasprita da quello che sta succedendo in Iraq. Non potrei mai allearmi con i talebani o con al-Qa'ida, ma mi rendo conto che il conflitto in Iraq ha creato un intero esercito di orfani desiderosi di trovare un posto, il surrogato di una famiglia.

Siamo fortunati, tu e io, mia cara Halajan. Conosciamo la gioia di avere una vera famiglia. Un giorno non lontano, saremo uniti, tu e io, per formarne una nuova. Piacerò al tuo Ahmet. Lo so. E tutti gli anni di separazione svaniranno come fumo nel cielo notturno.

Ti prego, rispondimi, così saprò cosa alberga nel tuo cuore. Non desidero altro che leggere le tue parole. Vederti una volta a settimana è meraviglioso, ma una tua lettera sarebbe come se Maometto in persona, che la pace discenda su di Lui, mi avesse scritto.

Tuo, Rashif

Halajan aveva abbassato la testa. Piangeva lacrime che, probabilmente, aveva sepolto in un pozzo per tanti anni.

«Halajan» disse Yasmina con voce dolce, «io non voglio farti del male. Mi hai aiutato in maniera indicibile. E adesso, posso ripagarti della tua generosità.»

«Deve essere uno scambio alla pari» ribatté Halajan.

«E lo è. Tu stai mantenendo il mio segreto.» Si posò la mano sul pancione, in un gesto pieno d'amore, e continuò: «E chiederai a Mister Jack se può aiutare mia sorella».

«No» ribatté Halajan. «Io mantengo il tuo segreto, e tu il mio. E chiedere aiuto per Layla è quello che farebbe ogni brava donna. Ma per le lettere, ci vuole ben altro.»

Yasmina sapeva che l'orgoglio di quella donna era

superiore al suo, perciò ci pensò su e, sì, c'era qualcosa che Halajan poteva fare per lei.

«Stoffa» disse. «Vorrei che mi aiutassi a comprare della stoffa.»

«Sì.» Halajan sorrise. Non sapeva se Yasmina volesse fabbricarsi un nuovo *salwar qamis* o una coperta in cui avvolgere il bambino quando lo avrebbero portato via, ma non aveva importanza. Ogni progetto, sapeva, è un passo in più verso la vita, e verso Dio.

19

Un'ora dopo, Halajan e Yasmina erano dirette verso il Mondai-e. Halajan aveva mentito a suo figlio, che era rimasto a casa a riparare il bagno rotto, dicendogli che sarebbero andate in Chicken Street. Invece lei e Yasmina avevano preso l'autobus e stavano percorrendo gli ottocento metri rimanenti a capo chino, le braccia conserte per ripararsi dal freddo, quando udirono l'esplosione, sentirono la terra tremare e videro gli edifici ondeggiare. Si fermarono dov'erano, si rifugiarono dentro un portone e sentirono il fumo nell'aria. Poi lo videro salire sopra gli edifici, proprio dal punto in cui erano dirette.

«Una bomba» disse Halajan, il terrore impresso sul volto. «Al mercato, credo. Dobbiamo sbrigarci.»

«Aspetta!» Yasmina cercò di chiamare Halajan, ma era già troppo avanti e correva verso il luogo dell'esplosione, insieme ad altre centinaia di persone.

Yasmina sapeva che avrebbero dovuto tornare al caffè, ma non poteva lasciare Halajan da sola, perciò corse il più veloce possibile per raggiungerla, appesantita dal bambino, sforzandosi di non perderla di vista, cercando nella folla il suo velo viola. Halajan sembrava aver trovato il vigore di un bambino. Era rapida e agile a schivare la ressa che si era riversata in strada. La gente correva, gridava, sanguinava; le sirene ululavano cercando disperatamente di raggiungere il luogo dell'esplosione. I poliziotti erano dappertutto, le armi sfoderate, come se fossero stati nascosti nell'ombra sapendo cosa sarebbe successo. Il cielo divenne grigio di fuliggine e cenere; l'aria era rarefatta e si faticava a respirare.

Finalmente Yasmina la raggiunse, la prese per il braccio e la fermò. «Halajan, dobbiamo tornare indietro.» Vedeva che la donna si sforzava di respirare. Si teneva il chador sulla bocca e sul naso, e alzava e abbassava il petto come se non riuscisse a far entrare abbastanza ossigeno.

«No, devo arrivare al mercato. Devo... Tu torna subito al caffè. Ti seguirò subito. Ora va'!»

«Halajan, devi venire con me. È troppo pericoloso. Ho sentito dire che in genere ci sono due bombe: la prima per far accorrere la gente, la seconda per uccidere tutti quelli che sono arrivati.»

«Va' a casa e lasciami fare.»

«Se vai, verrò anch'io. Non ti lascio sola.»

Halajan e Yasmina rimasero ostinatamente ferme, ciascuna in attesa che l'altra facesse la sua mossa. Siccome non succedeva niente, Yasmina capì che Halajan non sarebbe mai tornata a casa senza prima accertarsi che Rashif fosse sopravvissuto. «D'accordo, ma facciamo in fretta.»

Camminarono a passo svelto attraverso le viuzze che conducevano al fiume, i mezzi di soccorso le superavano a sirene spiegate. La gente correva in tutte le direzioni, gridando e urlando: un uomo che trasportava un bambino ferito, la testa che ricadeva all'indietro sul suo braccio, una donna in burqa che teneva per mano una bambina senza una scarpa, con il sangue che le scorreva lungo la gamba, uomini con i fucili, con armi improvvisate. Più si avvicinavano al mercato, più l'aria si scuriva, finché non si ritrovarono in una nebbia fitta in cui era quasi impossibile vedere.

Una volta arrivate, assistettero alla devastazione. Si fermarono, si scambiarono un rapido sguardo, gli occhi pieni di lacrime per il fumo e per la paura, e si presero per mano, entrando in quel caos di macerie.

Quando esplose il primo ordigno, si udì un boato sordo, un rombo lontano, come un tuono. Ma trenta secondi dopo, ci fu una seconda esplosione, molto più vicina. La finestra anteriore andò in frantumi e il muro nuovo crollò. Sunny era seduta al bancone a ordinare provviste da Dubai sul portatile, quando udì la prima bomba e sentì la seconda. Il tempo sembrò dilatarsi; un secondo divennero cinque, come al rallentatore. Era frastornante, vedere il muro spesso e solido ondeggiare e, infine, crollare a terra. Sunny si voltò rapidamente verso Bashir Hadi. Anche lui stava fissando il muro. Quando si girò verso di lei, non ci fu bisogno di parlare. L'uomo trattenne le lacrime e sul suo viso si dipinse la delusione.

Quando la polvere si fu depositata nel cortile anteriore, controllarono i danni. La finestra poteva essere riparata: avevano comprato una lastra di vetro in più l'ultima volta, proprio nell'eventualità che accadesse una cosa simile, ma il muro sulla strada doveva essere ricostruito di sana pianta, perché la parte nuova non si era ancora assestata e la sua fragilità aveva tirato giù tutto il resto.

Sunny si alzò, si asciugò la fronte con il dorso della mano, scosse la testa e disse: «Cazzo!».

Anche se costruire il muro era stata un'impresa, il suo crollo non era nulla se paragonato alle vite mietute dall'esplosione. Ciononostante, la delusione era forte. Talvolta, a Kabul, Sunny aveva l'impressione che a ogni piccolo passo in avanti ne corrispondessero due indietro.

Bashir Hadi disse: «Era vicina. L'importante è che stiamo tutti bene, non è niente. Lo ricostruiremo. Basteranno poche settimane a trovare i soldi...».

Ma Ahmet li interruppe accorrendo dal retro e sbraitando: «Le bombe! Mia madre! Yasmina! Sono andate in Chicken Street e non sono ancora tornate. Miss Sunny, devo andare».

«Sono andate al Mondai-e» replicò Sunny immediatamente. «Ti accompagno io.»

«Miss Sunny, non credo che dovresti...» protestò Bashir Hadi.

«Il Mondai-e?» esclamò Ahmet con un misto di angoscia e rabbia. «Ma mi aveva promesso...»

«Poppy, vieni!» ordinò Sunny al cane che si mise immediatamente al suo fianco. Afferrò il chador, il cappotto e il guinzaglio di Poppy. Poi si precipitarono tutti e tre fuori dalla porta.

Mentre salivano in auto, il cellulare di Sunny squillò. Era Jack.

«Stiamo bene» gli disse, «ma Halajan e Yasmina sono andate al Mondai-e. Io e Ahmet stiamo prendendo la macchina...»

«Le strade di Qal-i-Fatula e della città vecchia sono bloccate. Dai mezzi di soccorso, dai soldati ONU, dalla polizia. Non andate. Potrebbe esserci un'altra bomba. Seduta in auto sei un bersaglio facile. Halajan è una vecchia volpe. Ritroverà la strada.»

«A meno che non siano rimaste ferite.»

«Vado a cercarle con la moto. Ma voi restate dove siete. Di' ad Ahmet che ci metterò meno ad arrivare.»

Non aveva voglia di discutere. «D'accordo.»

Per un attimo Jack non rispose. Non si fidava di lei? «Va bene. Chiamami se dovessero tornare.»

«E tu sta' attento.»

«Sunny...»

«Sì?»

«Niente, fa' attenzione anche tu.»

«Io ho Poppy. Ma, Jack, chi proteggerà te?»

Le strade erano cosparse da frantumi di vetro. I piedi di Yasmina sanguinavano, le scarpe di plastica non la proteggevano dai fiumi di schegge. La gente correva verso il luogo dell'esplosione anziché dalla parte opposta e Halajan avrebbe voluto gridare loro di tornare a casa, che i terroristi volevano esattamente quello, che accorressero tutti sul posto. I mezzi di soccorso sfrecciavano in entrambe le direzioni: per raccogliere i feriti, i moribondi, portarli all'ospedale e tornare a prenderne altri.

Un intero isolato di negozi era ridotto a un mucchio di macerie fumanti. Il negozio di abbigliamento preferito di Yasmina, la libreria e altri ancora erano stati rasi al suolo. Ma la sartoria di Rashif era più avanti, sempre che esistesse ancora.

Halajan, che non era mai stata una persona religiosa ed era convinta che fossero proprio i rigidi dogmi della fede a imprigionare le donne, dietro le sbarre o i burqa, adesso pregava, in silenzio, sottovoce. Se esisteva un Dio, se Maometto era davvero riuscito a far accettare al suo popolo il motivo per cui la montagna non era venuta da lui, allora avrebbe anche potuto far sì che Rashif stesse bene.

"Che razza di persone ammazzano i propri simili in questo modo?" imprecò fra sé. Gli animali, inferiori agli esseri umani, senza la capacità di parlare, di ragionare e di pensare, non erano abbastanza in basso da essere paragonati alle persone incivili, ignoranti e piene d'odio che si facevano esplodere nelle strade affollate.

Finalmente arrivarono. La sartoria era ancora in piedi, ma l'elettricità era saltata e all'interno era buio. I vetri della facciata erano esplosi, e così pure la porta. Halajan la aprì lentamente e altro vetro cadde dallo stipite.

«Fa' attenzione» disse con serietà a Yasmina. «Tu aspetta qui. Torno subito.»

«Non puoi entrare da sola. Non sai cosa potresti trovare. Magari ladri e sciacalli. È pericoloso.»

Halajan sorrise. «E tu mi proteggerai?»

«Ti sorprenderesti per quanto sono forte» replicò Yasmina.

«Non credo.» Sorrise e si voltò, poi le due donne varcarono la soglia.

«Rashif!» chiamò Halajan. «Rashif, sei qui? C'è nessuno?»

«Certo che sono qui. Dove altro dovrei essere?» disse facendo capolino da una tenda sul retro. «Halajan! Come sono felice di vederti. Temevo che...» Corse da lei, ma quando vide Yasmina si fermò e disse: «Non è sicuro. Dovete andare».

Halajan notò che aveva gli abiti stracciati e sporchi, il viso annerito e la testa sanguinante. «Sei ferito.»

La presenza di Yasmina interruppe la conversazione e Rashif ripeté, stavolta in modo più perentorio: «Dovete andare. È pericoloso. Tornate a casa».

Gli occhi di Halajan si riempirono di lacrime. Non riusciva a capire come, persino davanti alla morte, le vecchie abitudini e le vecchie regole continuassero a imperare. Anche per una persona aperta come Rashif.

«Andiamo» disse piano a Yasmina, e uscirono.

Avevano fatto appena qualche passo, quando udirono la voce di Rashif che chiamava Halajan. Lei si voltò. Le stava facendo cenno con la mano. «Hai lasciato la stoffa in negozio. Ti ho messo da parte gli scampoli» disse.

«Aspetta qui» disse Halajan a Yasmina. «Ci metterò un attimo.»

Halajan seguì Rashif nel negozio. Le consegnò una borsa piena di scampoli e, a giudicare dall'espressione sul suo volto, una lettera.

Halajan guardò fuori verso Yasmina, che stava aiutando un bambino in lacrime. La vide prendere il bambino per mano e guardarsi intorno in cerca della madre. Poi disse a Rashif, alzando la voce: «Grazie. Li userò per rammendare». E poi, sussurrando: «E la custodirò nel mio cuore».

Rashif le sorrise. «Eppure» ribatté, «non rispondi mai alle mie lettere. Dopo tanto tempo, guardati intorno. La vita è breve. Basta una fiammella, un'esplosione, la bomba di un idiota, e potremmo morire. Perché non mi rispondi?»

Halajan tacque, osservando una donna che si avvicinava a Yasmina e prendeva il bambino fra le braccia. Halajan stava cercando di trovare le parole, un pretesto, qualcosa da dirgli. «Perché non ci sono parole per esprimere quello che provo.»

Rashif scoppiò a ridere. «Sei sicura che sia questo il motivo? Magari non ricambi i miei sentimenti. Magari...» Distolse lo sguardo.

«Rashif, certo che li ricambio. Come fai a non vederlo?»

«Perché la nostra comunicazione è a senso unico.»

«Io vengo fin qui per vederti. Tu ci tieni vicini quando siamo lontani.»

«Immagino che sia giusto, ma vorrei tanto ricevere una tua lettera. Qualsiasi parola andrà bene. Ti prego di trovarne qualcuna per me.»

«Oh» rispose Halajan, «quelle parole ci sono, so dove si trovano. Solo che il mio cuore, be', "quando giunge il momento più vivo", quando i nostri sguardi si incontrano, tra di noi accade qualcosa di speciale...»

«È una descrizione splendida.»

«È di Rumi, non mia.»

«Tu dai a Rumi una voce bellissima. Aspetta» disse mentre andava nel retro del negozio. Tornò con un pacchetto. «Questo è per te.»

Halajan sciolse il nastro che teneva la carta marrone intorno a quello che, al tatto, sembrava un libro. Sentì la paura salire e la fronte le si imperlò di sudore. Era davvero un libro. Doveva essere una raccolta di poesie di Rumi, ne era certa.

«Leggimene una» le chiese Rashif. «Solo una, e penserò che tu l'abbia scritta per me.»

«Ma quale? Non saprei scegliere.» Perché si stava comportando così, e poi proprio quel giorno? Forse, pensò, era a causa della bomba che insisteva in quel modo.

«Ecco» le disse, e aprì il libro a casaccio. «Questa.» Indicò una pagina con poche parole.

Halajan prese il libro, fingendo di leggere la poesia tra sé. Poi alzò lo sguardo verso Rashif. «Non mi piace.» Voltò le pagine, fingendo di cercare quella giusta. Poi si fermò e disse: «Che ne dici di questa?». Pregò Allah di aver trovato la pagina esatta e recitò a memoria:

Questa conoscenza si trasmette da anima ad anima
e non attraverso i libri o le parole.

Quando la conoscenza dei misteri succede al vuoto della mente,
si ha l'illuminazione del cuore.

Un forte boato li interruppe e subito Yasmina corse nel negozio. Non era una bomba, forse il crollo di un edificio.

«Dobbiamo andarcene» esclamò Halajan, sentendosi come risparmiata dal dover mentire e dall'umiliazione. «Sei riuscita ad aiutare quel bambino?» domandò a Yasmina.

«Sì, grazie a Maometto.»

«Arrivederci, allora» le disse Rashif. «Spero che la stoffa ti piaccia. Ti ringrazio per la poesia.»

Halajan sorrise mestamente. «Vieni, Yasmina, dobbiamo andare.» Fece un cenno verso il taglio sulla testa di Rashif. «Lava la ferita e puliscila, poi mettici una pomata.» Mise il libro in borsa.

Rashif rispose: «Non è certo la prima volta che mi faccio male», e sorrise.

Una volta in strada, Yasmina si coprì istintivamente il pancione con la mano, come per proteggerlo. «Dobbiamo tornare a casa. Quest'aria contaminata non fa bene a nessuno.»

E si diressero verso casa attraverso le strade devastate, custodendo ciascuna il proprio segreto.

Rashif le guardò allontanarsi dalla porta sfondata e osservò il tumulto per strada. L'agitazione si era placata, ormai si sentivano pochissime sirene. Il sonno e la paura di un altro giorno si sarebbero presto impossessati della notte. Tutto quel tempo e mai una lettera da Halajan. All'inizio aveva pensato che i suoi sentimenti non fossero ricambiati, ma vedendola tornare al negozio settimana dopo settimana si era ricreduto. Poi si era detto che era semplicemente timida, che non voleva esprimere i suoi pensieri. Alla fine, aveva avuto il sospetto che non sapesse scrivere. E forse nemmeno leggere. Adesso i suoi sospetti erano stati confermati. La poesia che Halajan aveva recitato non era certo quella sulla pagina. Però ci era andata vicina. Se avesse voltato una pagina ancora, avrebbe trovato quella giusta. Ma, evidentemente, Allah aveva deciso che fosse il momento, per lui, di conoscere la verità. Tutti quegli anni, tutte quelle lettere e lei non ne aveva mai letta una. Perché non poteva. Non avrebbe mai voluto umiliarla. Ma quando aveva sentito il rombo dell'esplosione sotto i piedi, quando aveva visto la distruzione, quando si era reso conto che tanta gente era morta – persone care, madri, sorelle, figli, padri – aveva sentito il bisogno di conoscere la verità, quel giorno, in quell'istante. Non avrebbe cambiato le sue abitudini. Avrebbe continuato a scrivere, a riversare i propri sentimenti su quella pergamena raffinata. E avrebbe continuato ad amare la sua fiera Halajan. Un giorno non lontano, sarebbero stati insieme, l'avrebbe baciata e le avrebbe insegnato a leggere Rumi da sola.

Jack sfrecciava come un matto per le strade, serpeggiando tra le auto e in mezzo al traffico, schivando la gente che scappava dal luogo dell'esplosione. Sarebbe stato quasi impossibile trovare Yasmina e Halajan in quella calca.

Quando finalmente raggiunse Massoud Circle, a metà strada fra il caffè e il mercato, udì una terza detonazione che lo scaraventò a circa sei metri dalla motocicletta e gli fece grandinare addosso pietre, detriti e vetro.

Quello che non poteva sapere, mentre se ne stava lì disteso con un dolore lancinante al braccio sinistro e il sangue che gli colava in bocca, era che quando si era verificata la terza esplosione Yasmina e Halajan erano ormai lontane dal Mondai-e ed erano quasi arrivate a casa. Perciò Jack si liberò dalle macerie, rischiando di svenire per il dolore, e con un taglio in testa e un braccio evidentemente rotto si diresse verso il luogo dell'attentato per cercare le due donne. Ma non ci arrivò. Cadde a terra, perse conoscenza e si risvegliò in un letto d'ospedale.

Sunny era sul tetto a osservare la città. Le zone in cui erano esplose le tre bombe erano punteggiate da incendi ancora da domare; il fumo saliva verso il cielo, che aveva assunto un surreale alone arancio per il riflesso delle fiamme e delle luci di emergenza. Le sirene ululavano attraverso l'aria notturna, ma il caffè era silenzioso.

Yasmina e Halajan erano già tornate. Avevano fasciato i piedi della ragazza e sbarrato con alcune assi la finestra anteriore, e adesso erano tutti a dormire nelle rispettive stanze.

Ma lei non aveva ricevuto notizie di Jack e non sarebbe riuscita a chiudere occhio finché non si fosse fatto vivo.

Temeva che Kabul non sarebbe mai cambiata, che la violenza incessante, dilagante avrebbe compromesso qualsiasi opportunità per i suoi abitanti. E adesso quelle bombe insensate potevano aver ucciso qualcuno a cui teneva in modo particolare. Dov'era? Perché non aveva chiamato? Conoscendolo, probabilmente Jack stava aiutando i feriti a uscire dalle macerie, ma era possibile che fosse rimasto sepolto anche lui. Chi lo avrebbe aiutato? Il pensiero di perderlo la investì con tutta la sua forza. Se in quell'istante Tommy avesse varcato la soglia non le sarebbe importato quanto un mese prima. Perché nella vita ci vogliono momenti terribili, come quello, per accorgersi delle cose importanti? Percorse a passi pesanti la superficie del tetto. Avrebbe voluto essere il genere di donna che apprezza i momenti di tenerezza, i momenti d'amore.

E poi le squillò il cellulare. Era il suo peggior incubo: l'ospedale. La notizia la fece barcollare, ma non c'era tempo da perdere. Uscì dalla porta e salì in auto in un battibaleno, con Poppy sul sedile del passeggero.

L'ospedale brulicava di gente, la sala del pronto soccorso era piena di sangue, grida e angoscia. Sunny non tentò neppure di chiedere alla reception. Aprì una porta dopo l'altra e percorse i corridoi, affacciandosi in ogni stanza. Dalla telefonata aveva capito che era vivo. Sapeva anche che era ferito, ma non aveva idea di quanto fosse grave.

E poi lo trovò, in una stanza con otto letti e altrettanti degenti con ogni genere di ferite e ingessature, punti e bende. Aveva la faccia gonfia, la testa fasciata, il braccio ingessato.

Quando la vide, cercò di sorridere, ma emise solo un rantolo.

«Anche a me fa piacere vederti» lo salutò lei, con la gola dolorante per lo sforzo di trattenere il pianto.

«Fa male solo quando rido» disse lui, con il viso ridotto a un mosaico di lividi e graffi.

«Stai da schifo.» Gli posò la mano sulla fronte, attenta a non toccare la benda che gli fasciava la testa.

«Più di cento punti» disse con orgoglio. «Non ci cresceranno più i capelli.»

Sunny rise. «Nessuno ci farà caso. Ne avevi già pochi.» Gli strinse la mano sana, ricacciando le lacrime.

«Ci sono andato vicino» disse, strizzandole la mano.

Non aveva una risposta pronta per quelle parole, perciò rimase immobile, tenendogli la mano finché Jack non si addormentò.

Solo allora scoppiò a piangere.

20

Jack passò a dire addio. Era un pomeriggio di sole, cinque giorni dopo che le bombe avevano squarciato la città. Più di venti persone erano state uccise e quasi un centinaio erano rimaste ferite. Pensavano tutti fosse un miracolo, avrebbero potuto essere molte di più. In quei pochi giorni, il Mondai-e era stato ripulito ed erano iniziate le riparazioni. Sunny non sapeva se fosse un bene o un male, ma gli abitanti di Kabul avevano sviluppato una certa efficienza in caso di esplosioni. La finestra principale del caffè era stata sostituita, i detriti del muro distrutto portati via. Il giorno seguente sarebbe stato mercoledì e speravano in un gran numero di clienti per poter ricominciare ad accumulare soldi per ricostruire il muro.

Sunny stava lavorando al portatile, adesso che internet aveva ripreso a funzionare, quando Jack varcò la soglia. Aveva il braccio ingessato appeso al collo, la testa ancora bendata a protezione dei cento punti che gli avevano messo.

Ma aveva un'aria seria. Non si sedette al solito tavolo e non si mise a scherzare con Bashir Hadi. Andò dritto da Sunny e le disse sottovoce: «Devo parlarti. Fuori».

La prese per un braccio e uscirono in cortile. Faceva fresco, ma il sole era luminoso e il cielo azzurro. Sunny lo avrebbe ricordato in seguito, quando avrebbe ripensato a quella conversazione.

«Devo tornare a casa» le disse con la solita schiettezza. Scosse il capo, abbassò lo sguardo e poi la fissò negli occhi. «Quello che mi è capitato, be', non posso morire qui senza rivedere mio figlio. O senza cercare di far funzionare le cose con Pamela.»

Sunny non riusciva a respirare. Nonostante si sforzasse per trattenerle, le lacrime le riempirono gli occhi e le rigarono le guance. Accidenti, pensò. Non si tratta di te. È un problema suo. Lascialo andare.

«Non so se... né quando... non lo so» proseguì. «So solo che devo andare.»

Sunny non riuscì a trattenere le parole. «Ti sei trovato in situazioni molto più pericolose di quella stupida bomba. Va bene, ti sei rotto il braccio e ti hanno messo qualche punto. Ma ne hai passate di peggio. La tua famiglia sa cosa stai facendo, e quanto sia importante il tuo lavoro.» Si odiava per quelle parole sciocche ed egoiste.

«Lo so. Ma c'è qualcosa in questa... Non è solo per quello che è successo; lo so che si tratta solo di un braccio rotto, accidenti! Ma Kabul, e tutto il paese, stanno cambiando e stanno diventando sempre più pericolosi. Non posso lasciare mio figlio senza un padre. E, Sunny, anche tu dovresti considerare la possibilità di andartene. Di tornare.»

Sunny sapeva che era vero, solo che non riusciva a pensare di lasciare Kabul. Non ancora. Non aveva finito. C'era qualcosa che la tratteneva. E Tommy? Prima o poi si sarebbe fatto vivo... sempre che fosse vivo.

«Però» continuò Jack, «senza di te, tutto mi sembrerà...»

«Me?»

«Devi sapere.»

"No," pensò "non dirlo, non adesso, proprio quando stai per partire." «Cosa vuoi dire? Sapere cosa?»

Jack fece un sospiro profondo e, ancora una volta, ebbe l'impressione che non ci fosse abbastanza aria in tutto il paese per riempirsi i polmoni. Poi la tirò per il braccio attraverso la porta d'ingresso e, vedendo che Bashir Hadi era in cucina e che non c'era nessun altro nella sala, la condusse nel ripostiglio e chiuse la porta. Poi disse: «Sunny», e la baciò. La baciò come non era mai stata baciata. Aprì le labbra e lei fece lo stesso, schiacciò il proprio corpo a quello di lei, contro il muro. Avrebbero potuto fare l'amore, lì dentro, subito, ma sapevano che quello che stavano facendo era irrispettoso e stupido.

Jack si ritrasse.

«Non so quando tornerò» le mormorò, accarezzandole i capelli. «Non so nemmeno se...»

«Non andare. So che non dovrei dirlo. Ma, ti prego, non andare.»

Le prese il viso con la mano sana e rispose: «Era quello che volevo sentire da te».

«Sembro una persona orribile, giusto? Tu vuoi tornare a casa dalla tua famiglia, da tuo figlio, tua moglie, e io ti dico di non farlo.» Cercò di distogliere lo sguardo, ma la mano di Jack glielo impedì. I suoi occhi traboccavano di lacrime.

La baciò ancora, stavolta con dolcezza, la mano posata sul collo di Sunny. «Ci vediamo» le disse, e poi se ne andò.

Yasmina vide Jack uscire dal ripostiglio e dal caffè. Era delusa, perché sperava che Halajan gli avrebbe parlato di Layla, adesso che era uscito dall'ospedale e riusciva a camminare.

Poi Sunny apparve dal ripostiglio e richiuse la porta. Le sorrise, anche se aveva un'aria sconvolta e imbarazzata. Ma Yasmina non riuscì a trattenersi dal chiederle: «Mister Jack tornerà *zut*?».

Sunny si sistemò la camicetta sui jeans e si ravviò i capelli, senza guardare la ragazza. Poi rispose: «Non lo so, Yasmina, se tornerà presto. Chi lo sa? E sinceramente non mi importa».

Yasmina si sentì mancare e si tenne in piedi aggrappandosi allo schienale di una sedia. Se se ne fosse andato, non ci sarebbe stata possibilità di raggiungere Layla prima che la neve si fosse sciolta, sulle montagne. Tornò alle faccende, travolta dalla tristezza. Per Sunny, per Jack e per l'amata sorellina, il cui destino sarebbe stato scritto dai signori della droga, senza che ci fosse la minima possibilità, né in cielo né in terra, di cambiarlo.

21

Isabel non riusciva a smettere di pensare a quello che era successo alla donna e al bambino nella piantagione di papaveri. Le possibilità le conosceva, e si contavano sulle dita di una mano. L'avevano picchiata, forse mandata in ospedale, o addirittura uccisa. Oppure l'avevano messa in prigione, dove spesso finivano le donne che commettevano "crimini contro la morale" come l'adulterio, aver sposato un uomo scelto per amore, essere fuggite da un marito violento o aver umiliato la famiglia. Forse l'avevano rinchiusa in manicomio, sempre per le stesse ragioni. Oppure era morta suicida, una decisione terribile presa da un numero sempre crescente di donne afgane, che si cospargevano di olio da cucina e si davano fuoco.

Al caffè, quel mercoledì sera, dopo diverse tazze di vino, disse a Sunny dove sarebbe andata e cosa fare se non fosse tornata entro una settimana. Estrasse il taccuino e la penna, vi scribacchiò qualcosa, lo strappò e lo porse a Sunny.

«Questo è il numero di telefono del mio capo alla BBC e anche del mio produttore. E questo è il numero di mio cugino a Londra, con cui non parlo molto, ma spero che quel vecchio idiota si riveli utile se ce ne fosse bisogno. Ti ringrazio, Sunny. So che non siamo amiche da molto tempo, ma è come se lo fossimo, non trovi? È come se ci conoscessimo da sempre.»

Sunny piegò il biglietto con cura, si alzò e lo infilò nella tasca dei jeans. «Non ti succederà niente di male» disse posando la mano su quella di Isabel. E poi, in un futile tentativo di risollevarle il morale, aggiunse: «Quindi piantala di fare la melodrammatica».

Ma Isabel non fece una piega.

Sunny si allungò verso di lei e le prese di nuovo la mano. «Le donne scompaiono continuamente in questo paese. Non che la cosa debba lasciarci indifferenti, ma perché questa donna è tanto importante per te? Non è stata colpa tua. L'hai vista fumare. Hai visto che è stata picchiata. Per questo eri lì. Per vedere.»

Isabel tracannò una tazza del vino che aveva portato. «È questo che facciamo noi giornalisti, lo so. Vediamo. E poi non muoviamo un dito.»

«Ma tu sì. Senza di te…»

«Scusa, tesoro, ma senza di me, il mondo continua a girare indisturbato.»

Sunny si drizzò e si piantò le mani sui fianchi.

«Cosa ti prende stasera, eh?»

«A me? Be', io di violenza ne so qualcosa. Di donne che…» Isabel scosse la testa per fermare le lacrime che cominciavano ad affiorare. «Ah, stronzate.» Quanto si sentiva ridicola! Era quello stupido vino a parlare.

«Cosa?» domandò Sunny.

Isabel non rispose. Invece distolse lo sguardo.

«Vieni con me» la invitò Sunny. E condusse Isabel sul tetto.

La notte era tiepida, i venti primaverili soffiavano dalle montagne a est. Il cielo era scuro ma non ancora nero. Il sole ormai tramontava più tardi e nel punto in cui il cielo incontrava la terra persisteva una vivace striscia di rosso e viola. Il cavalletto di Sunny si stagliava contro la luce tenue, i colori e la tavolozza appoggiati su un tavolino.

«Ecco, siamo sole. Adesso possiamo parlare» disse Sunny.

«Chi è il pittore?» domandò Isabel per glissare.

«Immagino di essere io.»

«Non lo sapevo.»

Sunny guardò il cavalletto e scosse il capo. «Non lo sanno in molti. È soltanto uno stupido passatempo. Ma presto lo sapranno tutti perché stavo pensando di dipingere il muro nuovo. Ora, per favore...»

«Intendi un murale? Di cosa?»

«Non lo so ancora. Animali, una giungla. Ridicolo, vero?»

«La giungla non mi convince, in realtà. Magari ci vorrebbe qualcosa di più – non so – autoctono, forse?»

«Non hai tutti i torti» replicò Sunny, inclinando la testa. Il tono sarcastico di Isabel la feriva, ma sapeva che pensieri più gravi la opprimevano ed era determinata a scoprire di cosa si trattasse.

Isabel si avvicinò al bordo del tetto e lasciò spaziare lo sguardo sulla città. Rimase a lungo in silenzio.

Sunny la raggiunse, le posò una mano sul braccio e, infine, disse: «Sai, a volte è meglio parlare di...».

Isabel si ritrasse senza guardarla. «Non è niente di che.»

«Nella vita, a volte, accadono cose che secondo noi nessuno potrà mai capire.»

«Poco ma sicuro.»

«Ma potresti sorprenderti.»

Isabel si voltò e la fulminò con lo sguardo. «Ah, sì?

A te cos'è successo, Sunny? Cosa ti sarà mai successo da non poterne parlare? Hai fumato troppa erba? Ti sei ubriacata? Hai fatto sesso con l'uomo sbagliato? Andiamo, Sunny. Ci sono brutte esperienze e pessime esperienze.»

«E tu credi di avere l'esclusiva? Di essere l'unica al mondo?» Sunny si accigliò e le fece un cenno con la testa. «Ti fa sentire speciale? Ti autorizza a essere fredda, distaccata, con quel tuo aplomb così inglese, non è vero?»

Isabel sentiva la rabbia salire dentro di sé, il sangue pompare nelle vene. «Cosa cazzo ne sai?»

«Lo so. So cosa vuol dire essere picchiata dal proprio padre. E quando dico picchiata, intendo a pugni, scaraventata dall'altra parte della stanza. So cosa vuol dire vedere la mamma massacrata di botte dal marito e poi supplicarlo di non andarsene. Finché finalmente lui non scompare e lei trascorre il resto della sua vita in camicia da notte, depressa, a fumare come una ciminiera.»

Isabel la guardò con un'espressione più dolce, un lieve sorriso sulle labbra. «Non male.»

«È la verità» ribadì Sunny. «Ora dimmi.»

«D'accordo» rispose con un filo di voce. «Te lo dico. Sono stata violentata. Va bene?»

«Isabel» sussurrò Sunny.

La ragazza distolse il viso.

E poi si girò, visibilmente infuriata, ansimante. «In Sierra Leone, l'anno scorso. Con un coltello puntato alla gola. E, come se non fosse abbastanza, quando ha finito quel bastardo mi ha colpito con il calcio del fucile spezzandomi l'incisivo.» Sorrise come una pazza. «Vedi? Più bianco non si può. Più finto non si può.»

«Mi dispiace. È dura da superare.»

«Puoi dirlo forte. È una di quelle esperienze che segnano la vita, "prima dello stupro" e "dopo lo stupro".» Si voltò verso il cielo scuro e inspirò profondamente, sollevando il petto. «Guarda quelle stelle. Ovunque tu sia – a Londra, Los Angeles, Sierra Leone o Kabul – il cielo è sempre lo stesso. Almeno qualcosa di sicuro c'è, ovunque tu sia, che sia prima o dopo. Ma una volta ero diversa.»

Sunny restò in silenzio, sapendo che Isabel doveva ancora parlare.

E proseguì. «Sai che sono ebrea, no?»

«L'avevo capito quando hai parlato della tua famiglia e dei nazisti. Ma cosa c'entra?»

Isabel scosse la testa. «Non lo so. L'essere stata violentata. E il fatto di essere ebrea, il fatto che mia madre fosse sopravvissuta all'Olocausto e poi avesse nascosto le proprie origini per tutta la vita. Non è così diverso dalla donna che fumava l'oppio. Noi, musulmani ed ebrei, siamo così.» Incrociò le dita. «Culo e camicia.»

Sunny rise. «Sei la mia prima, sai?»

Isabel inarcò le sopracciglia. «La tua prima cosa?»

«Tu, Isabel Hughes, sei la mia prima ebrea.»

«Oddio, devo prenderti alla lettera? Ma com'è possibile?»

«Sono cresciuta in Arkansas. In una cittadina minuscola. Di ebrei lì non ce n'erano. Poi sono venuta qui. Di ebrei qui non ce n'è. Be', ce n'è uno.»

«Grazie. Sono fiera di avere questo soprannome. L'Unica Ebrea di Kabul.»

«No, sciocchina, non intendevo te. Ce n'è un altro.»

«Ce n'è un altro? Un altro? Cioè, uno "solo"? Come ha fatto a sfuggire al mio radar di giornalista?»

«Sul serio, la sua famiglia è partita, tutti i membri della sua comunità se ne sono andati. Ma lui è rimasto. Non so perché. Cos'è che spinge una persona a restare in un luogo così pericoloso, e da sola?» Avrebbe potuto porre quella domanda a se stessa, a Isabel, a Jack, a Candace. Persino a Yasmina. Le venne in mente che tutti quanti potevano essere considerati gli Ultimi Ebrei di Kabul, reietti e solitari, con un passato turbolento alle spalle, in un paese dilaniato dalla guerra.

«Chi lo sa? Ma esiste sempre un modo per affrontare i problemi, no? La superbia, ad esempio, come autodifesa.»

«O la negazione.»

«Certo.» Ridacchiò Isabel. «A proposito...»

Sunny si voltò verso Isabel, il volto illuminato dalla luna. Un viso adorabile, intelligente. Il viso di un'amica.

«Lo stupro. Non fa parte di me. Ho fatto un lavoro magnifico per non permettere che accadesse. E non lo racconto a chiunque. Solo che a volte...»

«Giuro. Non ne farò parola con nessuno. E poi, siamo molto più di quello che ci succede, sai? Ne siamo due prove viventi. Tu, signorina, sei molto di più.»

«Già, sono la tua prima ebrea!» Scoppiò a ridere, i capelli scuri che scintillavano alla luce della luna.

Anche Sunny rise e le due amiche scesero nel caffè per bere vino, ascoltare musica e godersi il resto della serata. Ma le parole "prima" e "dopo" continuarono a riecheggiare nelle orecchie di Sunny. Mentre osservava il locale e guardava l'amica, pensò all'esperienza che l'aveva cambiata di più. Era ovvio: c'era già stato un "prima di Kabul" e, casomai se ne fosse andata, ci sarebbe stato per sempre un "dopo".

22

Era mattino presto e Sunny era fuori nel patio, con indosso una giacca di pelle – ben lieta di essersi liberata del piumino – i jeans, il velo sulla testa e intorno al collo, a sorseggiare il caffè. Era seduta su uno sgabello basso vicino al muro, le ginocchia divaricate, il carboncino per terra, in mezzo ai piedi. Faceva freddo, ma non come durante l'inverno. Rovesciò la testa e inspirò. L'aria aveva un profumo diverso. Faceva abbastanza caldo per non accendere quasi più il focolare, ma faceva ancora abbastanza freddo perché le fogne a cielo aperto non tracimassero. Chiuse gli occhi e immaginò l'aria pulita profumata di pino scendere dall'Hindu Kush, spazzare il bacino e raggiungere il cortile anteriore.

Il muro era stato ricostruito. Il caffè aveva fatto un altro passo verso la conformità ONU. Adesso non restava che procurarsi la pellicola antibomba e costruire un bunker perché la missione fosse compiuta. Il caffè sarebbe stato inserito nella lista dei luoghi sicuri per gli stranieri. Jack, se mai fosse tornato, ne sarebbe stato felice.

Sunny raccolse un pezzo di carboncino, ne sentì la leggerezza nella mano. L'idea era buttare giù uno schizzo del murale a carboncino direttamente sul muro e poi lanciarsi con gli acrilici. Era la fase più difficile, delineare bene le immagini e avere la disciplina di finire il disegno prima di mettersi a dipingere. Alla fine, la scelta era ricaduta sulla giungla, con erba alta, foglie e fiori esotici, animali di tutti i tipi: tucani e tigri, scimmie e macachi, serpenti e lucertole. Avrebbe usato colori vivaci, non realistici, come nei graffiti sui muri delle scuole: semplici ed estrosi.

Avrebbe usato acrilici a buon mercato, perché erano gli unici disponibili in Paint Street. Aveva comprato nero, bianco, rosso, azzurro e giallo, e li avrebbe mischiati sulla tavolozza per creare altre tonalità. Avrebbe impiegato i pennelli economici e rozzi del negozio di vernici, risparmiando quelli migliori che aveva comprato a Dubai per dipingere su tela.

Poppy stava nel cortile con lei, dava la caccia a una mosca o abbaiava ai randagi che passavano per strada, oltre il cancello, oppure si sdraiava sul fianco, le zampe distese davanti a sé, al calore del sole. Qualche volta Ahmet giocava perfino a palla con lei. Sunny era divertita da quella nuova amicizia e pensava che fosse uno dei tanti cambiamenti che stavano avvenendo in Ahmet. Aveva notato come guardava Yasmina e la titubanza con cui le parlava. Ma come avrebbe potuto fare altrimenti? Era bellissima. Chissà cosa sarebbe successo dopo il parto, considerato l'integralismo religioso di Ahmet. Si sarebbe intenerito davanti al bambino come aveva fatto con Poppy? Era difficile da prevedere; gli uomini erano creature orgogliose e strane, e gli uomini afgani erano più complicati della media.

Meno male che aveva quel progetto a tenerla occupata o avrebbe pensato continuamente a Jack. Le mancava come l'aria, aveva ancora quell'ultimo bacio impresso sulle labbra, il suo sapore nella memoria. Le mancavano le sue battute e la sua amicizia. Le mancava la sua presenza sicura e forte in quel posto, che poteva trasformarsi in un caos da un momento all'altro. Le mancava il modo in cui la faceva ridere. Le mancava tutto di lui. E temeva che non sarebbe più tornato.

Perché gli uomini della sua vita partivano sempre? pensò mentre tracciava il profilo del becco di un tucano. Suo padre, tanti anni prima, quando era ancora bambina, poi Tommy e adesso Jack. Quando Sunny aveva portato a casa il primo fidanzato – pieno di tatuaggi e determinato ad aprire un "grande" negozio di dischi usati – sua madre le aveva detto che le sue aspettative in fatto di uomini erano terribilmente basse, proprio come erano state le sue.

"Be', mamma," pensò mentre terminava il corpo del tucano e poi disegnava un'enorme foglia a coprirne la metà, "ti sbagliavi." Le sue aspettative non erano troppo basse. Guarda Jack. Era una scelta straordinaria. Evidentemente troppo straordinaria per lei.

Osservò il disegno e fece quello che faceva ogni mattina da una settimana. Raccolse lo straccio umido accanto a sé e cancellò lo schizzo dal muro, lasciandolo come lo aveva trovato. Vuoto. Tranne per la sbavatura di carboncino.

Più tardi, quella sera, dopo che tutti i clienti se ne furono andati, nel caffè regnava il silenzio e Bashir Hadi era tornato a casa, Halajan guardava una soap opera indiana, Yasmina stava pulendo il pavimento e Sunny era al computer, al bancone. Ogni volta che il mocio umido e insaponato toccava il pavimento si sollevava un'ondata di ammoniaca. Yasmina sembrava distratta, vista la forza con cui abbatteva il mocio sul pavimento e lo immergeva nel secchio, facendolo traboccare ogni volta. Poppy alzava la testa a ogni rumore, poi guardava Sunny per accertarsi che stesse bene, e riabbassava il muso. L'orologio ticchettava, il mocio strusciava sul pavimento e la giornata era quasi finita.

E poi la porta si aprì e si chiuse con un gran fragore.

Sunny immaginò che fosse Ahmet, che ogni sera passava a prendere sua madre per accompagnarla a casa sana e salva su per le scale esterne, perciò non alzò nemmeno lo sguardo.

Ahmet disse: «Miss Sunny…».

E Halajan: «*Ma Khoda*, oh mio Dio».

Poppy abbaiò e corse verso la porta.

E poi una voce maschile esclamò: «Ehi, piccola».

Solo un uomo avrebbe osato chiamarla in quel modo. Per la sorpresa, Sunny fece quasi cadere la bottiglia d'acqua. Si alzò e spinse indietro lo sgabello con tale violenza che ricadde a terra rumorosamente. Se fosse stato possibile convertire il suo stupore in elettricità, avrebbe illuminato mezza Kabul.

«Ti sono mancato?» E sfoderò quel sorriso da mille kilowatt di cui Sunny si era innamorata tanti anni prima.

Cercò di rispondere, ma aveva la gola serrata. Il cuore le batteva forte, al punto che immaginò che tutti potessero sentirlo.

«Tommy» fu l'unica parola che riuscì a pronunciare.

«Allora non sei morto» gli disse Sunny più tardi, quando tutti furono tornati a casa. Sorseggiò il vino dalla tazza. Si stava calmando e cominciava a salirle la rabbia. Forse era al secondo dei "Sette Stadi di Reazione Quando la Persona che Ami Torna Dopo Mesi di Silenzio"; il primo era lo "Choc", poi c'era la "Rabbia", e avrebbe conosciuto il successivo solo quando ci sarebbe arrivata.

«Mi sembri delusa.»

«Sono passati cinque mesi!»

«È il mio lavoro. Non avevo scelta, se volevo essere pagato.»

«Avresti potuto chiamare, magari. O mandare un'e-mail, per l'amor del cielo. Farmi sapere che stavi bene. Darmi un'idea di quando saresti tornato.»

«Non nego che la paga sia stata eccellente, stratosferica è la parola giusta. Ma c'è dell'altro. È stato importante. Per la prima volta nella mia vita. Sapevo che avresti ca...»

«Sono passati cinque mesi!» Lo aveva già detto, ma lo ripeté comunque.

«Eppure ti trovo in splendida forma» le disse con quel suo sorriso. «Perfino ringiovanita rispetto a quando sono partito. Mi piacciono i tuoi capelli lunghi.» Allungò una mano per toccarglieli, ma Sunny si ritrasse.

«Non hai chiamato, né scritto, né niente. Cosa dovevo pensare?»

«Non potevo. Ordini.»

«Parli come se fossi in missione per la CIA. Ma falla finita!» Era arrabbiata nera.

Anche lui. «Se ci fossimo sposati, come avrei voluto...»

Sunny stava facendo tutto quel che poteva per non saltare al di là del tavolo e cavargli gli occhi dalle orbite. Non che avesse torto. Solo che avrebbe tradito i propri sentimenti, e non voleva dargli questa soddisfazione. Non se lo meritava.

«Mi stai dicendo che, se fossi stata tua moglie, avresti potuto chiamarmi? E che siccome sono la tua fidanzata da sempre non potevi farlo? È un mucchio di cazzate.»

«Sunny, è l'esercito. Non potevo dirtelo. Se mi avessi sposato, quando te l'ho chiesto, sarebbe stato tutto diverso.»

«Ma io non ho accettato ed è sempre la stessa solfa. E poi tu non sei nell'esercito.»

«No, ma faccio il lavoro sporco dell'esercito, va bene? E devo seguire le loro regole paranoiche. Tra cui niente fidanzate. Ma ora è diverso. Sono tornato. Qui, per te.» Tacque e la fissò. «Se mi vuoi ancora.»

Sunny si alzò. Non riusciva quasi a guardarlo, tanto era bello. I lunghi capelli biondi gli ricadevano sugli occhi, quei sorprendenti occhi azzurri, la pelle abbronzata, il corpo snello e slanciato, e Sunny dovette distogliere lo sguardo. «Pensi di poter sparire per tutto questo tempo, senza dirmi dove sei stato, senza metterti in contatto in alcun modo, di poter tornare e trovare tutto uguale a prima?»

«Sì. Perché no? Non sono stato via più delle altre volte. Io ti amo, tu mi ami… o mi amavi. O almeno credevo che mi amassi.»

Sunny si girò verso di lui. «Lo sai che ti amavo. Ma per qualche motivo stavolta l'assenza mi è sembrata più lunga. È stato diverso.»

«Perché? Perché stavolta?»

Sunny guardò altrove.

«Cazzo… C'è qualcun altro?» le chiese.

«Non lo so» rispose lei, ed era la verità. Poi soggiunse: «Non c'è nessuno», ed era una bugia. Tornò a sedersi. «Ma sono successe tante cose.»

«Non lo sai, eh?» Si guardò intorno. «Be', il caffè è più bello. Hai fatto dei lavori, vero? Stai dipingendo il muro… ehi, lo hai anche alzato, per avere la conformità

ONU, eh? Hai una nuova dipendente afgana. E un cane! Vieni qui, bello!»

Poppy non si mosse dalla cuccia.

«È una femmina.»

«Ah, allora vieni qui, bella» le disse. Ma Poppy rimase dov'era. Tommy rise e si abbandonò sulla sedia, la inclinò all'indietro sulle gambe posteriori e incrociò le braccia sul petto. «Lo sapevo che stavi bene. Non ho mai dovuto preoccuparmi per te.»

Allungò una mano e la posò sulla sua. Sotto le maniche della camicia, arrotolate fino al gomito, gli avambracci erano robusti, le mani bellissime. Sunny non riusciva quasi a respirare.

Ma si alzò di nuovo. Non avrebbe permesso che succedesse. «È tardi. Devi andare.»

«Cosa vuol dire, andare? Io vivo qui...»

Sunny scosse la testa. «Questo è troppo. Stai qui un minuto. Scompari per tre mesi. Poi cinque. La prossima volta... chissà? E non vivi qui. Hai soggiornato qui tra una missione e l'altra. Penso che tu abbia al massimo una camicia nell'armadio. Forse.»

A quel punto Tommy si alzò. «Ma adesso sono qui, Sunny. Per restare.» Andò da lei, la prese saldamente per le braccia, la tirò a sé e la baciò a lungo, con passione.

Sunny non provò nemmeno a sfuggirgli. Aveva aspettato quel momento così a lungo. Andarono nella sua stanza, dalle cui finestre filtravano i raggi della luna di Kabul. La baciò di nuovo, le sbottonò la camicetta, le mise le mani sui seni, tra le gambe. Era quasi come se niente fosse cambiato, dopo tanto tempo, con una grossa eccezione: Tommy era lì con lei, ma la sua mente era altrove, con qualcun altro. Così si ritrasse, lo baciò sulla guancia e lo accompagnò alla porta.

23

Isabel dovette aspettare che i suoi occhi si adattassero all'oscurità prima di distinguere il lungo corridoio di cellette dalle sbarre azzurre. Nel fetido carcere di Pul-e Charkhi, l'illuminazione era scarsa, i soffitti bassi, le finestre prive di vetro e l'elettricità assente, il rancio talvolta costituito soltanto da due pezzi di pane al giorno, eppure la prigione si trovava a due passi da Chicken Street, di fronte ai negozi di souvenir, lapislazzuli e giacche di pelle. C'erano almeno otto donne in ogni cella, insieme ai loro bambini. Isabel sentiva i vagiti di un neonato, odore di urina e di corpi non lavati.

Era entrata nel Pul-e Charkhi grazie all'aiuto di Sunny, che l'aveva presentata alla ministra per gli Affari femminili e l'aveva aiutata a corrompere il direttore. L'avevano accompagnata dentro, oltre il filo spinato e l'ingresso principale sorvegliato, poi l'avevano perquisita in cerca di pistole o armi e aveva dovuto lasciare la borsa nella sala principale. Niente matite o penne, né fotocamere. Le avevano fornito una "guida", un donnone con enormi seni cadenti e il viso terreo.

Era difficile vedere i volti delle detenute, anche senza il burqa. Indossavano scialli pesanti e grezzi, ma le facce che riusciva a vedere erano sporche, e le donne si calavano il velo imbarazzate, per nascondersi. Isabel vedeva i loro occhi, che la trafiggevano come un laser. C'erano prigioniere malate di leishmaniosi, con il viso pieno di piaghe e scaglie purulente; altre erano scheletriche come le prigioniere dei campi di concentramento nelle foto che le aveva mostrato sua madre da bambina; una stava allattando il figlio che strillava, incapace di accontentarsi del poco latte prodotto dal seno della madre; altre si limitavano a fissarla, con sguardi vacui e imploranti.

Ma tra tutti quei volti, Isabel non riconobbe quello della donna della piantagione di papaveri. Non aveva mai veramente creduto di trovarla, né che fosse sopravvissuta, ma la sua formazione giornalistica le imponeva di continuare a seguire quella pista, più importante della semplice scomparsa di una donna, certamente più importante delle irrorazioni di diserbante sui campi di papaveri. Perciò progettava di volare a nord, da Kabul fino a Mazar-e Sharif o addirittura Lashkargah, la capitale della provincia di Helmand, controllata dai talebani, la cui prigione ospitava centinaia di donne.

Si sentì tirare il *qamis* e abbassò lo sguardo. Una giovane donna, una ragazzina, sporca, magra e pallida, che evidentemente era stata molto bella, era seduta accanto alle sbarre della cella, lo sguardo alzato, la mano protesa. Disse qualcosa di impercettibile. Isabel si accovacciò per sentirla.

«Ti prego» le sussurrò. «Ti prego, aiutami.»

La ragazza conosceva l'inglese, ma la guida e le altre donne no, perciò poterono parlare liberamente.

«Perché sei qui?»

«Sono stata venduta.» Distolse lo sguardo, imbarazzata.

«Non c'è problema. A me lo puoi raccontare. Sei stata venduta per cosa?»

La prigioniera non riusciva a parlare. Ma le lacrime affiorarono nei suoi occhi e poi, mentre Isabel la guardava, le si riversarono sulle ciglia nere cadendo sulle guance.

Alla fine la ragazza rispose: «Per diventare una prostituta. Sono stata venduta per prostituirmi».

«Come sei finita qui? Cos'è successo?»

«Un giorno... non ne potevo... più, e allora...» Affondò il viso fra le mani.

Ma Isabel la incalzò. «Da quanto tempo sei in prigione?»

«Da sei Ramadan» rispose.

Isabel dovette sforzarsi per non alzare la voce. «Sei anni? Non ne hai nemmeno diciotto.»

«Adesso ne ho diciannove.»

«C'è qualcuno che ti sta aiutando? È venuto nessuno?»

La ragazza annuì. «Sì, un avvocato straniero, ma l'unica cosa che può tirarmi fuori di qui sono i soldi. Io sono orfana. Non ho nessuno.» Abbassò lo sguardo, poi fissò Isabel dritto negli occhi e la supplicò disperatamente: «Ti prego, abbiamo fame. Non abbiamo acqua pulita. Ci fanno del male, ci fanno... delle cose...».

La guida spinse Isabel per la spalla, spronandola a procedere.

Ma lei si voltò per guardare ancora la giovanissima prigioniera. I suoi occhi neri parlavano di secoli di dolore.

«Ti prego, aiutami» ripeté, e il corpo di Isabel vacillò sotto il peso della responsabilità e il desiderio di agire per conto della ragazza, lì, subito.

Ma sentì di nuovo il colpetto sulla schiena e la voce perentoria della guida che le intimava di muoversi.

Alla fine Isabel lasciò la ragazza con un cenno del capo e una forte stretta di mano, sussurrandole: «Ci proverò. Te lo giuro».

In un'altra stanza, c'erano alcune donne con figli più grandi. Una di loro teneva in braccio un bambino di tre anni che, come mostrò a Isabel, non sapeva camminare. «Guardati intorno» le disse la donna in dari.

Grazie a quel poco che sapeva della lingua e ai gesti della donna, Isabel capì cosa stava per dirle.

«I bambini non hanno spazio per muoversi, vedi? Ma che alternativa ho? Non ho una famiglia. Non ho nessuno.»

Isabel aveva sentito parlare di donne che saltavano nel fiume, che annegavano se stesse e i figli, piuttosto che finire in prigione. Solo adesso capiva. Era meglio vivere per strada, come mendicanti.

Isabel se ne andò poco dopo. Sapendo che cercare la donna in un'altra prigione era del tutto inutile, decise di tornare alla piantagione di papaveri dove l'aveva vista per la prima volta. Le dissero che lei e il bambino se n'erano andati, anche se nessuno sapeva dove. Ma dall'espressione dell'uomo che l'aveva picchiata, Isabel capì tutto ciò che doveva sapere: la donna probabilmente era morta, il bambino, se era un maschio, era stato affidato a qualcuno e, una volta cresciuto, sarebbe stato addestrato per combattere per i talebani e morire da martire. Se era una femmina, o era già morta o era stata venduta per essere immessa nel traffico della schiavitù sessuale di lì a pochi anni.

Ora Isabel aveva una storia da scrivere. Non riguardava i papaveri, né le irrorazioni, né la collusione tra governo e narcotrafficanti, né la corruzione degli agenti antidroga, né i miliardi di dollari ricavati con la produzione dell'oppio. Riguardava invece le donne che vivevano da anni dietro le sbarre per essersi rifiutate di fare sesso, per essere state vittime di stupro o di violenza domestica, o per essere diventate tossicodipendenti. Era la storia dei bambini che crescevano dietro le sbarre, con loro. Una storia che si riassumeva nelle tre semplici parole della giovane reclusa: «Ti prego, aiutami».

24

«Sunnyjan, *besyar*, ho fatto una cosa per te» disse Yasmina.

Sunny alzò lo sguardo dal portatile, con cui stava inviando un nuovo ordine al fornitore di carne a Dubai. Gli hamburger di Bashir Hadi erano diventati famosi e a volte era dura per Sunny tenere abbastanza scorte di carne macinata. Il muro più alto aveva funzionato e gli stranieri, stufi dei vecchi posti, erano felici di provare un nuovo menu e bere un vero latte macchiato.

Yasmina era dall'altra parte del bancone, con un abito di un meraviglioso lavanda posato sul braccio.

Lo porse a Sunny. «Come *tashakkur* per tutto quello che hai fatto per me.»

Sunny guardò la ragazza negli occhi e intuì che non era il caso di mettersi a discutere. «È molto bello» disse mentre sfiorava la stoffa setosa.

«L'ho cucito io, Sunnyjan. Con le mie mani. Per te. Ecco» disse porgendoglielo di nuovo, con timidezza. «*Latfan*, indossalo. Voglio vedere se ti sta bene.»

Sunny lo prese e toccò amorevolmente il ricamo fatto a mano. Era un regalo così personale, così bello. Baciò Yasmina tre volte. «*Tashakkur*, Yasmina. Vado a provarlo subito.»

«*Bali, latfan*» rispose Yasmina, abbassando lo sguardo. Era arrossita.

Sunny andò nella sua stanza, si tolse gli scarponi, i jeans e il maglione e indossò i pantaloni, che dovevano stare sotto, poi si infilò la veste dalla testa. Si guardò nello specchio e sorrise. Il completo le stava alla perfezione. Anche i pantaloni andavano bene. Non somigliava a nessuno dei vestiti che si trovavano a Kabul, con le sue pieghe vaporose e il colletto scolpito, i ricami di perline, il taglio semplice e perfetto. Lo lisciò sui fianchi, sistemò il colletto, si mise un paio di scarpe eleganti e tornò nel caffè.

Yasmina la aspettava con ansia, camminando avanti e indietro. Quando vide Sunny, si fermò per guardarla.

«Cosa ne pensi?» le domandò Sunny.

«*Wah wah wah*, Sunnyjan molto bella» mormorò Yasmina.

Sunny fece un giro su se stessa e si mise in posa, e le due donne risero. Yasmina tirò i polsini per tendere le maniche intorno alle braccia di Sunny e controllò l'orlo al ginocchio per assicurarsi che fosse dritto. Si concentrò sullo strano colletto in modo che tornasse come lo aveva concepito.

«Yasmina, dove hai imparato a cucire così bene? Per disegnare un abito del genere serve molta pratica, anche per una sarta esperta.»

«Mia *madar* mi ha insegnato a cucire gli abiti normali. Ma questo, non lo so. Mi è venuto dal cuore, è stato un dono di Allah. Dovevo solo avere qualcuno per cui cucirlo. Perciò *tashakkur* a te per avermene dato l'opportunità.»

«Lo indosserò stasera e lo mostrerò a chiunque venga al caffè. Cosa ne dici, Yasmina?»

«*Az shuma tashakkur.*» Poi Yasmina si voltò e tornò ad apparecchiare i tavoli.

Più tardi, quella sera, mentre il vento marzolino rinfrescava l'aria polverosa di Kabul, il caffè spumeggiava di chiacchiere e degli aromi invitanti della cucina. Bashir Hadi era al bancone, padrone assoluto del suo piccolo regno, con un sorriso da orecchio a orecchio, fiero del risultato ottenuto.

«Miss Sunny, tra una settimana riusciremo a comprare la pellicola per le finestre e iniziare la costruzione del bunker. Quante cose bollono in pentola!»

Sunny rise di quell'espressione. «E poi abbiamo dovuto ricostruire il muro solo due volte. Poteva andare peggio.»

Poi entrò Candace. Consegnò il cappotto ad Ahmet, che quella sera lavorava all'interno a causa della grande affluenza. Il suo amico Khalid si stava occupando del cancello esterno.

Ma quando Candace chiese: «Un buon tavolo, lontano dalla porta e dalla cucina, insomma, fa troppo caldo e c'è troppo rumore, non riesco a pensare», Halajan, che era una campionessa d'insofferenza, non mostrò un minimo di pazienza per l'atteggiamento della principessa Candace.

«Questo è l'unico tavolo disponibile» rispose, appoggiandosi allo schienale di una delle sedie, proprio davanti alla porta.

«Allora ne aspetterò un altro» replicò Candace, incrociando le braccia mentre si guardava intorno per stabilire quale tavolo si sarebbe liberato prima.

«Aspetti fino al ritorno di Gesù, se crede» disse Halajan, e si allontanò.

«Si fidi, per me sarà qui prima che lei se ne accorga.» Candace scoppiò a ridere, pienamente consapevole del proprio egocentrismo.

Sunny assisté alla scena con aria divertita. Il fatto che Halajan trattasse Candace con lo stesso sprezzo con cui trattava gli altri era pura e semplice giustizia.

«Andiamo, Halajan» la supplicò Candace.

La vecchia si voltò e le disse: «Senta, signora americana, se vuole un buon tavolo e un buon servizio, deve solo essere educata. Lei piace a Sunny. Altrimenti, fosse per me...».

«Le piaccio? Secondo lei le piaccio? Ah, ma io adoro Sunny!» rispose Candace, avvicinandosi all'amica e stampandole un bacio sulla guancia. «Come stai? Sapessi che settimana che ho passato!»

"Ma va'?", pensò Sunny. E tuttavia, era felice di vederla.

Poi Candace prese Sunny per il polso, fece un passo indietro e la squadrò da capo a piedi. La sua voce salì di nove decibel. «Ma che bel vestito! Dove l'hai comprato? Sta' ferma. Fammelo vedere bene.» Candace girò intorno a Sunny come se fosse una statua di alabastro in un museo.

«È bello da morire» dichiarò Candace.

«Già, non trovi? È una creazione della nostra Yasmina.»

Candace guardò la ragazza, arrossita per l'imbarazzo.

Anche Ahmet si voltò a guardarla. Poi osservò l'abito di Sunny e tornò a guardare la giovane.

Lei gli sorrise, poi chinò il capo.

Lui distolse lo sguardo.

Quando Candace vide Ahmet che guardava Yasmina e lei che gli sorrideva, inarcò le sopracciglia ed esclamò: «Interessante. Non sarebbero una bella coppia, quei due?».

Halajan intervenne: «Si faccia gli affari suoi».

«Be', guardateli. Sono giovani, single e belli» insisté Candace.

«Stanno bene come sono. Li lasci in pace» ribatté Halajan.

«Ah, davvero? Be', a me non sembra che stiano bene» continuò. «O forse non così bene. Magari hanno bisogno che lei trovi una soluzione. Perché non si dà un po' da fare, Halajan?»

«Candace, per favore, smettila» intervenne Sunny.

In quel momento anche Isabel entrò e, dopo aver consegnato la sahariana ad Ahmet, si accomodò al tavolo vicino alla porta.

Sunny disse: «Ora, perché non vai a ficcanasare laggiù e non ti siedi con Isabel, così tieni la bocca impegnata?».

L'amica obbedì e le due donne si scambiarono un bacio per salutarsi, poi Candace fece un cenno con la testa verso Ahmet, posizionato all'ingresso, e le disse: «Ad Ahmet piace Yasmina».

«E perché dovrebbe interessarmi?» rispose Isabel.

«Perché dobbiamo aiutarli! Forza, giochiamo alle sensali. Ahmet non ha padre. E Yasmina non ha nessuno.»

«Candace, sul serio» disse Sunny, unendosi a loro. «Gli stranieri non possono mettere il becco nelle loro faccende personali. Troveranno un modo.»

Bashir Hadi servì i caffè su un vassoio di metallo lavorato.

«Lei cosa ne pensa, Bashir Hadi? Non vede cosa sta succedendo?» chiese Candace. «Credo che Ahmet e Yasmina si piacciano.»

Sembrava sorpreso. «Ma davvero?» Sorrise, poi si ricompose e aggiunse: «In tal caso, è una cosa molto personale. Molto privata. E non dovremmo parlarne».

«Ma cosa dice? Siamo nel ventunesimo secolo! Un uomo e una donna non possono piacersi?»

Bashir Hadi guardò Sunny e sospirò. «Io non dovrei parlarne.»

«Andiamo, Candace» disse Sunny. «Lo sai che la loro cultura è diversa. Non sei più in Missouri.»

«Poco ma sicuro» intervenne Isabel. «Ma è ora che questo paese cambi.»

«Viva il cambiamento!» esclamò Candace. «Andiamo, Bashir Hadi. Non mi dica che non vorrebbe che il suo paese fosse più moderno, più tollerante, più...»

«Ma certo» replicò lui, «ma deve essere un cambiamento dall'interno. Voglio che siano gli afgani a cambiare l'Afghanistan.»

«Ah.» Candace scoppiò a ridere. «Allora lei è uno snob! Se ne frega dell'opinione altrui.»

«Candace, ti prego» disse Sunny.

«Cosa? Bashir Hadi sa che sto scherzando.» Rise di nuovo.

«Sono solo stanco della gente che ci tratta come bambini tra le braccia della mamma. Faremo da soli» disse lui.

«Giusto» convenne Isabel.

«Nemmeno per idea» replicò Candace, scuotendo la testa.

«Candace, per piacere» ripeté Sunny, posandole una mano sul braccio.

Bashir Hadi posò il vassoio sul tavolo. «Non c'è problema. Lasciatemi spiegare. Credo che abbiate dimenticato chi sono» disse con tranquillità a Candace. «Io non sono americano. Voi americani non vi sentite responsabili della vostra famiglia, della vostra storia né del vostro destino. E non sono inglese» proseguì, guardando Isabel stavolta, «voi inglesi siete così ipocriti da aggrapparvi al peggio del vostro passato – i ceti, la posizione sociale basata esclusivamente sul lignaggio – e poi, allo stesso tempo, vi definite moderni?» Distolse lo sguardo.

Rimasero tutte in silenzio, sconvolte dalla serietà di Bashir Hadi.

Proseguì: «Se non altro io conosco il mio dovere di afgano e di musulmano. Onoro le antiche tradizioni e i desideri della mia famiglia».

«Ma non lo vede» controbatté Candace, «che non possono amare? Che...»

«"Non possono", chi?» chiese Bashir Hadi. «A chi si riferisce?»

«Voi, ecco chi! E Wakil, e tutti gli altri uomini cresciuti secondo una cultura che mortifica la donna e magnifica gli aspetti peggiori dell'uomo.»

«Candace» disse Isabel sottovoce, posandole la mano sull'altro braccio, come se ci volessero tutte e due le amiche per trattenerla.

Sunny si accorse che c'era qualcosa di strano. La situazione era degenerata; Candace prendeva tutto sul personale.

Bashir Hadi abbassò la voce e le sibilò: «Non mi metta sullo stesso piano del suo Wakil e di "tutti gli altri uomini". Io sono hazara. Tutti gli altri uomini mi odiano. Ma su un punto potrebbe avere ragione: i genitori hanno sempre deciso per i figli. Spetterebbe a Halajan combinare la cosa. Anche oggi». Tacque e infine sorrise. «Ma non sarò certo io a incoraggiarla a farlo. Allora, chi si propone?»

Finalmente tutti al tavolo si rilassarono, tutti tranne Candace, che era palesemente irritata.

Ma poi Isabel sciolse l'imbarazzo con la sua solita schiettezza e disse a Candace: «Cosa ti prende? Ci stai forse dicendo che tu e Wakil non state più insieme? È questo il problema?».

Candace fissò Isabel con gli occhi colmi di lacrime.

«Non so cos'è successo, cosa ho fatto di male.»

«Non hai fatto niente di male» le disse Sunny per consolarla. Non riusciva a crederci, ma vedendo le lacrime di Candace si sentiva, come Isabel, dispiaciuta per lei.

«Ho trovato i fondi che voleva e una ONG si è impegnata a fornire le provviste, ho perfino convinto la dottoressa Malik a venire. Ha scritto una lettera di raccomandazione al consolato e...»

Sunny guardò Isabel e in quel momento capirono quale fosse stata la natura di quella relazione.

«...e non è bastato.» Scosse la testa.

«Cos'è successo?» domandò Sunny.

«Cos'è successo?» Candace tirò su con il naso e si asciugò le lacrime. «Mi ha piantato! Ecco cos'è successo.»

Sunny allungò la mano e la posò su quella di Candace.

«Mi ha detto che apprezzava tutto quello che avevo fatto per lui e l'orfanotrofio, ma che tra noi non avrebbe mai funzionato. Non avrebbe mai potuto sposare una donna non musulmana. Ma io so come stanno le cose. Non mi ha mai amato veramente. Mi ha solo usato.»

«Che cosa c'entra l'amore?» domandò Isabel. «Come dice la canzone di Tina Turner, *what's love got to do with it?* In Afghanistan, l'amore è per tutti gli altri. Qui è una compravendita, un baratto. Hai quello che voglio? Allora ti do qualcosa in cambio. Ricordami di raccontarti del mio generale Stewart e del suo patrimonio. L'ho conosciuto in Africa. Adesso è di guarnigione qui a Kabul, se le mie fonti non sbagliano. Era molto corretto e all'antica, senza infamia e senza lode a letto, ma sapeva procurarti qualsiasi cosa tu desiderassi o di cui avessi bisogno, subito.»

E Sunny pensò a Jack, dal quale non voleva niente, tranne l'amore. Le mancava e, per un momento, pensò di essere addirittura innamorata di lui, persino a migliaia di chilometri di distanza. E poi pensò a Tommy, che aveva amato e che adesso era lì, e non credeva più che... non era più sicura che... non sapeva più se... Non sentiva Jack da quando se n'era andato, da settimane. Lo capiva. Doveva sistemare la sua vita, senza distrazioni. Ma alla luce dei fatti, quello che era avvenuto tra loro – non solo il bacio nel ripostiglio, ma la crescente affinità – sembrava una fantasia, come se non fosse mai successo. Talvolta, e lo aveva imparato dalle esperienze passate, Sunny era bravissima a credere nelle proprie illusioni.

A quell'ora il caffè era silenzioso. Le persone, tranne le sue amiche, se n'erano andate a dormire. Tommy entrò gironzolando attraverso la porta come se frequentasse il caffè tutti i giorni, conoscesse tutti e magari fosse pure il proprietario del locale. Con i jeans, la camicia bianca sgualcita e la giacca di pelle, era uno splendore. Era un uomo attraente. Mentre parlava, i capelli gli ricadevano sugli occhi e se li spostava con una mano, la mano che Sunny immaginava sul proprio corpo. Non riusciva a trattenersi. Con lui c'era sempre stata una forte attrazione sessuale. E lui era lì. Ma non aveva mai parlato di Tommy alle amiche e adesso avrebbe dovuto dare qualche spiegazione.

«Ehi, gente.» Baciò le due donne sulla guancia, via via che gli venivano presentate e, quando arrivò a Sunny, disse: «Ma guardati, sei magnifica».

Lei sorrise e piroettò come una bambina. «Me l'ha fatto Yasmina.»

«Le sta d'incanto, non trovi?» disse Isabel.

«Sembra una principessa, una principessa molto sexy» replicò Tommy senza staccarle gli occhi di dosso.

«Allora, Sunny, dove lo tenevi nascosto? Come fai a conoscere quest'uomo incantevole?» disse Candace.

«Non vi ha parlato di me? Mi tenevi segreto, Sunny? Be',» le disse piano prendendole le mani nelle sue «perché non ce ne andiamo insieme da qualche parte?»

Sunny smise di sorridere e rispose: «Di cosa parli?». Guardò Candace e Isabel, che stavano ascoltando come se volessero prendere appunti.

«Prendiamoci qualche giorno di vacanza. Per recuperare il tempo perso, e conoscerci di nuovo. Qui non possiamo farlo.» Guardò il tavolo dove erano sedute le sue amiche. «Troppo affollato.»

«Non posso. Sono occupata. Devo dipingere il muro.»

«Andiamo, abbiamo bisogno di stare un po' insieme. A Mazar-e Sharif. Non crederai mai quant'è bella.»

«Ci sono già stata.»

«Non con me» ribatté con arroganza, e un sorriso sornione.

Sunny piantò le mani sui fianchi e disse: «Non posso mollare baracca e burattini per volare via con te. Non ti conosco nemmeno più».

«Sunny, se non parti con quest'uomo bellissimo, ci vado io» intervenne Candace.

Isabel diede una gomitata a Candace e disse a Sunny: «Perché non ti prendi del tempo e ci pensi un po' su?».

«Possiamo parlarne in privato?» chiese Tommy. «Per favore?»

«Fuori.»

Uscì nel cortile anteriore, con Tommy al seguito, e si mise sotto il chiaro di luna davanti al muro, dove il profilo sbavato e sbiadito della tigre sembrava sul punto di divorarlo. "Perfetto" pensò Sunny.

Lui le prese le mani nelle sue. «Andiamo. Potremmo partire domani.» Era entusiasta, come un bambino, e quell'entusiasmo era contagioso.

Sunny era tentata di rispondergli di sì, ma scosse il capo. Non era mai andata a letto con lui da quando era tornato, sostenendo che aveva bisogno di tempo – tempo per riabituarsi a lui, a loro – ma sapeva bene che era l'indecisione a frenarla. «Domani no. Devo... insomma, ci sono un sacco di cose che... non lo so.»

«Va bene, allora è deciso. Ti passo a prendere domattina. Saremo a casa tra qualche giorno, domenica.» Guardò Bashir Hadi dalla finestra. «Se la caverà benissimo senza di te.»

Sunny si voltò per guardare Bashir Hadi che stava sparecchiando. Ma certo che se la sarebbe cavata senza di lei. Era già stata via altre volte, quando era andata a Dubai, a Beirut e in Marocco. Ma stavolta era diverso. Non c'entrava niente il caffè né Bashir Hadi o altro. Stavolta c'entrava solo lei e quello che voleva, se solo avesse saputo cosa fosse.

Guardò negli occhi azzurri e vivaci di Tommy, le zampe di gallina e le palpebre pesanti che tradivano la sua età e la violenza subita nell'anno passato. E in un istante di sventatezza, fuori, sotto la luna, si sentì dire: «Sì».

Più tardi, quella sera, quando i clienti se ne furono andati e dopo aver risposto alle domande di Candace e di Isabel, soprattutto a quelle sui motivi per cui non avesse parlato loro di Tommy e su come si sentisse nei suoi confronti rispetto a Jack – domanda alla quale fu difficile rispondere, visto che non lo sapeva nemmeno lei – Sunny lasciò le due amiche a bere al tavolo per andare a fare le valigie.

Passò accanto a una finestrella che dava sul cortile posteriore e intravide Halajan che fumava, il velo abbassato sul collo, i capelli corti illuminati dalla luna. Decise di unirsi a lei. Halajan sobbalzò quando la porta si aprì, si coprì velocemente la testa e nascose la sigaretta dietro la schiena, ma quando vide che era Sunny si rilassò e continuò a fumare.

«È una bellissima serata, vero?» disse Sunny.

«È l'inizio della primavera. È così che va» rispose Halajan, inspirando profondamente dalla sigaretta.

Sunny sorrise e fece spallucce. «Già.»

Seguì un lungo silenzio e le due donne rimasero appoggiate alla parete. Poi Sunny si voltò per rientrare, ma quando si incamminò, Halajan la chiamò indietro.

«Ti prego, aspetta. Devo parlarti. Sono così arrabbiata con me stessa!»

«Hala, che ti prende?» domandò Sunny.

«Ho aspettato troppo. E adesso Jack se n'è andato. Mi vergogno di me stessa.»

«Allora è il momento giusto per parlare.»

«Adesso potrebbe essere troppo tardi! Può darsi che Jack non torni mai più. Non lo capisci?» Era fuori di sé.

«Jack? Ma di cosa parli?» disse Sunny con voce pacata. «Halajan, di qualsiasi cosa si tratti, di qualsiasi aiuto tu abbia bisogno, puoi confidarti con me. Troveremo un modo.»

«Non si tratta di me. È Yasmina che ha bisogno di aiuto» disse con disperazione.

Sunny si girò. «È per il bambino? Sta bene?»
«No, è per la sorella minore, Layla.»
«Yasmina ha una sorella? Non me ne ha mai parlato...»
«È in ansia per lei. È così giovane, ha solo dodici anni, ma questa primavera sarà rapita dagli stessi uomini che hanno preso Yasmina, e le strade di montagna a nord forse sono già aperte. Ma non avrà la stessa fortuna di Yasmina. Pensavo che Mister Jack potesse andare a prendere Layla e...»
«Sì, Halajan, è vero. Jack avrebbe saputo come risolvere la situazione, vista la sua esperienza come negoziatore. Ma non so se e quando tornerà.»
«Tu ti fidi di Jack, eppure domani parti per Mazar-e Sharif con Tommy» disse Halajan.
«Sì» rispose Sunny con un filo di voce. "Anch'io mi vergogno di me stessa" stava pensando. «Che ne dici di Tommy?»
«Cosa vuoi dire?»
«Per aiutare Layla a scappare. Conosce la zona. Ha amici nell'esercito che potrebbero darci una mano. Magari procurargli un elicottero e farlo arrivare lassù più velocemente. Non dovrebbe nemmeno aspettare che riaprano le strade.»
«Mi fido più di Jack.» Si accese un'altra sigaretta. «Ma in sua assenza, va bene anche Tommy.»
«È esattamente quello che penso anch'io.»
E le due donne sghignazzarono per un momento, avendo compreso il doppio senso di quell'affermazione.
«Se glielo chiedessi, te ne sarei eternamente grata.»
«Lo farò quando saremo a Mazar-e Sharif. Come potrebbe dirmi di no? Tu ci sei mai stata, Halajan?»
«Miss Sunny, ci siamo stati tutti.»
Sunny si accigliò e inclinò la testa. «Non capisco. Di

cosa stai parlando, Halajan? Non mi sembri il tipo da misticismi.»

«Nessuno sa più che tipo sono, nemmeno io.» Halajan aspirò di nuovo dalla sigaretta e, mentre soffiava il fumo, si spiegò: «C'è una leggenda sulle colombe bianche della moschea azzurra di Mazar-e Sharif. Si dice che tutte le colombe che vanno laggiù diventino bianche dopo quaranta giorni e quaranta notti. Ma ogni settima colomba riceve in dono uno spirito, un sentiero che porta a Dio. Capisci cosa intendo?».

Sunny ci rifletté un minuto, poi disse: «Perdonami, ma non vedo proprio cosa c'entri...».

«Gli americani non conoscono le metafore? O sei solo tu ad aver bisogno di una traduzione letterale?»

Sunny rise e aggiunse: «Spero di essere solo io».

«Be' Sunny,» proseguì Halajan, parlando piano affinché l'amica americana non si perdesse nemmeno una parola «come le colombe, per cui i muri, le montagne e le guerre non costituiscono una barriera, la gente che vive in Afghanistan proviene da altri luoghi; che sia questione di millenni o di pochi giorni. Ma entrano subito a far parte di questo paese, e quando lo fanno, cambiano colore e non tornano più al grigiore di prima. L'esperienza della madrepatria Afghanistan ci rende tutti afgani. Ma non tutti sono degni di essere ricompensati con uno spirito. Perciò solo una colomba su sette, una persona su sette viene benedetta.» Inspirò dalla sigaretta. «Adesso capisci?»

«Non lo so, Halajan. Credo di sì.»

«Quindi, vedi, siamo tutti colombe bianche. Ma solo una su sette, solo la settima è speciale.» Gettò il mozzicone sul patio di cemento e lo schiacciò con il piede, poi disse: «Peccato che ti tocchi andare con un'ottava». Si coprì la testa con il velo, avvolgendolo intorno al collo e allargando il resto sulla spalla.

«Ma a te Tommy è sempre piaciuto.»

«Mi piaceva. E mi auguro che mi piaccia ancora. Ma non dovresti partire con lui. Dovresti andarci con qualcuno che ami. Perché tutto quello che facciamo nella vita è importante. Una scelta conduce all'altra.»

«Qualcuno che amo? Un uccellino mi ha detto che in Afghanistan l'amore è per tutti gli altri.»

Halajan scoppiò a ridere. «E da quando dai retta a sciocchezze del genere? Perfino io so che l'amore è nelle nostre ossa afgane, ci scorre nelle vene. Ecco perché mi arrabbio con quelli che cercano di trasformare l'amore in un peccato. Ma non ascoltarmi, sono solo una vecchia. Vai, divertiti, da' da mangiare alle colombe.»

«Grazie, Halajan. Ci vediamo domenica, farò tutto il possibile per convincere Tommy a portare qui Layla.»

Sunny tornò di corsa nel caffè, si sedette al tavolo di Candace e Isabel e disse: «Yasmina ha una sorellina di dodici anni».

Le due donne la guardarono, aspettando che proseguisse.

«E dobbiamo salvarla. È stata lasciata con lo zio e sarà rapita proprio come Yasmina, solo che potrebbe non essere così fortunata» raccontò, quasi senza fiato.

Le due donne si scambiarono un'occhiata, poi guardarono Sunny.

«Ha una sorella?» domandò Isabel.

«È stata rapita? Da chi? È così che è arrivata da te?» chiese Candace.

«Vi prego, dobbiamo trovare Layla» insisté Sunny impaziente.

«Va bene, andiamoci piano, tutte quante. Sunny, raccontaci la storia» disse Isabel «dall'inizio alla fine.»

Sunny prese fiato e raccontò tutto, o quasi. Aveva promesso di tenere nascosta la gravidanza di Yasmina e non l'avrebbe tradita. Raccontò che aveva incontrato la ragazza al ministero per gli Affari femminili, che suo zio era stato costretto a darla via per saldare un debito, che Yasmina era riuscita a sfuggire ai rapitori prima di essere venduta, e del rischio, adesso, che quegli uomini tornassero a prendere la sorellina rimasta a casa. Del timore di Yasmina che, quando si fosse sciolta la neve e le strade di montagna si fossero riaperte, Layla sarebbe stata in pericolo.

«Dev'esserci qualcosa che possiamo fare per aiutarla» disse Isabel.

«Sì, è nostro dovere» ribadì Candace.

«Accidenti, è solo una bambina. Jack conosce la zona e le delicate relazioni tra le persone che vivono lassù. So che farebbe tutto il possibile. Ma lui non è qui e Dio solo sa se e quando tornerà.» Sunny tacque e sospirò. «Però potrei chiederlo a Tommy. Non ha l'intelligenza di Jack, ma la forza bruta per liberare Layla ce l'ha. Tuttavia...» Esitò.

«È una cosa da barbari, maledizione» intervenne Isabel. «L'ho visto centinaia di volte e non mi ci sono ancora abituata. Donne barattate o vendute al miglior offerente per il proprio corpo. Stavo appunto raccontando a Candace del carcere di Pul-e Charkhi, delle condizioni in cui vivono le prigioniere. Quante vite sprecate... Per niente! Per essere donne, per aver detto di no!»

«Hai intenzione di fare qualcosa?» le chiese Candace impaziente. «Allora smettila di parlare e muoviti!» Sbatté il pugno sul tavolo. «E tu, Sunny, qual è il problema? Manda i tuoi uomini sulle montagne e salva la ragazzina. Hai restituito la vita a Yasmina, adesso sua sorella ha bisogno di te.»

Sunny e Isabel si scambiarono un'occhiata. Candace aveva ragione. E, visto tutto quello che aveva fatto per la clinica e la scuola di Wakil, e la sua indubbia abilità nella raccolta fondi, Sunny sospettava che non vedesse l'ora di tuffarsi a capofitto in qualcosa di nuovo, soprattutto adesso che Wakil l'aveva ferita.

«Aiuta Sunny a portare qui Layla» disse Isabel a Candace. «Aiuta me.»

«Non è così difficile» replicò lei. «Basta alzare le chiappe.»

«Il tuo aiuto mi sarebbe utile.»

«Ma certo» replicò Candace sarcastica. «Sarebbe utile a tutti. A quanto pare è la mia ragione di vita.» Poi si protese in avanti, appoggiò i gomiti sul tavolo e proseguì: «Va bene, raccontami tutto nei minimi dettagli. Possiamo farcela. Non ci sono tre donne più formidabili di noi in tutta Kabul». Poi tacque e si corresse: «Tranne Halajan».

E Isabel disse: «D'accordo, ma adesso stammi a sentire».

«A cosa stai pensando?»

Nell'ora successiva Isabel le illustrò le diverse possibilità, gli eventuali contrattempi, le difficoltà, ma con gli agganci sociali di Candace e quelli mediatici e politici di Isabel, sarebbero riuscite a escogitare un piano brillante per salvare la vita a quelle donne. E intanto cambiare anche la propria.

E poi si concentrarono su Layla. Sunny sapeva che Yasmina non sarebbe mai stata felice se la sorella non fosse stata portata sana e salva da lei. Il piano migliore sarebbe stato convincere Jack e Tommy a lavorare insieme per raggiungere il posto e portarla via all'inizio della primavera. Se Jack non fosse tornato in tempo, Sunny avrebbe dovuto ricorrere al piano B: confidare solo in Tommy. Ma non sarebbe bastato. Sapevano che, senza Jack, avrebbero avuto bisogno di un capo che si occupasse degli elicotteri, dei rinforzi e delle armi necessarie, perché gli scontri sarebbero stati inevitabili. E tra loro c'era soltanto una persona che aveva la forza, l'astuzia e la dedizione necessarie per curare nel minimo dettaglio l'operazione. Quella persona era Candace.

Accettò volentieri.

«Allora il piano è deciso» dichiarò Sunny.

«Semplice, no?» chiese Isabel.

Sunny scoppiò in una risata nervosa. In Afghanistan niente era semplice.

In camera, quella sera, per Sunny fu impossibile addormentarsi. Non sapeva cosa diavolo stesse per fare. Andare a Mazar-e Sharif con Tommy. Una settimana prima pensava che, data la lunga assenza, non lo avrebbe più rivisto. E quella sera le frullava in testa il luogo comune che la vita cambia in un istante, che quando pensi di sapere cosa accadrà e come sarà la tua vita, può sempre succedere qualcosa che manda tutto all'aria. Era proprio quella la ragione per vivere e continuare a farlo.

Non che sapesse con esattezza che piega avrebbe preso la sua vita, visto che, prima del ritorno di Tommy, aveva pensato che forse, probabilmente, fosse appena iniziata una storia con Jack. E sapeva anche che non avrebbe potuto restare a Kabul per sempre. Perciò, in realtà, non aveva la più pallida idea di come sarebbe andata a finire. Aveva semplicemente escluso Tommy dalla sua vita, anche se in realtà doveva ammettere di aver sperato che un giorno sarebbe tornato. Altro luogo comune: attenta a quello che desideri.

Si alzò, prese il portatile dal tavolo e lo portò sul *toshak*, posandolo sulle gambe incrociate.

C'era un'e-mail di Jack. Se n'era andato da settimane e adesso, quella notte, un'e-mail. Rise ad alta voce. Qualcuno lassù la stava prendendo in giro.

L'aprì e lesse:

Cara Sunny,
mi dispiace di essere sparito, ma dovevo risolvere alcune questioni. Ho una buona notizia: mio figlio se la cava alla grande. Abbiamo trascorso del tempo insieme ed è stato importante per entrambi. La cattiva notizia: in realtà non c'è una cattiva notizia, tranne che le cose cambiano, sempre. Un'altra buona notizia: sto tornando a Kabul.
A presto.
Jack

E che cavolo! Poteva essere più criptico? "Uomini" pensò. "Non sanno comunicare, né scegliere di non farlo. E poi si aspettano che tu pianti tutto per loro."

Be', l'indomani sarebbe partita per Mazar-e Sharif, punto e basta. Con Tommy, l'ottava colomba. Tommy. Jack. Tommy. Cazzo.

25

Yasmina e Halajan erano sedute sui *toshak* nel salotto di casa con le lettere di Rashif accatastate sul pavimento. Halajan aveva escogitato un sistema per catalogare le lettere, legandole insieme con gli elastici per capelli che aveva comprato nella profumeria di Tamila su Shahr-e Naw Street. Per l'inverno aveva scelto il bianco, per la primavera il verde, per l'estate il giallo e per l'autunno il rosso. Persino gli analfabeti in Afghanistan sapevano leggere e scrivere i numeri, imparati sulle banconote, perciò aveva scritto gli anni, da uno in su. Aveva circa trecento lettere, mai lette, perciò Yasmina scelse di cominciare dal momento migliore, ossia dal principio.

Era stato poco dopo la morte della moglie di Rashif. Allora la situazione era diversa e le lettere raccontavano come la vita a Kabul fosse cambiata, dalla ritirata dei sovietici all'invasione americana, fino alla vittoria di Karzai nelle prime elezioni democratiche (su cui Rashif scherzava con cinismo; come se, scriveva, sotto il controllo degli americani, potesse esistere una vera democrazia, una battuta che fece ridere di gusto Halajan), dalla sua collaborazione con il gruppo di sostegno ai rifugiati, che aiutava confezionando e distribuendo vestiti, fino al giorno d'oggi, quando la presenza usurpatrice dei talebani si faceva sentire in qualsiasi aspetto della vita. Le lettere non erano lunghe ma piene di dettagli sulla vita familiare di Rashif, sul suo lavoro di sarto, sui libri che leggeva, i film che guardava, la musica che ascoltava e che lo commuoveva, e sul sogno di una vita con Halajan, di svegliarsi ogni giorno al suo fianco, alla luce del sole.

Le lettere erano piene di vita, spiritose e intelligenti e, una dopo l'altra, Halajan sentì il cuore gonfiarsi nel petto, il desiderio per Rashif palpitare come le ali degli uccellini sull'albero fuori dalla sua stanza. Era un uomo pieno di interessi, di entusiasmo, di umorismo e le sue osservazioni avrebbero fatto ridere persino quel muso lungo di Ahmet.

Il fatto che Rashif continuasse a scriverle ogni settimana che Dio mandava in terra, senza mai ricevere una risposta, era un prodigio. Il suo amore per lei era forse così grande da non aver bisogno di essere ricambiato? Oppure, e la cosa era ancor più sorprendente, conosceva il suo segreto?

Yasmina lesse con passione:

Carissima Halajan,
oggi ti scrivo con rabbia e tristezza. I nostri compatrioti talebani hanno distrutto i Buddha di Bamiyan. Si ergevano enormi e forti, vegliavano sulla valle dalle loro nicchie scavate nella parete di arenaria da oltre un millennio e ora, dopo tutti questi secoli, quelle bestie talebane si credono in grado di giudicare quelle grandi opere d'arte? Non sanno creare niente. Sanno solo distruggere.

Mi interrogo su questi uomini che odiano tanto. Mi preoccupo per il nostro paese, per la nostra gente. Mi preoccupo per noi, mia Halajan. Per noi...

Halajan fu commossa da questo e da altri episodi tristi, più personali, (come la morte in fasce di una nipotina) e da quelli lieti (la nascita, finalmente, di un nipote maschio sano come un pesce). Yasmina di tanto in tanto alzava lo sguardo dalle lettere per osservare le reazioni di Halajan a quelle parole. Halajan si chiese se la ragazza avesse notato il suo sguardo perso mentre ascoltava, puntato verso un luogo lontano in cui avrebbe potuto trascorrere tutti quegli anni insieme a Rashif, felice e contenta. Si chiese se Yasmina potesse leggerle nel pensiero nello stesso modo in cui leggeva le parole sul foglio. Perché allora avrebbe saputo che Halajan sognava di trascorrere gli anni a venire assieme a lui.

La moschea di Masjid-e Haji Ya 'qub era insolitamente affollata quel giorno. Succedeva sempre dopo un attentato, come se gli uomini si sentissero in colpa per le stragi, quasi pensassero che, pregando più spesso, con più fervore, nessuno sarebbe più rimasto ucciso. Sebbene le preghiere di mezzogiorno fossero terminate, gli uomini passeggiavano a gruppetti, chiacchierando e cercando di rimandare l'inevitabile ritorno al lavoro.

Ahmet incontrò il suo amico Khalid.

«*Al-salam 'alaykum*» gli disse.

«*Wa 'alaykum al-salam*» rispose Ahmet.

«Quanta gente oggi.»

«Sì, sono venuti in molti a pregare» rispose Ahmet.

Khalid rise. «Sarebbe ora che Allah ci sentisse e ci rendesse la vita più facile.»

Ahmet annuì. «*In sha' Allah*, un giorno lo farà.»

Khalid inarcò un sopracciglio con aria scettica. «Allora, Ahmet» disse «vieni al campo con noi? Pensavamo di guardare una partita di calcio, andare a vedere il *buzkashi* e berci un *chai* insieme. Insomma, ci prendiamo il giorno libero.»

Ahmet esitò. Era tentato, ma il dovere lo chiamava. «Non oggi. Ho del lavoro da sbrigare.»

«Abbiamo tutti da fare. Andiamo, un pomeriggio di vacanza non farà male a nessuno. Vieni con noi.»

«Mi dispiace, magari la prossima volta.»

«Sei troppo serio, amico mio. Tutti abbiamo bisogno di rilassarci, di divertirci, di sgranchirci un po' le gambe.»

Ahmet avrebbe voluto sgranchirsi le gambe, per così dire, più di qualsiasi altra cosa. Non riusciva nemmeno a ricordare l'ultima volta in cui si era riposato senza sentirsi in colpa. Tuttavia salutò l'amico e tornò al caffè, impiegando il pomeriggio a pulire la guardiola, a lucidare i fucili, a lubrificare il cancello, che di recente aveva iniziato a cigolare in modo fastidioso.

Yasmina e sua madre erano in casa. Era contento del loro legame e del fatto che, ultimamente, trascorressero molto tempo insieme. Ogni pomeriggio parlavano, cucivano, guardavano le soap opera indiane, o qualunque cosa facessero le donne quando erano sole.

Chissà, si chiese, se parlavano di lui? Sua madre aveva raccontato a Yasmina le storie di quando era bambino? O di quando andava a scuola? O del perché fosse diventato un *chawkidar* anziché proseguire gli studi ed emigrare in Germania, come la sorella?

Sentì una stretta allo stomaco al pensiero che sua madre potesse rivelare cose di lui che nessuno avrebbe dovuto sapere, in particolare Yasmina. Quella ragazza era speciale, sotto molti aspetti: dalla bellezza degli occhi verdi e dei polsi sottili alla cura con cui si copriva quando usciva, per rispetto delle tradizioni. E il fatto che, al riparo del caffè, si scoprisse appena. E la sua bravura come sarta! Chi avrebbe immaginato che dietro quella bellezza si nascondessero anche talento e intelligenza?

Non c'era niente in Yasmina che non gli piacesse. Indossò il cappotto, si mise il fucile a tracolla e tornò alla postazione al cancello per accogliere il furgone della posta che aveva appena accostato.

Yasmina stava leggendo di una volta in cui Rashif era stato incaricato di modificare la divisa di un colonnello americano. L'uomo era ingrassato talmente tanto che il sarto aveva dovuto allargare i pantaloni e spostare i bottoni della giacca di diversi centimetri.

...e poi quel grassone americano mi ha detto che non aveva idea del perché i pantaloni gli stessero così stretti in vita. Ha detto che non mangiava molto e faceva movimento, perciò non capiva cosa fosse successo. Forse si erano ristretti i pantaloni?

Halajan, mia cara, probabilmente hai sentito i muri tremare per la risata che ho cercato in tutti i modi di trattenere. Ecco cosa avrei voluto dirgli: la smetta di mangiare il pane afgano! La smetta di mangiare kishmish e dolcetti. Faccia una passeggiata di tanto in tanto. Ma mi sono morso la lingua...

Ma Yasmina non badava troppo alle parole che leggeva. Si chiedeva piuttosto se fare presenti a Halajan i suoi crescenti timori per Layla. Era quasi primavera a Kabul, e questo significava che non restava molto tempo prima che le nevi si sciogliessero sui passi a nord e che i rapitori potessero raggiungere casa di suo zio e rapire la sorellina. Senza Jack, cosa potevano fare? Si domandò se Tommy avrebbe potuto aiutarla, ma non sembrava il genere d'uomo che rischiava la pelle per gli altri. Aveva intenzione di affrontare l'argomento quando avrebbe terminato di leggere quella lettera. Ma quando pronunciò le parole, *Con amore, il tuo Rashif*, si sentì bussare alla porta.

Scorsero la sagoma di Ahmet attraverso la tenda sottile. Raccolsero in fretta e furia le lettere e le nascosero sotto un *toshak*, gridandogli: «*Yak daqiqe*, un minuto, dacci il tempo di sistemarci». Si coprirono interamente, Yasmina indossò un *chador* nero e pesante per nascondere il pancione e la testa, mentre Halajan si mise un velo per nascondere i capelli corti e perché Ahmet si aspettava che rispettasse la tradizione.

«*Al-salam 'alaykum*» disse loro, con un piccolo inchino e la mano destra sul cuore. «Un pacco per te, Yasmina, dall'autista di Candace.» Le porse una scatola, guardandola dritto negli occhi, spalancati ed emozionati, l'unico particolare del viso che Ahmet riusciva a scorgere sotto il chador.

I loro sguardi si incrociarono e il ragazzo si voltò dall'altra parte, imbarazzato.

«Cosa potrebbe mai essere?» domandò Halajan.

La scatola proveniva da Dubai, a giudicare dai francobolli e dai timbri della dogana. Yasmina non aveva mai ricevuto niente di simile e strappò l'involucro della scatola con trepidazione, tirando i lembi alle estremità, come aveva visto fare molte volte a Sunny. Tirò fuori un pacco avvolto in una carta marrone e legato con lo spago. C'era un biglietto scritto in dari. Lo aprì e lo lesse ad alta voce: «Cara Yasmina, per favore usa questa stoffa per cucirmi un abito uguale a quello che hai confezionato a Sunny. La tua amica, Candace».

«Lo aspettavi?» domandò Halajan.

«No, non ne sapevo niente.»

«Tipico di quell'americana, ordinare anziché chiedere, come se tu fossi la sua schiava.» Halajan scosse il capo, abbassando lo sguardo, pensando a quella donna che si credeva di comandare il mondo e che tutti fossero al suo servizio. Fu allora che la vide: una delle lettere di Rashif ancora sul pavimento, fuori dal *toshak*. Guardò rapidamente Ahmet per controllare se l'avesse notata, ma i suoi occhi erano puntati su Yasmina. Tirò un sospiro di sollievo.

I pensieri di Yasmina erano concentrati sulla splendida stoffa che aveva estratto dalla carta. Era dorata come il sole, con perline brillanti cucite a mano con il filo viola in un disegno intricato. Quella era per il velo. C'erano altri due pezzi, una seta viola e un tessuto dorato con disegni azzurri e lilla, per i pantaloni e la veste. Le tre stoffe erano state tessute a mano, con amore e cura per la bellezza. Si domandò da dove venissero. Dai colori vibranti, dall'abilità artistica del tessuto e dei ricami, intuì che fossero indiane. Era una stoffa diversa da tutte quelle che aveva visto e la accarezzò con il palmo della mano, poi la prese fra le dita per tastarne la morbidezza e la consistenza. Gonfiò il petto per l'emozione. Avrebbe cucito a Candace il vestito più bello mai visto.

Ahmet osservò gli occhi di Yasmina mentre apriva la scatola e toccava la stoffa, e avrebbe tanto voluto toglierle il pesante *chador* e sfiorarle i capelli, che immaginava lunghi e neri, e più setosi di qualsiasi stoffa mai creata. Ma furono le sue mani sul tessuto, le dita esili, a farlo commuovere. Aveva accettato l'ordine di Candace con la solita grazia, come se fosse un dono, e poi aveva ammirato il materiale. Ahmet non aveva dubbi: se si fosse trattato di un martello per costruire una casa, la ragazza avrebbe reagito allo stesso modo. Gli aveva dimostrato nuovamente di essere una donna virtuosa.

A turbarlo, piuttosto, era il biglietto piegato sul pavimento, con il nome di sua madre scritto sopra – era certo, sì, che fosse il suo nome, a quanto vedeva dalle prime tre lettere, le uniche che riusciva a distinguere – e il modo in cui le due donne lo ignoravano, come se non ci fosse nemmeno, non l'avessero notato o non volessero attirare l'attenzione su di esso. Chi mai poteva scrivere a sua madre? Perché il biglietto era lì, in parte nascosto, mentre le due donne erano insieme nella stanza? Ahmet sapeva che Halajan era analfabeta. Forse Yasmina leggeva per lei?

E poi si rammentò di quel giorno al mercato, quando aveva visto il sarto, quell'ometto scuro dal grande sorriso, porgere qualcosa a sua madre, e lei che lo nascondeva tra le pieghe del *chador* e sussurrava qualche parola prima di andarsene in tutta fretta. Ripensò alla vigilia di Natale, quando il sarto era venuto a consegnare un abito, e qualcos'altro, che Halajan aveva prontamente nascosto nel grembiule. Ahmet guardò di nuovo il biglietto piegato sul pavimento e si chiese cosa fosse.

Probabilmente una ricevuta della sartoria. Cos'altro poteva essere? Non riusciva a immaginarlo. Qualsiasi altra cosa avrebbe disonorato Halajan, la famiglia, perfino lui.

Non sopportava quel pensiero. Stava saltando alle conclusioni, lo sapeva. Ma sentiva il cuore battere forte e la rabbia crescere, perciò si congedò in fretta dalle donne e uscì a riflettere su cosa avrebbe fatto, su cosa doveva fare. A renderlo così sospettoso era l'espressione sul volto di sua madre quando aveva visto il sarto nel caffè, la sera prima di Natale. Era un'espressione che non le aveva mai visto rivolgere a suo padre – al marito – in tanti anni di vita insieme.

«L'ha vista, ne sono sicura» disse Halajan.

«Io non ne sarei così convinta» replicò Yasmina. «Almeno, spero di no. Ma tu sei la madre, sei più anziana. Certamente ti rispetterà...»

«Io sono anziana, è vero» la interruppe Halajan. «Ma in questo paese non ha importanza, qui comandano gli uomini. Pensa che sono stata io a dare alla luce questo bambino che adesso può decidere della mia vita come se fossi un asino scemo! Io amo e odio il mio paese allo stesso tempo. Le mie regole, il mio stile di vita, tutto è insignificante quando si tratta delle tradizioni stabilite dagli uomini. Mio figlio rappresenta l'Afghanistan. È aggrappato alle vecchie regole, anche se ce ne sono di nuove sotto il suo naso, da cogliere, da assaggiare, per godersi la vita. Avrebbe potuto scegliersi un destino diverso, partire per la Germania con mia figlia, studiare all'università, diventare qualcuno di importante, invece ha deciso di essere un *chawkidar*. E sai perché? Per proteggermi, per prendersi cura di me, perché si sente responsabile della famiglia, vincolato al suo retaggio. È colpa mia se non ha avuto le stesse opportunità di sua sorella, perché non mi avrebbe mai lasciato da sola.

«Ma» e si avvicinò alla finestra, aprì la tenda e guardò oltre il muro, verso la città, «è anche questione di obblighi che impone a se stesso, e del suo desiderio di accettazione che mi tiene prigioniera: si assicura che segua le vecchie tradizioni, almeno fuori di casa, dove tutti possono vedermi. È un modo molto vigliacco, molto ipocrita di vivere la vita. Sa cosa succede nel caffè, e ci si guadagna da vivere, ma lo odia e ha bisogno di limitarlo ai confini delle sue mura, impedendogli di correre libero per le strade.»

Yasmina rimase in silenzio, cercando di comprendere come una madre potesse parlare in questi termini di un figlio e come un figlio potesse essere tanto rigido con una madre come Halajan.

«Dobbiamo essere più prudenti la prossima volta. Dobbiamo leggere con la torcia, quando Ahmet è addormentato. La sua stanza è proprio qui accanto.»

«Non ti farebbe mai del male.»

«La vergogna può trasformare un uomo. Gli fa dimenticare le persone che ama. Spinge un uomo buono a compiere cattive azioni.»

Yasmina raggiunse Halajan alla finestra e pensò ad Ahmet, ai suoi grandi occhi scuri, alle sue spalle possenti e al viso tenero, su cui era impresso un sentimento difficile da definire. Aveva sempre pensato che fosse rabbia, ma adesso capiva. Era il volto di un uomo diviso tra l'amore e il dovere, il ritratto di un'amara confusione.

26

Mazar-e Sharif era a otto ore di viaggio da Kabul, ma a soli quarantacinque minuti di volo sull'aereo militare che Tommy si era procurato. Era una mattina luminosa dal cielo azzurro e il velivolo sorvolò le montagne sfiorandone quasi le vette, al punto che Sunny pensò di poter allungare una mano e afferrare una manciata di neve. Poi volarono bassi sulla bellissima valle di Salang, con le sue oasi di verde lungo i fiumi e intorno ai laghi, incorniciata dalle pianure brulle che contraddistinguevano le regioni di confine dell'Afghanistan. Sunny aveva scelto il posto accanto al finestrino e la vista era letteralmente mozzafiato. Tommy si protendeva verso di lei per guardare dall'oblò ed era così vicino che Sunny riusciva a sentire il suo profumo, ricordando qualcosa che le sembrava appartenere a una vita lontana: giacere nuda accanto a lui, fare l'amore, ridere insieme alle prime ore del mattino.

Tommy si alzò e chiese al pilota di sorvolare Band-e Amir, a ovest, e così cambiarono rotta e scesero di quota in modo che Sunny potesse ammirare i laghi, una delle meraviglie del mondo, pensò lei. Le acque profonde blu lapislazzulo sembravano aver inciso come cristallo le montagne color sabbia, gli alti dirupi a strapiombo.

L'accostamento insolito di acqua cristallina e roccia sterile conferiva alla zona una bellezza spettrale che Sunny non aveva mai visto prima. A est del punto in cui invertirono la rotta c'era Bamiyan, il sacro sito induista in cui i talebani avevano distrutto i Buddha giganti risalenti a oltre un migliaio di anni fa, alcuni mesi prima che al-Qa'ida facesse la stessa cosa con le torri gemelle di New York.

Poi si diressero a nord, verso la provincia di Balkh, dove si trovava la quarta città dell'Afghanistan, Mazar, come la chiamava Tommy, con disinvoltura. Il suo nome significava "nobile santuario", con riferimento al santuario di Hazrat Ali, una moschea spettacolare di mattonelle azzurre nel centro della città, visitata ogni anno da milioni di turisti. Secondo gran parte dei musulmani afgani, era lì che era stato sepolto 'Ali Ibn Abi Talib, cugino e genero di Maometto.

Mentre l'aereo volteggiava sulla città, Tommy prese la mano di Sunny, che si sentì a disagio e cambiò posizione sul sedile. Gliela lasciò tenere per un minuto o due, attenta a non essere troppo brusca quando, con disinvoltura, la fece scivolare fuori dalla presa.

Atterrarono all'aeroporto, dove un autista li stava aspettando in un minivan. Li accompagnò in città, al Royal Oak, un hotel non particolarmente lussuoso ma moderno, pulito e abbastanza accogliente. Quando si registrarono, si videro consegnare una sola chiave, come se fosse scontato che avrebbero alloggiato nella stessa stanza. Tommy doveva aver detto alla receptionist che erano marito e moglie, perché per una coppia non sposata era illegale dormire insieme.

Sunny prese Tommy da parte, lontano da orecchie indiscrete, e gli chiese: «C'è una chiave anche per me?».

«Certo, posso chiedere un duplicato.» Si voltò verso la receptionist.

«No, intendo per la mia stanza.» Quando vide l'espressione perplessa di Tommy, sussurrò: «Pensavi che avremmo dormito nella stessa camera?».

«È esattamente quello che pensavo.»

«Non credo sia il caso. Sono qui, ho accettato di venire, ma ho bisogno di... tempo.»

«Ma non è proprio per questo che siamo qui, no? Per conoscerci di nuovo?» disse sorridendo, posandole le mani intorno alla vita. «Andiamo, piccola...»

Ma lei si ritrasse, imbarazzata da quella inappropriata manifestazione di affetto in pubblico, e disse: «Per favore, non chiamarmi "piccola", devo vedere se c'è ancora qualcosa tra di noi, oltre al... lo sai». Il sesso avrebbe sempre funzionato, ma il rapporto sentimentale? Ne avevano mai avuto uno? E poi Tommy avrebbe potuto scomparire di nuovo e lasciarla con il cuore infranto.

«D'accordo, ma tu lo sai che c'è, e anch'io lo so.» Si girò verso la reception per chiedere un'altra stanza.

Quella sera Jack entrò nel caffè con in mano uno splendido bouquet di rose color pesca avvolte nella carta di giornale. Salutò con affetto Bashir Hadi , si scambiarono convenevoli riguardo alle rispettive famiglie e al viaggio, poi Jack gli chiese: «Allora, dov'è Sunny? È sul retro?».

Bashir Hadi tacque un momento, per riflettere sulla risposta. «No, ehm, Miss Sunny non c'è.» Si voltò velocemente e tornò al lavoro. Non voleva essere lui a dargli la brutta notizia.

Jack guardò l'orologio, accigliato. «E a che ora torna?»

«Starà via qualche giorno.»

«Cosa intende?» La mano con le rose gli ricadde sul fianco, il bouquet puntato verso il pavimento. Dire che era deluso era un eufemismo. Aveva contato i giorni da quando era partito, le ore del volo di ritorno, i minuti durante il tragitto dall'aeroporto al caffè, finché, finalmente, non era arrivato. «È andata a Dubai? Per fare provviste?»

«Sì, esatto, è andata a Dubai» rispose Bashir Hadi mentre entrava nella dispensa nel retro e scompariva.

Jack inarcò le sopracciglia. Si guardò intorno e vide Halajan in fondo alla sala che sparecchiava un tavolo. Le passò accanto mentre andava sul retro a prendere l'acqua e un vaso dove mettere le rose.

«Salve, Halajan.»

«Bentornato. Spero che la sua famiglia stia bene.» Si voltò e tornò al lavoro.

«Sì, stanno bene, grazie. Il viaggio è andato bene. Allora, Halajan, dov'è Sunny? Le ho portato queste» disse Jack, porgendole le rose.

Halajan si fermò, lo guardò e, con le mani piantate sui fianchi, rispose rapidamente in dari: «Dov'è, mi chiede? Non con lei, perché non c'era».

«Cosa vuole dire? Ma cosa vi prende, a lei e a Bashir?»

«Cosa ci prende? È forse scemo come un asino? È stato lei a volerlo. Come dice il detto...»

«Halajan!» la interruppe Jack. «Me lo dica subito.»

«Indovini chi è tornato?»

Jack sentì un nodo allo stomaco. Non poteva essere lui. O forse sì? «Halajan! Me lo dica, per l'amor del cielo!»

E Halajan glielo disse, parlando più in fretta possibile, quasi senza riprendere fiato.

«Tommy» mormorò Jack.

Halajan respirò profondamente e poi, senza nascondere la rabbia, disse: «E così lui e Sunny sono andati qualche giorno a Mazar-e Sharif e torneranno domenica. Lei è laggiù con lui e lei è qui da solo. E tutto per colpa sua!» inveì.

Jack aveva un'aria inebetita, fece un respiro profondo e distolse lo sguardo.

«Lei è partita con lui, sono andati insieme a Mazar-e Sharif?»

Halajan annuì e tornò al lavoro.

«È un posto romantico» aggiunse Jack «se uno crede a certe sciocchezze.» Lanciò i fiori sul tavolo. «Bella mossa» commentò sarcastico mentre si dirigeva verso l'uscita.

«Non deve preoccuparsi, Jack» gli gridò dietro Bashir Hadi. «Ci vuole ben più di una bella moschea per conquistare il suo cuore.»

«Speriamo» disse Jack, uscendo. Era stato via per poche settimane e lei se ne'era andata per sempre? Era volato in America proprio per tornare libero da lei. Ma insomma! Sbatté la porta del caffè alle sue spalle.

Invece furono le colombe a conquistare Sunny, le migliaia di colombe bianche di Mazar-e Sharif. La moschea in sé era una meraviglia di minuscole mattonelle azzurro blu, turchese, oro e del colore della terra, che ricoprivano ogni centimetro dell'enorme santuario, tranne le cupole, di motivi arabescati. Ma erano le colombe a dare vita a quel posto. Sunny era sola, aveva in programma di incontrarsi con Tommy dopo che lui aveva esplorato l'antico museo. Non sapeva se fosse stata la moschea o la compagnia di Tommy a darle un senso di claustrofobia, sapeva solo che aveva bisogno di aria.

Sparse su una porzione del piazzale c'erano milioni di colombe. Formavano una spuma gorgogliante, il loro tubare era un borbottio basso. A rendere ancora più magica l'atmosfera erano i capannelli di donne in burqa bianco che davano agli uccelli il becchime acquistato dal carrellino di metallo di un ambulante lì vicino. Con i capelli e la faccia nascosti, e senza alcuna caratteristica che le distinguesse, sembravano anche loro delle grandi colombe.

Poi Sunny scorse una donna in un burqa azzurro cielo che si alzò e si girò verso di lei e, benché non riuscisse a vederle gli occhi, sentì il suo sguardo su di sé. La donna le fece cenno di avvicinarsi, allo stesso tempo furtiva e decisa, e Sunny la raggiunse, senza sapere perché. Normalmente l'avrebbe ignorata, pensando che fosse una mendicante. Quando si avvicinò, Sunny intravide gli occhi scuri della donna attraverso la rete e immaginò che le stesse sorridendo.

La donna prese la mano di Sunny nella sua, la baciò e se la posò sulla fronte. Le sussurrò qualcosa in dari, poi girò il palmo e vi versò dei chicchi di grano.

«*Tashakkur*» grazie, disse Sunny chinando la testa. Poi si frugò in tasca in cerca di spiccioli da darle, ma quando alzò lo sguardo la donna in azzurro era scomparsa, lasciando solo quelle vestite di bianco. Sunny si girò in ogni direzione per cercarla nel piazzale. Sembrava impossibile che fosse svanita così in fretta, ma non c'era più. Magari, sì, magari la magia di quel luogo aveva trasformato il burqa di quella donna da azzurro a bianco, proprio come le colombe della leggenda. In tal caso, allora, era una settima colomba, quella più vicina a Dio.

Si chinò per dare agli uccelli il grano regalatole dalla donna. Quando si alzò, le lacrime iniziarono a scorrerle sulle guance. Non sapeva cosa le fosse preso e non se ne era neppure accorta, ma era imbarazzata e inforcò gli occhiali da sole. Era stata toccata da qualcosa di potente. Anche se non era musulmana o praticante di qualsiasi altra religione, era stata sopraffatta dalla spiritualità di quel luogo. Inspirò a pieni polmoni ed ebbe l'impressione che Dio, o qualunque cosa infondesse forza alla gente, fosse insieme a lei. Era come se la donna con il grano e le colombe bianche, la santità di quel posto, l'avessero messa in contatto con un'entità potente e l'avessero fatta sentire in pace con se stessa, come non si sentiva da tanto, tanto tempo.

Incontrò Tommy all'ora e nel luogo stabiliti, dove l'autista sarebbe passato a prenderli per portarli al paese di Balkh, dove era nato il profeta Zoroastro, e dove Alessandro Magno aveva stabilito il suo quartier generale per due anni dopo l'invasione e aveva preso moglie, un paese distrutto più di mille anni dopo da Gengis Khan. Quel minuscolo villaggio, cresciuto grazie alla tessitura di tappeti e al turismo, era un microcosmo afgano: ricco di storia, devastato dai saccheggi, la popolazione decimata dai continui cambi di regime e infine sfruttato da un governo in combutta con questo o quel paese straniero. Come Balkh, l'Afghanistan apparteneva a tutti meno che agli afgani.

Durante il viaggio di ritorno, Sunny disse a Tommy: «Ho bisogno del tuo aiuto».

«Ah, davvero» rispose con un sorriso da tonto. «E in cambio...»

«Yasmina è stata rapita dalla sua casa, in Nurestan, per ripagare un debito di suo zio. È scappata. Adesso teme che i rapitori tornino a prendere sua sorella, che ha solo dodici anni. Quando le nevi si scioglieranno e le strade saranno aperte...»

«E?» incalzò lui, posandole una mano sulla gamba e protendendosi per affondare il viso nella piega del suo collo.

Lei gli afferrò la mano e la posò sul sedile. «E, ho bisogno del tuo aiuto. Dobbiamo provare a portare via Layla prima che tornino quegli uomini.»

«Stai scherzando, vero?» Si abbandonò sul sedile e la fissò.

«No, non sto scherzando. Sono serissima, Tommy! Andiamo, potresti prendere un piccolo aereo. Conosci un milione di persone. Puoi farlo. Ti prego.»

«Ah, sei serissima.» Scoppiò a ridere. «Mi stai prendendo in giro? Non credo che tu capisca: prenderla è facile. Il problema è quello che succederà dopo che l'avremo presa. Si tratta di un giuramento di sangue. Lo zio deve dei soldi, ma non può pagare, allora cede la nipote. Non paga e… be', è così che iniziano le guerre. Non rischierò la mia pelle e la pelle del "milione" di persone che conosco per salvare – forse – la vita di una ragazzina. Non lo farò mai.»

«Sei uno stronzo.»

«Sì, ma uno stronzo molto pratico.»

Dopo di che tornarono in albergo, ognuno nella sua stanza, e si incontrarono per andare a cena. Era tutto molto carino, il cibo era buono e Tommy sarebbe stato delizioso se Sunny non avesse avuto un diavolo per capello. Non riusciva proprio a mandar giù l'idea di andare a letto con lui. Per quanto fosse attratta da Tommy, per quanto si sentisse rigenerata dall'aver lasciato Kabul, era arrabbiata.

Quel giorno, l'esperienza alla moschea le aveva insegnato che doveva essere in pace con se stessa, seguire il proprio cuore. Oh, e lei era in pace. Tommy era uno stronzo egoista che non aveva cuore né sensibilità. Un codardo. Perciò, per la seconda volta nella sua vita, fece una scelta che la stupì: non andò a letto con quel bell'uomo quando glielo chiese, e tornò a casa. Preferiva restare sola piuttosto che con qualcuno per cui non provava più nulla, tranne rabbia e il lontano ricordo di un amore.

Due giorni prima del previsto, un tranquillo venerdì pomeriggio, Sunny entrò nel caffè con la sua piccola valigia e fu felice di trovarlo proprio come lo aveva lasciato, tranne per un mazzo di rose sul bancone, un po' flosce e avvizzite. Poppy la accolse come faceva sempre quando la vedeva entrare: posò le zampe sul petto di Sunny e le leccò il mento. Yasmina e Halajan probabilmente stavano riposando insieme, come facevano da due settimane a quella parte. Ma una cosa diversa c'era. Bashir Hadi sembrava arrabbiato.

«Bentornata» le disse bruscamente, dandole le spalle. Stava lucidando la macchina per il caffè, riportando il rame da un marroncino butterato a un arancio lucente.

«Salve anche a te, Bashir Hadi. Come stai? La tua famiglia? Tutto bene, voglio sperare.» Fece un cenno con la testa verso il vaso di rose. «Bei fiori.»

«Certo, stiamo tutti bene. Perché me lo chiedi? Non è successo niente di che.»

Cosa diavolo gli era preso? pensò. Invece proseguì: «Cos'hai, Bashir Hadi? Andiamo. Sputa il rospo».

Finalmente alzò la testa e rispose: «È un bene che tu sia tornata. Tu...». Ma si fermò.

«Bashir Hadi?» Lo guardò implorante.

«Sei partita con Tommy e indovina cos'è successo?»

«Non dirmi che c'è stato un altro attentato» disse,

guardandosi subito intorno. «O che è scoppiata una tubatura, o che il tetto...»

«No!»

Poi Halajan entrò nella stanza e chiese: «Glielo hai detto che è passato Jack?».

«Volete dire che è tornato? Che è qui a Kabul?» I suoi occhi si illuminarono ed espirò con forza.

Bashir Hadi scosse la testa da lato a lato. «È entrato appena un'ora dopo che te ne sei andata.» Osservò Sunny che chinava lo sguardo. E indicò i fiori. «Erano belli quando li ha portati.»

Halajan fece per dire qualcosa, ma Sunny non la sentì. Aveva già afferrato le sue cose e stava correndo in camera.

Si sfilò il cellulare dal collo e compose il suo numero.

«Sei tu?» Era la sua voce profonda, baritonale.

«Sono io» rispose lei.

«Come sono le colombe?»

«Meravigliose, non crederesti mai a... Te lo racconterò quando ci vedremo.»

«Mandami una cartolina.» Stava per riagganciare.

«Vieni qui.»

«Già, magari quando torni, se torni.»

«Sono già tornata, qui al caffè.»

Piombò il silenzio.

«Jack! Non puoi prendertela perché sono partita. Tu non c'eri. E a malapena una parola in tutto questo tempo. Tommy è tornato e...»

«E anche lui a malapena una parola, se non ricordo male. Non è mai stato molto loquace, quel tipo.»

Sunny non poteva che convenire. «Dai, vieni qui. Sono tornata senza nemmeno sapere che eri in città. E non siamo andati a letto insieme, se è questo che ti preoccupa.»

«Pensi che sia questo? Non ho mai capito cosa ci vedevi in Tommy. Insomma, è un bell'uomo, ma non ha molto da offrire dal punto di vista cerebrale.»

«D'accordo. Ma non c'è bisogno che tu insulti le mie scelte, va bene? E allora tu e Pamela, eh?»

«È finita. "Ci siamo allontanati", sono state le sue precise parole. Come la scena di un film. "Ci siamo allontanati", non è incredibile? Si è abituata alla mia assenza e adesso, con Charlie che se ne va al college, lei si chiama fuori. Se non altro mio figlio continua a chiamarmi "papà".»

«Jack, mi dispiace.»

«Non posso biasimarla» disse. «Dopotutto la penso come lei.»

Seguì un lungo silenzio. Poi Sunny domandò: «Allora, dimmi un po'. Sei andato a letto con tua moglie?».

«Buffo, questa potrebbe essere la prima volta nella storia in cui un uomo è orgoglioso di dirlo alla donna che ama: ti giuro che non sono andato a letto con mia moglie. Arrivo.»

E lei, la donna che amava, aspettò che Jack tornasse a casa.

27

Isabel portò Candace alla prigione di Pul-e Charkhi, a est del centro di Kabul. Quella seconda visita fu ancora più sconvolgente per lei, forse perché condividere l'esperienza la rese più reale di quanto non le fosse sembrata la prima volta. C'erano alcune facce che non ricordava di aver visto, ma nella quinta cella, chiusa dietro le sbarre azzurre insieme a una decina di altre prigioniere, c'era la ragazza che aveva colpito Isabel, quella che parlava inglese e le aveva tirato il *qamis* supplicandola di aiutarla.

Stavolta Isabel riuscì a rubare un minuto per parlare con lei, mentre Candace chiacchierava con la secondina. Si accovacciò in modo da poterla guardare in faccia. Sembrava più giovane di quanto ricordasse.

«Come ti chiami?» chiese Isabel.

«Jamila» rispose.

«Jamila, come stai? Ti trattano bene? Hai abbastanza cibo?»

Lanciò un'occhiata veloce alla guardia per accertarsi che non ascoltasse.

«Ci trattano come bestie; le capre mangiano più di noi e almeno possono scegliere tra l'erba delle colline o gli avanzi. A noi toccano solo avanzi.»

Una voce alle sue spalle disse: «L'erba sarebbe meglio!».

E tutte le donne risero, attirando l'attenzione della guardia, che non disse nulla, ma le fulminò con lo sguardo. Al che Candace le disse qualcosa e la secondina si voltò verso di lei.

«Puoi aiutarci?»

«È per questo che siamo tornate. Per aiutarti a uscire.»

«Io non posso andarmene senza le mie sorelle. Ti prego, aiuta anche loro.» E fece un cenno verso le altre donne nella cella. «E i loro figli, che devono stare con le madri, ovunque siano.»

«Non so quando, né quante riusciremo a salvare, ma ci proveremo.»

«Altrimenti mi venderanno come schiava per...» Ma tacque, arrossendo. «Per gli uomini.»

«Ma cosa dici? La prigione ti venderà?»

«Sì, dicono che le più giovani, come me, vengono mandate verso il Golfo Persico, o peggio ancora, restano in Afghanistan, per il piacere degli uomini.»

«Come lo sai?»

«Perché hanno preso la mia amica Haliya, l'hanno venduta per soldi fuori Kabul, ma lei è scappata. Li aveva sentiti parlare mentre fingeva di dormire nel retro del furgone. Quando l'hanno catturata, l'hanno picchiata, le hanno sfigurato il viso e l'hanno gettata via come immondizia. La polizia l'ha raccolta e riportata qui, e ci ha raccontato quello che aveva sentito.»

«Haliya è qui ora?»

«Sì, è nell'angolo. Vado a chiamarla.»

Jamila accompagnò una donna con il viso interamente coperto dal velo, che teneva stretto con la mano, lasciando scoperto solo un occhio.

Jamila le sussurrò qualcosa nell'orecchio. Haliya la guardò e Jamila annuì. Poi Haliya si tolse il velo dal viso.

Isabel sentì lo stomaco sottosopra. Il viso di Haliya era stato orrendamente sfigurato. Non aveva più un occhio e la pelle da quel lato penzolava e si increspava come un calzino sceso sulla caviglia. L'angolo della bocca le affondava nella guancia, lasciandole uno squarcio al lato delle labbra.

«L'hanno ridotta così perché era fuggita, le hanno gettato l'acido addosso e le hanno detto: "Adesso sei troppo brutta per chiunque". Sono peggio dei cani, quegli esseri che si definiscono uomini.»

Isabel guardò Haliya, cercando di tenere lo sguardo fisso su di lei per non metterla in imbarazzo facendole capire che il suo volto era uno spettacolo inguardabile. Ma quando Haliya si ricoprì il viso non poté fare a meno di sentirsi sollevata.

«Puoi aiutarci? Lo farai?» la supplicò Jamila.

«Ci proveremo.»

«Quella è amica tua?» Indicò Candace che adesso era al fianco di Isabel, dopo aver incantato la secondina al punto di farla arretrare fino all'ingresso.

Isabel alzò lo sguardo e dentro di sé sentì con forza che, sì, era amica sua, nonostante le differenze. Era stata Candace che l'aveva incoraggiata a tornare, ad aiutare quelle donne. Era stata Candace a credere in lei. «Sì» rispose, «ed è anche la mia socia. Lavoriamo insieme.»

Candace posò la mano sulla spalla della ragazza. «Torneremo a prendervi. Non abbiate paura.»

«Vi prego, non ve ne andate. Portateci con voi!»

«Non è così semplice. Ma torneremo» disse Candace, senza staccare gli occhi dalla prigioniera.

«Te lo giuro.»

Wakil aveva mandato una macchina a prenderle per portarle nella valle. Candace gli aveva detto che sarebbe arrivata con un'amica, una giornalista della BBC che voleva scrivere un pezzo sulla sua scuola. (Almeno la parte sulla BBC era vera.) Aveva il presentimento che sarebbe stato lusingato di ricevere l'attenzione dei media, e non si sbagliava. In cambio, Candace sperava di ottenere il suo aiuto per le donne della prigione. Pensava che, con i suoi contatti, Wakil sarebbe riuscito a procurarsi il cibo e le provviste necessarie e poi a corrompere gli ufficiali e le guardie. Intanto, lei si sarebbe concentrata sulla raccolta fondi per trovare un ricovero per le prigioniere, una volta liberate.

Le stava aspettando, con indosso il suo *salwar qamis* più bello, un gilet pashtun e un lussuoso turbante di seta. Aveva la barba rasata con cura, era alto e in forma come sempre, e di una bellezza sconvolgente. Candace sentì in petto il vuoto del proprio desiderio. Era passato un mese dalla fine del loro rapporto, ma non avrebbe mai dimenticato i momenti di intimità con Wakil. La salutò con il solito distacco che le riservava in pubblico, un piccolo inchino e un sorriso freddo, ma quando gli presentò a Isabel, sorrise profusamente e divenne più espansivo mentre illustrava i suoi progetti. Candace era da un lato orgogliosa di partecipare a quei successi, dall'altro ferita dal fatto che di lei Wakil apprezzasse solo il talento nella raccolta fondi. Tuttavia fece il suo dovere e prese posto in fondo alla fila mentre Wakil le accompagnava a fare un giro. Mentre parlava, Isabel lo registrava e si fermava per scattare fotografie. Candace non vedeva l'ora di sentire quello che Isabel aveva da dire.

La clinica era ancora più imponente dell'ultima volta che l'aveva vista. Era pulita, dotata di ottimo personale, illuminata a giorno e ben fornita. Adesso c'erano più medici perché Candace aveva raccolto i contributi di alcuni donatori privati e ottenuto soldi da organizzazioni sanitarie americane.

Anche la scuola era completamente diversa. Era pomeriggio, quindi le bambine erano tornate a casa e adesso c'era lezione per i ragazzi. Prima di entrare, Wakil chiese a Isabel di spegnere il registratore, in modo da non interrompere inavvertitamente lo studio dei bambini. Doveva anche smettere di scattare fotografie, per non distrarli. Candace notò che Isabel si era accigliata, non troppo felice di vedersi imporre quei divieti ma abbastanza educata da rispettarli. La osservò buttare giù qualche appunto, gli occhi socchiusi con fare sospettoso, poi affacciarsi per scrutare nella stanza quei giovani volti così seri, e scribacchiare qualche altra nota. Candace aveva il presentimento che Isabel avrebbe criticato la scuola, probabilmente avrebbe giudicato il clima troppo austero, eccessivamente disciplinato. I bambini stavano studiando il Corano, inginocchiati sui tappeti, dondolandosi avanti e indietro mentre leggevano insieme all'insegnante, a un capo della sala.

Un ragazzo, che non doveva avere più di quattordici anni, la seguiva con lo sguardo. Le sorrise appena, e lei lo imitò. E poi quel sorriso scomparve, lasciando solo un paio di occhi scuri e spenti, un'espressione amara in viso.

Quando, in seguito, lo riferì a Wakil, rispose: «Anche tu avresti quella stessa espressione, se tutta la tua famiglia fosse stata uccisa da una bomba americana sganciata sul tuo villaggio. Questi sono tutti bambini tristi. Sono smarriti e noi abbiamo dato loro una casa».

Durante la visita al parco, Isabel sussurrò a Candace: «Un po' troppo silenzio, no? Con tutti quei bambini? Che disciplina!».

«Wakil è un uomo serio. È impegnato a insegnare a questi bambini qualcosa in modo che il loro futuro non sia vendere tappeti con il marchio MADE IN CHINA al mercato.»

«Be', in tal caso sta facendo un ottimo lavoro.»

Ma Isabel non le rivelò il pensiero che la attanagliava. Aveva visto reportage su posti simili in Pakistan. Scuole, madrase, che fungevano da copertura per l'addestramento terroristico. La scuola aveva un'atmosfera molto rigida: non si parlava, si pregava soltanto, e quei bambini non avevano niente di infantile. Che fosse un campo di addestramento per kamikaze? Il fatto che ci fossero anche studentesse femmine sembrava una montatura. Una volta tornata a Kabul, avrebbe fatto qualche ricerca. Avrebbe scoperto chi fosse in realtà Wakil e quali fossero i suoi scopi. Sembrava troppo astuto per aver creato tutto ciò solo per il bene degli orfani.

Finalmente Candace si trovò da sola con Wakil, in ufficio, mentre uno dei suoi assistenti mostrava il resto del complesso a Isabel. Chiuse la porta a chiave dall'interno e disse: «Quando ti rivedrò?». Si avviò verso di lui, avvicinandosi pericolosamente. Riusciva ad avvertire il tepore emanato dal suo corpo.

«Presto, amore mio, presto. Non sono ancora riuscito a partire. Ma vedi quante cose abbiamo realizzato qui?» Le prese una ciocca di capelli tra indice e medio.

Candace lo interpretò come un invito e si sollevò sulle punte dei piedi per sussurrargli all'orecchio. «Presto quando? Tornerai a Kabul? Wakil» proseguì, le labbra che gli sfioravano la pelle, «è passato troppo tempo. E noi? Posso restare qui con te?»

Le sollevò il mento e la baciò dolcemente, la bocca carnosa leggera su quella di lei. «Mia cara Candace, non è cambiato niente tra noi. È solo che alcune emergenze hanno preso il sopravvento. Tornerò presto a Kabul, molto presto... per stare con te.» La baciò di nuovo, con più decisione stavolta. «E poi, le risorse stanno finendo e dobbiamo investire in alcune attrezzature fondamentali, come i computer, e in una migliore connessione a internet.» La prese fra le braccia e la baciò più forte, con passione. «Mi aiuterai?»

«Stavo proprio per chiederti la stessa cosa» disse lei prima di sentire la lingua di lui in bocca, le sue braccia intorno al corpo, una mano posarsi sui seni e poi scendere dal fianco alle gambe, e in mezzo. Sentì le ginocchia cedere e lasciò vagare la propria mano fino a toccargli il sesso e lì, contro la parete dell'ufficio di quella scuola costruita dal nulla, Candace fece l'amore con Wakil sperando che l'amasse davvero, ben sapendo che non era così.

Quando Wakil accompagnò le due donne all'automobile, fu formale e distaccato, come se l'ora trascorsa insieme non fosse mai esistita. Candace sapeva che Wakil doveva rispettare le apparenze, ma talvolta, solo talvolta, un sorriso o un'occhiata complice le avrebbero fatto piacere.

Avvicinandosi all'auto, notò un altro mezzo parcheggiato oltre l'edificio. Due uomini stavano salendo davanti e un terzo si voltò nella loro direzione. Era lo stesso ragazzino imbronciato e dagli occhi vitrei che aveva visto poco prima. Wakil gli fece un cenno di saluto, poi si voltò verso lei e Isabel e disse: «Scusatemi un momento, per favore» e si incamminò verso di lui. Parlarono, il ragazzo annuì, salì in macchina e partì con gli altri.

Candace si girò verso Isabel, che stava osservando la scena. Non era niente, una parola, un arrivederci. Sperava che con lei Wakil sarebbe stato più affettuoso, che le avrebbe detto qualcosa di indimenticabile. Ma mentre si avvicinava a loro, a passo rigido, il mento alto, l'espressione indecifrabile, sapeva che sarebbe rimasta delusa. Avrebbe continuato ad aiutarlo – come poteva voltare le spalle a quei bambini? – ma si sarebbe impiccata piuttosto che aspettarsi da lui qualcosa più di un sorriso e a una sveltina, di quando in quando.

28

Isabel sentiva il peso della bottiglia di scotch in grembo mentre l'auto attraversava la città diretta alla dimora dell'Ultimo Ebreo di Kabul. Sapeva di dover portare un dono e, siccome era venerdì sera, l'inizio dello Shabbat ebraico, lo scotch era il regalo più adatto che le fosse venuto in mente. Da quando era bambina, aveva visto suo padre concedersi un goccetto ogni venerdì sera. Era la fine della settimana di lavoro, diceva sempre, il momento di riposare. Gli ebrei in Inghilterra erano più integrati rispetto al resto del mondo, probabilmente per difendersi dall'antisemitismo dilagante. Isabel era cresciuta sapendo di essere ebrea, ma senza troppo rispetto delle tradizioni, a eccezione del bicchierino settimanale di scotch di suo padre. Era un'enorme ipocrisia, o almeno così pensava lei, dato che la famiglia di sua madre era stata quasi completamente spazzata via durante l'Olocausto.

Per Isabel, l'ironia stava nel fatto che gran parte delle cose che costituivano la sua identità – l'essere ebrea, lo stupro, il giornalismo – erano sotto copertura. Ma dopo aver incontrato Jamila e aver sentito Sunny parlare dell'Ultimo Ebreo di Kabul, Isabel si era resa conto che vivere sotto copertura era da egoisti. Ogni giorno la gente prendeva delle posizioni morali: l'ebreo contro la persecuzione religiosa e Jamila contro la persecuzione sessuale. Anche Isabel si sentiva ormai vicina a prendere una posizione.

La casa dell'uomo era su Flower Street, a fianco dell'antica sinagoga grigiobianca, adesso decrepita e in sfacelo, più simile a una vecchia casa che a un luogo di culto. Era stato difficile trovarla. Ma finalmente l'auto accostò e Isabel disse all'autista di aspettarla. Poi salì le scale fino al secondo piano, percorse un corridoio buio e raggiunse la porta. Bussò. Un uomo robusto e dalla stempiatura incipiente, con gli occhiali da vista e la kippah, aprì e le disse: «Si accomodi».

Isabel protese la mano e l'uomo la strinse con decisione. «Questo è per lei» disse dopo essersi presentata. Gli porse la bottiglia nella sottile borsa di plastica. L'uomo aveva le scarpe consumate, la camicia così lisa sui gomiti da essere quasi trasparente e i pantaloni sfrangiati alle caviglie.

Prese la bottiglia, aprì la borsa e annuì. «Le va un goccetto?» Sorrise. Andò nella minuscola cucina sul retro e prese due bicchieri.

Si chiamava Zablon Simintov. Il piccolo salotto dalla logora moquette rossa era arredato solo da un *toshak*, un tavolino basso con una catasta di antichi volumi di preghiera in ebraico, un *bukhari* per respingere il freddo invernale e un piccolo tavolo con un paio di sedie di plastica bianca. Si sedettero e Isabel lo interrogò sulle questioni che la opprimevano. Quando Sunny le aveva parlato di lui per la prima volta, Isabel lo aveva cercato su Google e aveva letto molti articoli sul suo conto. Ma nessuno gli aveva posto la domanda che le interessava di più, o se gliel'avevano posta, lui non aveva risposto.

Perciò Isabel gli chiese: «Sua moglie e sua figlia sono in Israele. Gli affari vanno male. Lei è solo. Perché è ancora qui?».

L'ex commerciante di tappeti, quarantacinquenne, sorrise e le rispose: «La smetta o mi verrà la depressione!» e mandò giù un altro sorso di scotch.

Per ottocento anni, le raccontò, l'Afghanistan aveva ospitato una fiorente comunità ebraica, che si era ridotta nel 1948, quando molte famiglie erano emigrate in Israele, e di nuovo nel 1979, dopo l'invasione sovietica. E adesso Simintov era solo, sua moglie e sua figlia si erano trasferite in Israele nel 2001, mentre il suo miglior amico e peggior nemico, Ishaq Levin, con cui aveva condiviso la sinagoga, era morto alcuni anni prima. Simintov era stato più volte incarcerato e picchiato dai talebani, che avevano saccheggiato la sinagoga e rubato i rotoli scritti a mano della Torah, risalenti a quattro secoli prima. Simintov aveva dato la colpa a Levin per la perdita della Torah, perché aveva detto ai talebani che quei rotoli valevano milioni. A quel punto l'amicizia fra i due uomini si era interrotta. Adesso Simintov aveva una missione da compiere.

«Sono rimasto per trovare la Torah. E salvare la sinagoga.»

«Ma come tira avanti? I talebani le hanno rubato i tappeti e tutto quello che...»

«Tutte le cose di valore che possedevo. Il mio negozio. Lei può aiutarmi?» Allungò la mano, come per chiedere l'elemosina.

Isabel rise, sentendosi a disagio.

«Non è uno scherzo. Confido nella generosità degli estranei» disse con una scintilla negli occhi.

«Mi scusi, signor Simintov, ma come spera di ritrovare la Torah? Non crede che gli stessi uomini che hanno distrutto i Buddha giganti avranno probabilmente distrutto anche i rotoli?»

«Non ne conoscevano il vero valore. C'è un prigioniero a Guantanamo che sa esattamente dove si trova. Non resta che chiederglielo.» Sorrise, rendendosi conto di quanto fossero sciocche le sue parole.

Isabel lo guardò attentamente, chiedendosi se fosse pazzo o solo un po' svitato.

E poi disse: «Ma non lo vede? Se io me ne vado, non ci saranno più ebrei in Afghanistan. E Hitler e Osama bin Laden, o qualsiasi altro folle intenzionato a decimare il nostro popolo, l'avrà vinta. "Se non sono me stesso, chi lo sarà per me? E se non ora, quando?", come dice il proverbio. Se me ne vado, la pazzia trionferà».

Brindarono a quelle parole e Isabel si rese conto che c'era pazzia e pazzia, e che quella di Simintov non era poi tanto male. Gli diede cento dollari, lo baciò sulla guancia e promise di tornare a trovarlo prima di lasciare Kabul.

Sulla via del ritorno, l'autista seguì un itinerario tortuoso per evitare i posti di blocco della polizia. Seduta sul sedile posteriore dell'auto, Isabel posò il viso sulla mano e guardò dal finestrino. E poi fece una cosa che non le succedeva da mesi, anni forse. Si lasciò andare e pianse. Non sapeva perché, né cosa l'avesse commossa, ma mentre l'oscurità scendeva sulla città ebbe la sensazione di piangere per Simintov, che viveva lontano dalla famiglia, chiuso nella prigione che si era scelto – nella difesa ostinata delle proprie origini – tutto solo nella sinagoga. Pianse per Jamila che viveva nello squallore della prigione, per la sua amica Haliya imprigionata dalla violenza incisa su quella faccia mostruosa, e per la frustrazione, perché l'unico modo per essere sicuri che Jamila non venisse uccisa sarebbe stato portarla fuori dal paese, e quella era una missione quasi impossibile. Pianse per Layla, che in quel momento poteva trovarsi in una prigione simile, sempre che non fosse già stata venduta a qualcuno come terza moglie. Pianse per se stessa, perché pur nella propria libertà anche lei viveva dietro le sbarre, le sbarre che le impedivano di sentirsi legata alla sua famiglia, di trovare l'amore, di affrontare un passato doloroso.

Ahmet non riusciva più a resistere, perciò salì di soppiatto nell'appartamento di sua madre ed entrò in punta di piedi, sapendo che Halajan era al caffè a preparare per l'ora di cena. Cosa aveva in mente, quella donna? Era sempre stata una ribelle: fumava, indossava la gonna di jeans sotto la veste e, naturalmente, aveva una visione del mondo tutta personale. (E, per quanto provasse a nasconderlo, Ahmet sapeva che si era tagliata i capelli, avendola vista più volte nel cortile sul retro a fumare senza il velo in testa.) Da un lato era orgoglioso di avere una madre così intelligente, che pensava con la propria testa. Dall'altro, era arrabbiato perché Halajan non rispettava le tradizioni, non si preoccupava di disonorare la famiglia con i suoi comportamenti o, più in particolare, di disonorare lui, il capofamiglia. E dopo tutti i sacrifici che aveva fatto per sua madre, restando al suo fianco per vegliare su di lei, per proteggerla.

Sapeva quanto fosse importante conservare le tradizioni del proprio popolo. Ecco perché aspettava che sua madre gli scegliesse una sposa. Tuttavia, considerato il suo astio per quelle "regole insensate", come le definiva Halajan, l'attesa poteva rivelarsi infinita. La sala principale era in ordine. Controllò sotto i *toshak* e nei cassetti della cassapanca, ma non trovò niente.

E poi, pensò, c'era Yasmina. Una vedova, sì, ma per quegli occhi avrebbe dimenticato qualsiasi cosa fosse avvenuta nel suo passato. Ma il perdono era sufficiente? si chiese.

Nella camera da letto, c'era un solo *toshak* coperto di cuscini e coperte. C'era anche un armadio per i vestiti di sua madre. Lo aprì, sfiorando prima il legno esterno, intagliato con un decoro islamico tradizionale che, da bambino, gli era sempre piaciuto seguire con le dita. Sapeva che dentro c'erano tre cassetti con il pomello di ceramica azzurra. E sapeva anche che uno di essi conteneva la scatola a mosaico che suo padre le aveva regalato alla nascita di Ahmet, un dono di gratitudine per avergli dato un figlio maschio.

Ma la scatola era vuota, tranne per una collana di perle con un amuleto, dei bracciali e qualche paio di orecchini.

Dov'era la lettera? Si voltò per affacciarsi dalla finestra da cui poteva vedere oltre il muro, verso Kabul. Dove avrebbe nascosto la lettera di un uomo che conosceva a malapena? Un uomo dalla reputazione discutibile? Ripensò all'incontro cui aveva assistito: sua madre che camminava veloce attraverso il mercato finché non raggiungeva la sartoria. L'uomo in piedi fuori dal negozio, ad aspettarla. Il sarto che faceva scivolare la mano nella tasca ed estraeva un biglietto. Poi lei che allungava la mano da sotto il cappotto, prendeva il biglietto, sfiorandogli le dita, e lo riponeva in tasca.

Frugò in ogni abito, attento a riporre tutto come lo aveva trovato. Niente. Frustrato, decise di ricontrollare per assicurarsi di non aver tralasciato nulla. Aprì metodicamente un cassetto e lo richiuse, poi passò al successivo. Quando arrivò al terzo, scoprì che non si chiudeva perfettamente. Infilò la mano dietro per togliere ciò che lo bloccava, ed estrasse un fascio di lettere, poi un altro e un altro ancora. E dietro il cassetto successivo e quello dopo ancora, altre lettere. Erano riposte con cura, ma i movimenti dei cassetti avevano fatto crollare la catasta. Le lettere erano legate ed erano molte più di quante si aspettasse.

Ahmet le sciolse e iniziò a leggere:

Carissima Halajan,
oggi è un giorno di lutto nazionale, dichiarato da quell'ipocrita di Karzai per i quaranta pashtun uccisi a un matrimonio nella provincia dell'Oruzgan. Gli americani bombardano i nascondigli dei talebani e, così facendo, ammazzano molti innocenti che festeggiano l'amore e la famiglia. Dimmi, ti prego, mia Halajan, perché il fiume Helmand sopravvive, mentre tante vite vengono spazzate via.

Eppure oggi, a Kabul, la vita va avanti. Ho mangiato il pane e bevuto il tè a colazione, ho pranzato con le melarance e la mia amata melanzana, e stasera vorrei tanto cenare con te. Questa è la vita secondo Rashif: facciamo colazione, siamo bombardati, e siamo fortunati se sopravviviamo per poter guardare negli occhi coloro che amiamo. I miei figli adorati sono lontani. L'amore del mio cuore è a poco più di un chilometro, ma lontano una vita. Un giorno, Halajan, un giorno…

Talvolta erano serie, talvolta non dicevano niente, erano semplici storie di vita quotidiana, il resoconto dei luoghi in cui il sarto era andato e di cosa aveva visto. Un vecchio grassone aveva bisogno di un *qamis* nuovo. Il figlio maggiore gli aveva chiesto dei soldi. Una famiglia di uccellini aveva fatto il nido in un albero del cortile posteriore. Alcuni rifugiati gli avevano offerto il *chai* quando aveva portato loro dieci *salwar qamis* nuovi di zecca alla tendopoli fuori Kabul. Erano piene di dettagli e alcune lo fecero persino sorridere per l'acume di uno sguardo così penetrante.

Quell'uomo, quell'estraneo, quel progressista scriveva lettere a sua madre da diversi anni, contro qualsiasi precetto morale, mettendo a repentaglio la posizione della famiglia e il loro posto nell'aldilà. Tutto ciò che Rashif rappresentava andava contro l'islam e, di conseguenza, contro tutto ciò in cui Ahmet credeva. Senza le dovute presentazioni, senza il beneplacito di Ahmet – perché era lui l'autorità in casa di sua madre – non potevano esserci lettere, né altre forme di comunicazione! Se qualcuno l'avesse scoperto, sua madre sarebbe stata chiamata puttana e lui infedele. Le donne finivano in prigione – o peggio – per crimini assai minori. Una donna non era forse stata lapidata a morte di recente per aver abbandonato il marito che la picchiava? Quell'uomo, Rashif il sarto, meritava una punizione. Come osava violare la virtù di sua madre in quel modo? Era un uomo senza Dio e avrebbe potuto rovinarla.

Ma che male aveva fatto sua madre, in fondo? Aveva ricevuto lettere che non sapeva nemmeno leggere?

E Rashif era davvero così malvagio? Aiutava gli afgani che non avevano niente. Lavorava sodo, aveva una certa profondità di pensiero, anche se non era abbastanza religioso, per i gusti di Ahmet.

E poi Ahmet ebbe un'illuminazione più importante della scoperta delle lettere: stava riflettendo su cosa ci fosse di giusto o sbagliato nel legame tra sua madre e Rashif. Si sentiva davvero la sintesi tra il figlio di sua madre, un figlio del Corano e un afgano. Il suo cuore vedeva grigio quando la sua mente vedeva solo bianco o nero. Ma un uomo non lascia impunita una violazione simile. Ahmet sapeva cosa doveva fare. Raccolse le lettere con cura e le ripose dietro i cassetti.

Una, però, la tenne per sé. Non era una lettera recente, era in mezzo a un fascio, perciò Halajan non si sarebbe accorta della sua assenza. La piegò a metà e se la infilò nella tasca dei pantaloni.

Halajan scese dall'autobus, attraversò il letto prosciugato del fiume ed entrò nel Mondai-e. Qualcosa rendeva la visita, in quel preciso giorno di quella settimana, più urgente che mai. La preoccupazione, perché Ahmet aveva visto la lettera sul pavimento, oppure la gravidanza di Yasmina, o i discorsi sull'amore e sugli uomini di quella vecchia sciocca di Candace, o il fatto che Sunny fosse partita per Mazar-e Sharif con Tommy... non sapeva cosa. Camminò più veloce che poteva sulle gambe malferme, guardando il terreno accidentato, attenta a non storcersi una caviglia, finché non raggiunse la bottega di Rashif.

Entrò. Lui si alzò. Andò verso di lei e, visto che erano soli nel negozio, le prese le mani e appoggiò la fronte contro la sua. Lei si ritrasse, si guardò intorno per assicurarsi che non ci fosse nessuno. Ma non poté fare a meno di sorridere.

«Tu» le disse.

«Sì,» rispose «io.»

«Non posso più aspettare. Sono stanco di queste stupide lettere.»

«Non hai un'aria stanca» gli disse lei sorridendo. «Sembri un bambino.»

Ma lui non ricambiò quelle parole affettuose. Sembrava impaziente. «Basta con le lettere. Voglio te e quello sciocco di tuo figlio, voglio unire la tua vita alla mia.»

Lo scrutò attentamente, chiedendosi se sapeva, domandandosi se quel giorno avesse letto la poesia di Rumi sbagliata e disse: «Hai una lettera per me o no? Magari, *in sha' Allah*, se Dio ti sorriderà, ti riscriverò».

«Il giorno in cui mi riscriverai sarà il giorno in cui tutti lasceranno l'Afghanistan – gli americani, i pachistani, i russi, tutti – tranne noi afgani.» Aveva un tono amaro.

«Accetto la sfida. Ora dammi la lettera.»

«Ecco. Leggila.»

«Come posso? Devo andare.»

«Perché non vuoi leggerla qui davanti a me? Coraggio, leggila!»

Sapeva tutto ed era arrabbiato. «Allora te la leggerò io.» Cercò di strappargliela dalle mani, ma lei l'aveva già infilata in tasca.

Leggerla a lei! Il sangue le affluì al viso e temé che Rashif notasse la sua emozione. Ascoltarlo leggere una delle sue lettere! Deglutì per contenersi. «È troppo tardi.»

«Pensi che abbia bisogno di averla davanti per sapere cosa c'è scritto?»

Halajan sapeva che era sconveniente, ma aveva i piedi incollati al pavimento, come appesantiti dall'amore. Non poteva allontanarsi da Rashif.

L'uomo recitò la lettera:

«*Cara Halajan, la vigilia di Natale sono venuto a trovarti dove lavori. E guarda: siamo sopravvissuti! Ahmet non mi ha fatto niente di male e non avrebbe certo alzato un dito su di te, i fulmini e le saette dal cielo non ci hanno colpiti. Non ci sono regole che possano tenerci se-*

parati. Conquisterò tuo figlio. Vedrai. E gli sarò amico, come un padre.»

«Avrei voluto scrivere qualcosa di buffo a questo punto, ma poi ci ho ripensato.»

«È bellissima» disse Halajan. «Continua a leggere, a recitare, o qualsiasi cosa tu stia facendo.»

«E sai perché, Hala, le cose andranno così?»

Al che Rashif sussurrò, la voce come la dolce musica di una sera d'estate:

«Perché quando due persone sono destinate a stare insieme, le loro anime sono intrecciate come le radici di un olmo, hanno bisogno l'uno dell'altra per sostenersi, si aiutano a vicenda per trovare l'acqua sotto il suolo».

«Troppo sdolcinato, non trovi? Quando le scrivo, le parole sembrano magiche. Quando le recito, mi sembrano così insulse.»

Il cuore di Halajan traboccava di amore. «Va' avanti. Sono parole bellissime.» Avrebbe voluto prendersi a calci. "Bellissimo questo, bellissimo quello. Piantala di dire bellissimo! Saluta e vattene!"

Rashif continuò.

«Ho preso una decisione. Questo è l'anno in cui accadrà. Questo è l'anno in cui inizieremo la nostra vita insieme. Buonanotte, Hala mia. Il tuo, Rashif.»

Rashif unì le mani e chinò il capo, come in preghiera. Rimase in quella posizione per quelli che sembrarono minuti, poi alzò la testa e guardò dritto Halajan, infine disse: «In tutti questi anni non ne hai mai letta una, non è così?».

Halajan sentì tutto il sangue del suo corpo affluirle in viso e le guance le bruciarono come il fuoco. Si voltò verso la porta.

«Lo sapevi» disse, sempre girata di spalle.

«L'ho scoperto da poco» le rispose.

«Mi vergognavo.»

«Lo so.»

«Ma ho trovato una persona che può leggermele, e siamo quasi in pari.»

«Mi fa piacere» le disse. «È Yasmina?»

Halajan sentì i passi di Rashif dietro di sé, il suo respiro sul collo. Unì le ginocchia in modo che non cedessero.

«Sì, e mi insegnerà anche. Vedrai. Ti riscriverò.»

«E io sarò qui, ad aspettarti.»

29

...e così ho chiesto al bambino, perché rubi? Lo sai che è sbagliato. Per quanto tu possa essere affamato, per quanto i crampi della fame ti strazino lo stomaco, non esiste un motivo accettabile per rubare. Solo il ratto nelle fogne, che non ha il dono della ragione, ruba quando ha fame. E poi, mia cara, sai cos'ha fatto questo vecchio saggio per dare una lezione a quel bambino? Gli ho dato qualche afgano, abbastanza per comprarsi da mangiare per una settimana. In vecchiaia mi sono proprio rammollito...

Yasmina stava leggendo l'ultima lettera di Rashif a Halajan quando Ahmet irruppe nella stanza.

«Non si bussa?» domandò Halajan, mentre lei e Yasmina cercavano invano di raccogliere le lettere e nasconderle sotto i vestiti.

«Tu!» gridò a Yasmina. «Sei coinvolta anche tu in questa faccenda?»

Yasmina sgranò gli occhi verdi. «Le sto solo leggendo la lista della spesa.»

Ahmet rise con rabbia. «La lista della spesa? Queste sono le parole di una lista della spesa?» Le strappò la lettera di mano e iniziò a leggere.

«Ahmet!» urlò Halajan. «Sono tua madre. Come osi mancarmi di rispetto in casa mia?»

«Voi due state attirando il disonore sulla nostra famiglia» replicò. «Le vostre azioni contravvengono alla legge di Maometto. Dovete smetterla con queste lettere, subito!» Le sue grida facevano tremare i vetri sottili delle finestre.

«Il disonore ricade solo sull'uomo che permette di essere disonorato» disse Halajan.

Cercò di riprendersi la lettera, ma lui la teneva con forza e la strappò in due, e poi ancora, e ancora. Poi gettò i frammenti sul pavimento e ci sputò sopra. Aveva il viso rosso per la rabbia.

«Distruggerai tutto quello per cui abbiamo lavorato. Se qualcun altro lo scoprisse, saremmo...»

Ma proprio in quell'istante Yasmina emise un forte lamento, e poi un altro, stringendosi la pancia e cominciando a sudare copiosamente.

Ahmet restò immobile, con gli occhi fuori dalle orbite, la fronte corrugata per la preoccupazione e lo smarrimento.

Halajan accorse da Yasmina, le si sedette accanto e le posò la testa sul petto, asciugandole il sudore con il vestito. «È ora.» Si rivolse ad Ahmet: «Va' a chiamare Sunny. Abbiamo bisogno di acqua calda».

Yasmina gemeva di dolore, gli occhi verdi spenti, persi nel vuoto.

Ahmet era impietrito. «Cosa succede? Cos'ha Yasmina? Dovremmo portarla in ospedale.»

«Non fare domande e vai!» gli gridò Halajan, pensando che, per una volta, fosse un bene che suo figlio fosse ignorante come tanti suoi compatrioti. Per gli uomini afgani, prima c'è il sesso e poi spunta un bambino.

«Va' a chiamare Sunny!»

Si voltò e sbatté la porta, i passi pesanti sulle scale.

Quando se ne fu andato, Yasmina disse: «Sono bagnata».

Halajan le guardò sotto il chador e vide che le si erano rotte le acque. Il bambino stava per nascere.

Pochi secondi dopo, Ahmet tornò con Sunny, che si inginocchiò al fianco di Yasmina e chiese, posandole una mano sulla guancia: «Che cos'ha? Sta male?».

«Non proprio» rispose Halajan. Poi alzò lo sguardo verso Ahmet e gli disse: «Devi andartene. È una faccenda da donne».

Ahmet non sapeva cosa pensare. Ma di fronte al dolore di Yasmina e a una possibile malattia, sentiva di non poterla abbandonare. «Cos'ha? Guarirà?»

«Devi andartene, Ahmet. Non sempre hai dato retta a tua madre, ma adesso devi farlo.»

E Yasmina gridò di dolore.

«Ecco di cosa ho bisogno.» E sebbene fossero passati vent'anni da quando aveva smesso di fare la levatrice, l'esperienza riaffiorò nella sua mente. «Ho bisogno di asciugamani e di acqua calda, e delle forbici che Sunny usa per tagliarsi i capelli, e...»

«Le forbici? Non taglierai i capelli alla mia Yasmina!»

A quelle parole, la ragazza smise di lamentarsi e tutti gli sguardi conversero su Ahmet.

«No, non le farò del male, e non le taglierò i capelli. Ma se davvero vuoi aiutarla, esci di qui e va' a prendere quello che ti ho chiesto!»

E Ahmet scomparve dalla porta. Yasmina guardò Halajan. E la donna le disse: «Che male c'è? Come potrebbe non amarti?».

Poi le tolse il pesante chador e lei e Sunny rimasero a

bocca aperta, notando quanto fosse ingrossata Yasmina dall'ultima volta in cui l'avevano vista.

«Halajan, l'ospedale.»

«Non possiamo. Loro...»

Qualcuno bussò alla porta. Era Ahmet, e questa volta sapeva di dover lasciare alle donne il tempo di prepararsi. Coprirono Yasmina e gli dissero di entrare. Portava asciugamani, una teiera d'acqua bollente e gli altri oggetti che sua madre gli aveva chiesto.

«Ora, Ahmet, sta' di guardia alla porta e non far entrare nessuno» affermò Halajan. Quando se ne fu andato, aggiunse: «Ora basta parlare. C'è un bambino da mettere al mondo».

Ahmet era roso dall'ansia. Quale malattia poteva aver colpito Yasmina, da farla star male così all'improvviso e con tanta violenza? Mentre se ne stava fuori, in cima alle scale con lo sguardo rivolto a est, riusciva a vedere i riflessi del sole al tramonto sulle finestre di Kabul e il chiarore sulle montagne lontane. Come poteva un mondo così bello permettere a una creatura, altrettanto bella, di soffrire in quel modo, si chiese. Ma il mondo non era sempre giusto.

E poi la sentì urlare. Fu un urlo forte e raggelante, come quello del soldato a cui avevano amputato una gamba davanti ai suoi occhi dopo l'attentato suicida dell'anno precedente, in Chicken Street. Ma le grida del soldato si erano interrotte quando l'uomo aveva perso conoscenza. Yasmina invece continuò a urlare all'incirca per un'ora, ma nella frustrazione per la propria impotenza, Ahmet perse la cognizione del tempo. Sapeva solo che la ragazza non meritava quello strazio. Fu tentato di aprire la porta diverse volte. Ma fu solo quando udì l'ennesimo grido, che all'inizio gli parve il gatto sulla finestra sul retro, quello che miagolava di notte, che finalmente non riuscì a trattenersi. Aprì la porta e le vide: sua madre che porgeva a Sunny un neonato ricoperto di sangue e di un fluido denso, e Yasmina, finalmente tranquilla, esausta, il viso coperto di sudore, i capelli madidi.

«Cosa...?» fece per chiedere.

«Entra, ma fa' piano» lo interruppe sua madre con un sussurro severo. «O disturberai la bambina.»

Proprio come aveva predetto Yasmina, sua figlia era una femmina. Halajan aveva rispolverato le vecchie conoscenze di levatrice, e madre e figlia stavano bene. Sunny lavò la creatura, avvolta in uno dei chador di Halajan, e la posò sul petto della madre perché potesse stringerla.

La testa minuscola della bambina era coperta da una peluria nera. Aveva gli occhi chiusi, ma Yasmina sapeva che erano gli occhi di Najam.

Solo Ahmet non capiva la scena a cui stava assistendo. «Ma come?» chiese. «Tu non hai un marito! Chi è il padre? Chi è stato?» Gli girava la testa, era come se fosse nel corpo di qualcun altro e non riusciva a credere alle parole che gli uscivano dalla bocca. «Di chi è questa bambina?» tuonò.

«È la mia bambina» rispose Yasmina. «La mia Najama. Figlia di mio marito, che è morto.»

«La tua bambina? Mi fai schifo. Sei una sporca *kafira*! Come le straniere del caffè che vanno a letto con chiunque, come animali.» Era come se gli crollasse il mondo sotto i piedi. Non solo per la violazione alle tradizioni, non solo per il tradimento di Yasmina, ma per i sogni d'amore, per la speranza di un futuro, per il suo cuore, ormai infranto.

Halajan si alzò, piantò le mani sui fianchi e affrontò suo figlio. «Najama è anche la mia bambina» disse.

Sunny la guardò e capì. Anche lei si alzò per affrontare Ahmet e disse: «Ed è anche mia».

Ahmet le guardò, pensando a come sarebbe stato visto al caffè, un uomo debole e incapace di controllare la propria famiglia, e sputò queste parole: «Allora siete tutte uguali, tutte *fahishat*. E pagherete per la vostra testardaggine».

«Adesso vedi cosa intendevo quando ti ho detto che non puoi tenere tua figlia?» chiese Halajan a Yasmina quando Ahmet se ne fu andato sbattendo la porta. «È pericoloso, non solo per la bambina, ma anche per te.»

«Ora, Sunny, capisci perché ha dovuto nascondere la gravidanza?» spiegò. «Una donna senza marito e incinta non è niente. Anzi, è meno di niente.»

«Adesso cosa facciamo?» domandò Yasmina, accarezzando la testa di Najama. «Tu mi hai dato un letto, un tetto e una ragione di vita. Adesso non sono più sola. So che è molto. Ma ti prego, Miss Sunny, ti supplico. Non licenziarmi. Qui sono felice. Lavorerò sodo, io...»

«Non ti licenzierei mai, Yasmina. Tu fai parte della famiglia del caffè, della mia famiglia. E la tua bambina, be'...» Scoppiò a ridere. «Io non amo i bambini, a dire la verità, ma la tua sì.» Stava mentendo, un pochino. Considerando, però, com'erano andate a finire le cose con Poppy... Non poteva nemmeno immaginare di vivere a Kabul senza quel sacco di pulci, come la chiamava Jack.

«Adesso abbiamo qualcosa da festeggiare.»

«No, Sunny» la ammonì Halajan, «questo non è un lieto evento. Non vedi che questa nascita, senza un padre...»

«Ma c'era un padre» ribatté Sunny.

«Senza un padre in vita, la nascita della bambina potrebbe significare la morte di Yasmina e di tutte noi. Cosa dirà Bashir Hadi? E abbiamo appena sentito Ahmet. Siamo fonte di vergogna. Avere un bambino significa aver fatto sesso, e senza un marito...»

«Io avevo un marito...»

«Ma nessuno sa se Najam è il vero padre. E non è nemmeno importante. Lui non è qui. Agli occhi di tutti, non c'è un padre. La vita di Yasmina potrebbe essere in pericolo. Sarà considerata come impura, o come una donna che si guadagna da vivere stando con gli uomini, e poi lavora in un locale frequentato da *kharijiyan*, da stranieri, perciò la gente penserà che sia figlio di uno straniero, e nessun *kharij* che parla con lei sarà al sicuro. Penseranno che Yasmina non si limiti a vendere caffè, e tu conosci il potere che detengono gli uomini a Kabul Vedi, Sunny, ecco perché una donna incinta in Afghanistan non parla mai della gravidanza. Si limita ad accettare la propria situazione. Non lo vedi? Discuterne è imbarazzante perché innanzitutto equivale ad ammettere quello che hai fatto per rimanere incinta. Nel nostro mondo, non si parla di certe cose. So che è difficile capirlo per una *kharijiye* come te...»

«Come me?» Sunny si sorprese che Halajan avesse usato quel termine, usato di solito per insultare o umiliare qualcuno. «Ma pensavo che fossimo amiche, e le amiche si aiutano a vicenda.»

Halajan rispose: «Noi siamo amiche. Ma gli oceani, la cultura, la storia ci terranno sempre separate. E poi, tu sei il mio capo». Sorrise.

«Davvero? Pensavo che fossi tu, il capo.» Sorrise anche lei.

La bambina emise un vagito.

«Ha fame» disse Halajan. «È ora di imparare ad allattarla.» Ma quello che Halajan voleva dire in realtà era: "Non affezionarti a questa bambina, perché presto, quando sarà forte abbastanza, se ne andrà. Non permetterti di amarla".

Ahmet rispose al richiamo del muezzin e si recò alla moschea per la preghiera della sera. Di solito pregava sul piccolo tappeto in casa sua, ma quella sera aveva bisogno della moschea e della presenza della comunità intorno a sé. Come tutti gli altri fedeli, probabilmente: la moschea era gremita. Salutò le facce familiari e desiderò che suo padre fosse lì con lui. Andare a pregare in moschea gli faceva pensare alle antiche tradizioni e alla famiglia, ai padri e ai figli, alla lealtà e al senso di responsabilità nei confronti della fede. Si inginocchiò sul tappeto rivolto ad oriente, toccò il pavimento con la punta del naso e pregò Dio affinché gli rivelasse la verità e gli indicasse la strada giusta. Come si fa ad amare Dio, si chiese, e ad amare una donna? Una donna con una figlia? Una figlia che non era sua? Come si conciliavano gli insegnamenti con quel dilemma? Sapeva che il Corano era un libro di pazienza e saggezza, di amore e gentilezza, e non il libro della violenza e della punizione, come pensavano alcuni. Sapeva che Maometto aveva sposato molte vedove con figli e che amare Yasmina e la bambina sarebbe stata la cosa giusta da fare... sempre che fosse davvero vedova.

Eppure. Se fosse stato un uomo incline al pianto, avrebbe versato un mare di lacrime in quel momento, per la frustrazione, per la tristezza, per il dolore.

La società aveva delle aspettative. Era chiaro come si dovesse comportare una donna a Kabul, e come dovesse reagire un uomo. C'erano obblighi a cui adempiere e lezioni da imparare. Il Corano non era sempre chiaro su cosa fare in certe circostanze. Talvolta era vago e aperto all'interpretazione.

Eppure.

L'unica cosa che sapeva, che gli era chiara, senza il minimo dubbio, era che l'amore era la forma suprema dell'essere. Era l'unico punto in comune tra i precetti religiosi e la filosofia di sua madre: il rispetto per l'amore. E la fonte dell'amore era il sentimento individuale. Uno dei principi di sua madre era: "Sii onesto con te stesso, anche se non è quello che gli altri si aspettano da te". Proprio come aveva dimostrato Maometto, proprio come aveva insegnato.

Se solo avesse avuto – come le chiamavano gli americani? – "le palle" per farlo, per permettersi di amare. E sua madre? Tastò la lettera nella tasca. Poteva permettere anche a lei, di amare?

30

A un tratto Sunny ebbe l'impressione che nella sua vita tutto fosse cambiato. Si sentiva tornata nei panni di un'adolescente, che un giorno si sveglia ritrovandosi in un corpo nuovo senza sapere chi è, né chi diventerà. Sunny aveva ereditato un cane, una bambina, un vecchio fidanzato tornato dal regno dei morti, un nuovo amore con un vecchio amico e gli affari al caffè che andavano a gonfie vele. La sua vita correva come un fiume in piena; non sapeva cosa voleva e le sembrava che tutto le stesse capitando tra capo e collo, e non perché lei l'avesse voluto.

Il murale era rimasto incompiuto e ogni volta che Sunny si affacciava dalle finestre sulla facciata, sentiva una stretta allo stomaco per il senso di colpa. Aveva un aspetto orribile, e vuoto. Sunny aveva pensato che si sarebbe divertita a dipingerlo. Era una cosa che poteva fare in completa solitudine, fuori, al primo sole di primavera, sotto gli alberi in fiore, con i pennelli e le vernici scelte da lei, per realizzare un progetto tutto suo. La solitudine era ciò di cui aveva più bisogno quando la bambina piangeva, quando Halajan faceva i suoi commenti taglienti, quando Tommy invadeva il suo spazio fisico. Gli unici momenti in cui non desiderava la solitudine era quando c'era Jack, il che non accadeva spesso, perché le sue competenze erano sempre più richieste. Era partito di nuovo e sarebbe stato via per alcune settimane. Tre volontari americani erano stati rapiti a Qandahar e Jack era stato inviato per negoziare il rilascio.

Jack non parlava mai dei dettagli del suo lavoro. Lei poteva accusarlo di fare il misterioso, o quantomeno di essere reticente, ma era anche colpa sua: Sunny non voleva sapere. Anche se, in verità, sapeva eccome.

Quando gli aveva chiesto di aiutarla a trovare Layla, era stato molto chiaro sui pericoli della missione, sulle difficoltà che l'avrebbero resa praticamente impossibile.

«I villaggi del Nurestan sono comandati dai signori della guerra e della droga» le aveva spiegato. «Non ci sono leggi, Sunny, tranne quelle imposte da loro. Non ci sono vere e proprie strade, né indicazioni. E la rete telefonica lassù in montagna è pressoché inesistente, come la connessione internet. Non ci va nessuno, da quelle parti. È un territorio aspro, accidentato e inaccessibile. Trovare una ragazzina il cui zio deve dei soldi ai signori della guerra o della droga – e poi portarla sana e salva a Kabul senza future ripercussioni – sarebbe difficile e pericoloso come scalare l'Everest.»

«E Yasmina? È sua sorella. Cosa le dico? Che non c'è modo?»

Ricordava chiaramente l'espressione di Jack. Il dolore sul suo volto, mentre scuoteva il capo. Avrebbe provato, aveva detto, a contattare alcune persone di sua conoscenza lassù, soldati, cecchini. Se c'era un modo, lo avrebbe trovato. Ma non dovevano contarci troppo. In quel momento, Sunny aveva capito quanto Jack fosse diverso da Tommy: anche lui aveva detto che era impossibile, ma i suoi erano motivi egoistici, non le ragioni di una persona che si preoccupava per una ragazzina che neppure conosceva.

Sunny sapeva quanto fosse pericoloso. Per lei, era come trovarsi nel deserto aspro e insidioso più a sud, dove i talebani dormivano nelle grotte, gli enormi armamenti nascosti in bunker sotterranei scavati nella roccia.

La sera prima che Jack partisse per l'ultima missione, Sunny lo aveva portato sul tetto dopo cena per contemplare Kabul dall'alto. La notte era nera, ma il cielo era stellato, come una coltre protettiva su di loro.

«Parto domani. Potrei stare via più a lungo stavolta.»

«Sarò qui quando tornerai.»

«Se le cose si mettono male, come sembra, dovrai prendere una decisione.»

«Riguardo a cosa? A lasciare Kabul?»

«Gli americani stanno diventando dei bersagli. Per te sarà molto rischioso. E il pericolo non è lontano. Lo si sente crescere a Kabul giorno dopo giorno. Finora siamo stati fortunati.»

«E tu?»

«Vale anche per me. E voglio stare con te.»

«Quindi mi stai dicendo che dovremmo fare le valigie, lasciare la nostra vita qui e tornare negli Stati Uniti?»

«Potrei convincerti dicendo che dobbiamo lasciare l'Afghanistan agli afgani. Li trattiamo come un branco di idioti. E tu sai, come lo so io, che Halajan, Yasmina, Bashir Hadi, persino Ahmet, non sono idioti. Noi americani vediamo come infantili tutti quelli che non sono come noi. Per noi sono neonati, come Najama.»

Sunny amava quell'uomo profondo e intelligente. Ma non credeva che Jack avrebbe mai potuto lasciare il suo lavoro. Non per salvarsi la pelle, e certamente non per lei. E non si sarebbe mai sognata di chiederglielo.

«Ma adesso, siamo solo io, tu e le stelle.» L'aveva tirata verso di sé e l'aveva baciata forte sulla bocca, sentendola aprirsi a lui, le sue braccia intorno alle spalle, il corpo schiacciato al suo.

Quella sera avevano fatto l'amore nella camera di Sunny con tutto l'abbandono di chi è giovane, non ancora deluso, amareggiato o indebolito dalla vita. Avevano fatto l'amore come se fosse l'ultima volta.

La mattina dopo, Jack aveva detto: «Tornerò appena posso e poi decideremo sul da farsi. Sono stufo marcio di stare lontano da te».

Poi il cellulare di Sunny aveva squillato, tremando nella base sul tavolino basso.

«Aspetta» aveva detto lei, «me ne libero subito.» Aveva preso il telefono e lo aveva aperto. Era Tommy.

Aveva guardato Jack. "Cazzo, non ora" aveva pensato.

«Rispondi» le aveva detto Jack.

«No, richiamerà.» Ma sembrava che stesse nascondendo qualcosa, lo sapeva.

Jack l'aveva squadrata, socchiudendo gli occhi. «È Tommy, vero?» Aveva aspettato una risposta, ma siccome tardava ad arrivare, aveva aggiunto: «Non è finita, eh?».

«È finita, Jack. Come puoi farmi una domanda del genere? Con tutto quello che è successo?»

«E lui, lo sa che è finita? Magari dovresti informarlo.»

«Hai ragione.» Aveva scosso il capo. Non sapeva cosa la trattenesse. La paura di spezzare il cuore a Tommy? Non aveva un cuore così grande.

«Devo andare» aveva detto Jack. «Sai» disse dopo una risatina, «qual è il suo problema? È giovane e bello.»

«Ti sbagli, non è per quello.»

«E allora cosa?» Era arrabbiato.

«Niente. Il tempo, credo. La storia. Aspettare tanto e poi vederlo tornare all'improvviso.»

Jack aveva fatto spallucce. «Stronzate. Devo andare.»

«Ma adesso ci sei tu.» Era andata da lui e l'aveva baciato con passione. «Ti amo» gli aveva detto.

«Già, certo» le aveva risposto lui.

«Torna tutto intero, mi raccomando. E anche vivo non sarebbe male. È una piccola richiesta, non chiedo molto. Solo te.»

31

«Altro tè?» chiese Yasmina a Candace e Isabel, intente a chiacchierare e a piluccare mandorle candite, fichi e datteri. La bambina era legata al suo petto da una lunga fascia avvolta intorno alla vita e annodata al collo; ciangottava serena.

Bashir Hadi, sul suo sgabello dietro al bancone, sorrideva a ogni verso della bambina. Il suo era un cuore di padre.

«Fammela vedere» disse Candace, alzandosi. «Posso?»

Yasmina si protese in avanti, in modo che potesse vedere il viso della bambina.

«È davvero bella» disse Candace, mentre con un dito solo accarezzava la guancia della piccina, con dolcezza ed esitazione. «Guarda, Is, è davvero splendida.»

Isabel bevve un sorso di tè e disse: «Ne sono certa, ma non sono una grande amante dei bambini. Mai stata».

Candace canticchiò alla bambina e, quando alzò lo sguardo, aveva gli occhi pieni di lacrime. «Sono una sciocca.» Scoppiò a ridere. «È così bella e ho l'impressione» sospirò forte, «che per me sia troppo tardi.» Scosse il capo e tornò a sedersi.

Isabel posò la mano su quella di Candace, poi disse: «Per te non è mai troppo tardi, ne sono sicura. Se c'è qualcuno al mondo che può fare di tutto, quella sei tu, amica mia».

«Sì, io, la madre più vecchia sulla faccia della Terra.»

«Non sei troppo vecchia.»

«Solo troppo single.»

Parlavano rapidamente in inglese e Yasmina non riusciva a seguire il discorso. Vide la tristezza negli occhi di Candace e immaginò che fosse il momento più opportuno. «Adesso che è tornata, ho una cosa per lei. Ha un momento? Mi segua, per favore» le disse, facendo un cenno verso la porta sul retro.

«Intendi il vestito? È pronto? Dimmi di sì!»

«Sì, è pronto. E spero che le piaccia.»

Le due donne si avviarono verso il retro del ristorante, superarono la porta e percorsero il corridoio che conduceva alla stanza di Yasmina.

Isabel approfittò di essere rimasta sola con Sunny per la prima volta da quando era tornata e le sussurrò: «Devo parlarti».

Sunny si sedette al tavolo. «Di che si tratta?»

«Di Candace. E Wakil. Mi ha portato all'orfanotrofio. È un complesso imponente. Ma ho avuto la sensazione che, be', sia un posto strano.»

«Wakil è un tipo strano. Sembra che abbia un palo infilato nel...»

«No, c'è dell'altro.»

«D'accordo, cosa? Tu hai un sesto senso per queste faccende. Andiamo, a cosa stai pensando?»

«È per via dei bambini. Tutti piccoli. Tutti molto seri. Pregano e studiano il Corano tutto il santo giorno. Girano parecchi soldi intorno alla scuola.»

«E...?»

«Mi chiedo se l'orfanotrofio, la scuola... mi chiedo se non sia tutto una copertura. Insomma, che fine fanno i più grandi? Penso che», e si guardò alle spalle per assicurarsi che Candace non si stesse avvicinando, «che sia una scuola per...»

«Intendi di addestramento per terroristi?» Sunny scosse il capo incredula.

«È tutta una questione di soldi. Ascolta,» Isabel posò le mani sul tavolo e si protese verso Sunny, «non voglio che Candace lo sappia finché non ne sarò certa, ma ho intenzione di seguire Wakil e i suoi soldi, e vedere dove portano. C'era un ragazzino...»

«Dovresti dirle cos'hai in mente, Isabel. È meglio che sia tu a informarla, piuttosto che venga a sapere che stai spiando...»

E poi Candace apparve al tavolo, con Yasmina alle sue spalle. «Contemplate la dea» annunciò.

Indossava un abito che avrebbe potuto comparire sulle pagine di «Vogue», come opera di un audace stilista esordiente che conciliava gli stilemi orientali e occidentali, il moderno con l'antico. Esaltava le forme, ma la stoffa drappeggiata sembrava come scolpita da un artista. Yasmina aveva dato consistenza al tessuto laddove non ne aveva, creato increspature vaporose e costruito un colletto morbido, fresco e discreto al tempo stesso. A Candace stava alla perfezione ed era affascinante. L'oro le illuminava il viso; i viola e i blu mettevano in risalto i suoi occhi. Il vestito sembrava brillare di luce propria.

Mentre Candace faceva da modella, un'altra cliente si avvicinò per ammirarlo e chiese a Yasmina di confezionargliene uno. Prima che la giovane avesse il tempo di rispondere, Candace si accordò sul prezzo, escludendo il costo del tessuto e del resto del materiale e mettendo in conto la presenza della bambina, la genialità creativa di Yasmina e la qualità dei suoi abiti. La giovane se ne stava a occhi spalancati, probabilmente incapace di concepire, immaginò Isabel, la cifra che avrebbe ricevuto facendo qualcosa che amava, che la stimolava e che aveva sempre sognato.

Era esattamente quello il talento di Candace. Trovare i soldi per i sogni altrui.

Più tardi, quando il caffè era ormai chiuso, Sunny disse a Candace: «Hai fatto una cosa meravigliosa per Yasmina».

«È lei che ha talento. Guarda qua. È un genio.» Si alzò e fece tre passi, si voltò e tornò indietro, come una modella in fuga.

"In un certo senso," pensò Sunny "Candace è come una bambina, ingenua e vulnerabile." Se i sospetti di Isabel fossero stati fondati, per lei sarebbe stato un duro colpo. Era preoccupata per l'incolumità di Candace e sapeva che avrebbe dovuto dirle qualcosa, ma con tatto. «Ma tu hai il talento per gli affari. Guarda quello che hai fatto per Wakil.»

«Sunny» intervenne Isabel, posandole una mano sul braccio.

«Sì, ma anche lui ha fatto qualcosa per me, in cambio.» Candace sorrise e inarcò le sopracciglia in maniera allusiva. Guardò le due amiche, prima l'una e poi l'altra: «Cosa?».

«Quindi state ancora insieme?»

Candace si mise sulla difensiva, perciò non rispose in modo del tutto onesto. «Non proprio insieme, ma mi ha detto che sono la sua anima gemella. È uno scambio alla pari. Lo ammetto, quando deve badare a questioni più importanti, mi mette in lista di attesa, ma... Insomma, che vi prende? Ha cose più urgenti a cui badare rispetto a me. Uomini come Wakil...»

«Dimmi, cosa pensi che faccia alla scuola? Per quale motivo istruisce quei bambini? Per mandarli all'università?»

«Sunny!» esclamò Isabel.

«Credo sia importante che Candace sia al corrente dei tuoi timori.»

Candace scosse il capo, socchiudendo gli occhi. «Cosa sta succedendo? Isabel ti ha detto qualcosa?» Guardò Isabel. «Immagino che sia la giornalista cinica che è in te. Sospettosa fino al midollo e incapace di vedere la bontà nelle persone. Solo perché è un pashtun non significa che sia un talebano.»

«E se io riuscissi a dimostrarlo?»

«A dimostrare cosa?» Ma sapeva benissimo a cosa si riferisse Isabel. Si alzò e accostò la sedia al tavolo con violenza. Raccolse i vestiti, la borsa e disse: «Sai? Sei una stronza. Una donna sola e triste che gode nel far male agli altri. Non tutti sono infelici come te. Non tutti gli uomini sono bastardi come quelli che ti hanno spezzato il cuore. Ma immagino che il pensiero di non essere la sola ti faccia stare meglio. Vuoi che io soffra quanto te in modo da avere un'alleata. Strano,» e fece una risata nasale «pensavo che fossimo già alleate. Ma per te non basta aiutare le donne; devi trascinarle al tuo livello. E va bene, dimostralo».

Poi guardò Sunny. «Anche tu. Siete due stronze. E con voi ho chiuso.»

E uscì con indosso l'incantevole creazione di Yasmina, consapevole che i sospetti di Isabel non erano del tutto campati in aria, e le affondavano nel cuore come pugnali.

32

La palla rimbalzò contro il muro e Poppy l'afferrò con i denti. Poi, scodinzolando, corse a lunghi balzi verso Ahmet e depose la palla ai suoi piedi; lui la raccolse e la lanciò di nuovo verso il muro. Lo avevano fatto già decine di volte, quando Tommy varcò il cancello. Salutò Ahmet con la mano ed entrò nel caffè.

Sunny stava parlando con alcuni clienti, ma ciò non impedì a Tommy di andare dritto da lei e baciarla sulla guancia, dicendole: «Ehi, ciao, piccola».

Sunny capì al volo che sarebbe stato il giorno della rottura. Non solo perché l'aveva chiamata "piccola", nonostante quel termine la mettesse in imbarazzo e gli avesse chiesto più volte di non chiamarla in quel modo, ma perché sapeva di dover chiudere quella storia, una volta per tutte. Avrebbe parlato chiaro, gli avrebbe detto quello che fino ad allora non aveva avuto il coraggio di dire. E poi Jack sarebbe tornato da un giorno all'altro, o così sperava, ed era importante potergli raccontare che con Tommy la faccenda era chiusa definitivamente.

«Tommy, devo assolutamente parlarti» gli disse. «Vieni con me.»

Fuori in cortile, Ahmet e Poppy stavano giocando.

Faceva caldo e il cielo era grigio e gravido di nubi, le piante rigogliose e piene di vita.

«Ahmet, potresti portare Poppy a fare una passeggiata?»

Lui fece un ghigno al cane e disse: «Dovresti chiederlo a lei. È Poppy che porta in giro me. È decisamente lei la padrona di casa». Prese il guinzaglio dal gancio al muro e disse: «Andiamo, Poppy, portami a fare una passeggiata».

Sunny si rivolse a Tommy ed esordì: «Dobbiamo parlare».

«Ehi, il murale sta venendo bene» disse dandole le spalle per ammirare l'opera.

Sunny si piazzò davanti a lui, voltando le spalle al tucano e alla tartaruga. «Tommy, guardami» lo supplicò con voce tenera. «Ti amavo. Ti ho aspettato per tanto tempo. Troppo tempo. Ma adesso… mi dispiace.»

«È perché non ero qui. Adesso ci sono e», posò le mani sui fianchi di Sunny, «so che tra te e lui finirà, prima o poi. E io ti aspetterò.»

«No, Tommy.» Si ritrasse, osservò prima il disegno sul muro – una giungla, santo cielo, che cosa ridicola! – e poi Tommy. E disse: «Io lo amo. E spero che non finisca mai. Ecco quello che volevo dirti. Io e te… è finita, Tommy. Magari, se non te ne fossi andato, se non fossi sparito… chissà? Ma penso di aver amato Jack fin dal primo istante».

«Se avessi saputo che accettando quel lavoro ti avrei persa…»

«L'avresti preso comunque.»

Tommy fece una risata. «Già, forse hai ragione. Ma voglio che tu sappia una cosa.» Le prese il viso fra le mani. «Io ti amerò sempre.» La tirò a sé e la baciò, con forza e passione, un ultimo bacio in piena regola.

Jack parcheggiò davanti al cancello ed entrò nel cortile, salutando Ahmet come sempre, chiedendogli di sua madre e della sorella in Germania.

Ahmet stava ancora giocando con Poppy, che aveva la palla rossa fra i denti.

«Ehi, Poppy, come stai? Sono contento di vederti, bella. Come sta la mamma?» E le arruffò il ciuffetto sulla testa.

«Be', io ho sete» disse Jack ad Ahmet. «Ti va una Coca?»

«No, grazie. Non vedi che sto lavorando? Voglio insegnare qualche nuovo giochetto a questo vecchio cane.»

Jack rise, pensando che non aveva mai sentito prima Ahmet fare una battuta. Aprì la porta del caffè, felice di essere tornato. Felice di essere vivo. Maledettamente felice, insomma. La missione aveva riguardato l'ennesimo rapimento, l'ennesima morte insensata. Era stata una brutta faccenda e aveva stabilito che sarebbe stata l'ultima.

«Come stai, Yasmina? La bambina sta bene?» le chiese in dari quando la vide pulire il bancone.

«È la luce della mia vita» le disse mentre apriva una Coca-Cola e gliela portava al tavolo. «E sembra che le piacciano i ritmi di questo posto. Dorme durante le ore più movimentate, quando i clienti mangiano e devo lavorare, e poi piange per la fame durante le pause. È un'anima generosa. Vorrei solo che Layla fosse qui per vederla.»

«Non siamo ancora riusciti a localizzarla. Mi dispiace, Yasmina.»

«La state cercando?» chiese. «Non lo sapevo.»

«Sì, ma non l'abbiamo ancora trovata. Potrebbe essere ancora a casa. Non lo sappiamo.»

Scosse il capo e i suoi occhi si riempirono di lacrime.

«I miei rapitori avevano giurato che sarebbero tornati a prenderla allo sciogliersi delle nevi. E il *Nawruz* è alle porte.» Per i persiani, il *Nawruz* era il primo giorno di primavera, il giorno in cui gli afgani mettevano via le stufe fino all'autunno. Per Yasmina era il giorno in cui avrebbero aperto le strade, neve o meno.

«Ci stiamo ancora lavorando, te lo giuro» disse Jack, cercando di rassicurarla.

«Potrebbero averla già presa» continuò, distogliendo lo sguardo. Poi aggiunse: «Ogni medaglia ha due facce. Capisce cosa intendo, Mister Jack? Io sono felice con la mia Najama, ma piango per la mia Layla».

«Lo so» rispose. «È così che va la vita.» Ripensò per un attimo alla fine del suo matrimonio e all'inizio di una nuova vita insieme a Sunny. Ma poi guardò Yasmina e si rese conto di dover fare qualcosa in più per aiutarla. Non voleva certo assumersi un compito così pericoloso da solo. "Cazzo," pensò "deve pur esserci qualcun altro. Chiunque altro."

«E Layla ha solo dodici anni» disse Yasmina.

«Continuerò a provare. Ma non posso prometterti nulla» rispose Jack. Aveva un paio di contatti nella zona, tiratori scelti che stavano cercando la casa dello zio, in qualche crepaccio di montagna, o una ragazza dai capelli scuri in compagnia di uomini, ma era come chiedere di individuare un turista a Times Square. C'erano migliaia di case isolate in quelle regioni e le ragazzine come Layla in tutto l'Afghanistan erano ancora di più. Giovani donne usate come tangenti.

Jack sapeva che andare laggiù per prendere la sorella di Yasmina significava ingaggiare almeno quattro, cinque uomini (costoso, ma in fondo a che servono i soldi?), pagare il triplo a un cowboy con l'elicottero per il trasporto (quello non sarebbe stato un problema), infine trovare Layla (su quale montagna, su quale collina con le capre, in quale *compound* con il cancello verde, tra le migliaia di case che c'erano lassù?) e portarla via con i signori della guerra e i loro maledetti scagnozzi alle calcagna fino a Kabul, dove una notte sarebbero spuntati armati di Uzi e pugnale per tagliargli la gola, a meno che Jack non li avesse uccisi prima. L'unica cosa che poteva fare per impedire tutto questo era consegnare allo zio tre volte la somma che doveva a quegli uomini. Solo allora quei delinquenti sarebbero stati soddisfatti.

«*Tashakkur*, grazie» disse Yasmina chinando il capo. «Sono in debito con lei.»

«Tu non mi devi niente.»

«Invece sì. Che Allah ascolti le sue preghiere.»

Jack bevve un sorso di Coca-Cola e udì dei passi nel cortile. Si voltò e vide Tommy entrare insieme a Sunny, tendendole un braccio intorno alla vita. Ridevano, come due maledetti piccioncini.

«Jack!» esclamò Sunny con un sorriso magnifico. «Sei...»

Ma Jack era già in piedi, diretto verso la porta. Mentre usciva, si rivolse a Yasmina e le disse: «Troverò la tua Layla. Non preoccuparti».

Sentì la voce di Sunny dietro di sé, i suoi passi, ma si rifiutò di guardarla. Fece un cenno di saluto ad Ahmet e Poppy, e uscì in strada, salendo sulla motocicletta prima che lei potesse raggiungerlo. Meglio così, pensò mentre si allontanava, accompagnato dal rombo del motore. Era infuriato, completamente fuori dai suoi parametri emotivi, e non sapeva cosa avrebbe fatto o detto se lo avesse raggiunto.

Sunny corse in strada, chiamando a gran voce Jack mentre sfrecciava via in sella alla motocicletta. Quando rientrò nel caffè, dove Yasmina stava spiegando la situazione a Tommy, aveva il respiro affannoso.

Tommy guardò Sunny e le disse: «Quello che Jack ha intenzione di fare è molto pericoloso. Più delle negoziazioni per un ostaggio. I debiti con un signore della guerra sono debiti di sangue. Se una ragazza viene usata come pagamento, c'è un unico modo per salvarla. Ed è meglio che tu non sappia quale».

«Tommy» disse Sunny, sedendosi accanto a lui. «Non ti ho mai chiesto niente. Ma devi farlo per me. Devi aiutarlo. Non lasciarlo partire per il Nurestan da solo. Non così, non senza...» Aveva gli occhi colmi di lacrime. Se avesse dovuto inginocchiarsi, lo avrebbe fatto. Non perché pensasse che Jack fosse un incapace, ma perché si stava lanciando in una missione suicida solo perché aveva frainteso un sorriso.

Visto che Jack non rispondeva alle decine di chiamate, Sunny andò nella rimessa, prese il secchio avanzato della vernice usata per imbiancare l'interno del caffè, lo portò nel cortile anteriore, osservò il muro sporco, che era ormai ridotto a un pastrocchio, dopo tutti quei tentativi fallimentari, tolse il coperchio e gettò la vernice sul murale. Ancora e ancora.

Quando Bashir Hadi vide cosa stava facendo, corse fuori. «Fermati, ti prego, Miss Sunny! Fermati!»

Ma lei lo ignorò. Si fermò solo quando il secchio fu vuoto. La vernice colava sul muro e Sunny vi posò le mani, iniziando a spargerla dappertutto, come una bambina all'asilo, e a quel punto affiorarono le lacrime e si voltò verso di lui, si tolse i capelli che le erano ricaduti sul viso con il braccio e disse: «Aiutami».

Bashir Hadi entrò nel caffè in silenzio. E lei rimase a osservarlo, con i dorsi delle mani piantati sui fianchi. Si era già macchiata i pantaloni perciò un altro po' di vernice non sarebbe stato poi un gran danno.

Bashir Hadi tornò con due rulli, ne passò uno a Sunny e, con l'altro, iniziò a spalmare la vernice fresca sugli scarabocchi di carboncino. Sunny non fu soddisfatta finché ogni centimetro non fu ricoperto.

Quando ebbero finito, Bashir Hadi le domandò: «Perché? Avrebbe potuto essere bellissimo».

«Era un'idea stupida. Una giungla a Kabul?»

«Mi stai prendendo in giro? È una giungla là fuori! È pieno di scimmie a Kabul!»

Sunny rise appena attraverso le lacrime, ma poi si girò verso Bashir Hadi e disse: «Dimmi, Bashir, cosa significa tutto questo?». Agitò le braccia. «Non è giusto. Sono stufa. E adesso ho spezzato il cuore a Jack. Non c'è niente di giusto. Dovrebbe esserci un qualche legame tra comportarsi bene e avere una vita felice.»

«La vita non funziona così. È per questo che piangi, Miss Sunny?»

«Perché piango? Perché, mi chiedi?» sbraitò, allargando le braccia e perdendo completamente il controllo, come se tutta la sua rabbia, la tristezza e la frustrazione fossero traboccate. «La vita qui è un inferno. È meravigliosa. È pericolosa. È casa mia. E la odio. Le persone che amo sono qui. La mia famiglia è qui. Eppure, probabilmente è tempo di partire. Amo Jack. E lo odio.»

«Ma la tua casa non è crollata» replicò Bashir Hadi. Si voltò verso il muro e disse, a bassa voce: «Mi dispiace, Miss Sunny, chiedo scusa, è solo che...».

«“Crollata”? Cosa intendi? Cosa significa, Bashir Hadi?» Addolcì il tono di voce. «Dimmi quello che pensi.»

«Intendevo dire che la tua casa è ancora in piedi. Guarda. Guarda quello che possiedi.» Fece un cenno verso il caffè. «In Afghanistan, si piange soltanto quando la propria casa crolla, con tutto e tutti all'interno.»

«Allora pensi che solo l'essere sopravvissuto a una tragedia simile ti dia il diritto di decidere quando posso piangere? Nemmeno la tua vita, Bashir Hadi, è poi tanto male.»

«Cosa sai di me?» domandò. Siccome Sunny non rispondeva, proseguì: «Allora? Dimmi». Incrociò le braccia, in attesa.

«Conosco la tua graziosa moglie, Sharifa, e i tuoi due figli, che sono belli e bravi a scuola e...»

«Lo sapevi che mio figlio ha difficoltà a imparare a leggere? Che va da un medico speciale e che gran parte del mio salario finisce nella sua parcella? Lo sai che la madre di mia moglie è ammalata e che probabilmente morirà prima del Ramadan?»

Sunny scosse la testa e disse: «No, non lo sapevo. Mi dispiace, pensavo che, se avessi avuto dei problemi, me lo avresti detto».

«E sto forse piangendo perché ho problemi in famiglia? Sono tutti vivi. E quindi io festeggio.» Calciò una pietra verso il muro. «Le uniche cose che fanno piangere gli afgani sono la guerra, la fame, la perdita di un braccio per un'esplosione, e... le persone che pensano solo a se stesse. Mi dispiace, Miss Sunny, di parlarti in questo modo. Ma c'è un vecchio e saggio proverbio occidentale che riassume tutto questo: i problemi sono sempre dietro l'angolo. Scusami, dopo tutto tu sei il capo, ma voi americani, be', vi ho sentiti parlare nel caffè, ogni giorno e ogni sera, dei vostri problemi personali. Vi aspettate troppo dalla vita, siete convinti di meritare solo cose buone, eppure capite così poco. L'Afghanistan è un posto duro, e non solo per voi stranieri. Voi siete liberi di partire, di trovarvi un lavoro, di andare dal dottore o all'università, o comprarvi quello che volete. Noi siamo intrappolati qui. Vi lamentate di ogni sciocchezza e siamo sempre noi a dover raccogliere i cocci che lasciate.»

Era sconvolta dalla profondità dei suoi sentimenti. «Mi dispiace, Bashir Hadi. Non l'avevo capito. Sono proprio un'idiota. Non volevo impicciarmi della tua vita. Sei un uomo molto riservato e io nutro molto rispetto nei tuoi confronti.»

«Non importa. Quello che volevo dirti è che Jack tornerà. Sano e salvo. Ma non lo capisci? Le tue lacrime non provano chi meriti cosa. Non puoi decidere cosa sia giusto o sbagliato in base a quello che provi nel cuore.»

«Ma Jack ha pensato... e si sbagliava.»

«Non importa cosa pensasse. Tornerà. Come farebbe senza... le sue frittelle croccanti per colazione?»

Sorrise e Sunny rise di nuovo, poi gli si avvicinò il più possibile, mantenendo un'appropriata distanza fisica. «Sei mio amico. E mi preoccupo per te. Magari dovresti tirare fuori l'americano che è in te e parlare di più dei pensieri che ti frullano in testa. Più cose dirai, più ne saprò. Ora parlami di tuo figlio. Lo hai fatto visitare a un medico della clinica tedesca?»

Sunny si accomodò su una delle sedie del patio e ne prese una per Bashir Hadi. Alla fine anche lui si sedette, ma solo dopo aver detto: «Dipingerai un murale, vero? Non possiamo lasciarlo così. Pasqua è vicina e i patti erano questi: per Pasqua il muro deve essere finito».

33

Ahmet aveva chiesto in anticipo a Khalid di sostituirlo come *chawkidar* al caffè per tutta la mattina. Aveva recitato le preghiere mattutine sul piccolo tappeto da preghiera in camera sua ed era andato con la macchina di Sunny oltre il fiume, fino al Mondai-e, dirigendosi verso il negozio del sarto dietro l'ombrellone bianco e rosso della Coca-Cola. La lettera di Rashif a sua madre gli pesava come un macigno nella tasca dei pantaloni e sulla coscienza, con la sua totale inosservanza delle norme di comportamento. Ma il pugnale pesava ancora di più.

Quando arrivò, entrò chiudendosi la porta alle spalle. Rashif indossava gli occhiali da vista ed era chino su una piccola macchina da cucire con una lampadina nuda che gli penzolava sopra la testa. Era circondato da gilet e pantaloni, giacche e vestiti, appesi a grucce di fil di ferro. Il ronzio della macchina da cucire gli aveva impedito di sentire la porta aprirsi e richiudersi e, quando alzò la testa, Ahmet incombeva minaccioso su di lui.

«*Al-salam 'alaykum*» salutò Rashif alzandosi. «Mi ha colto di sorpresa.» Si tolse gli occhiali, appesi a una cordicella nera intorno al collo.

«*Wa 'alaykum al-salam*» replicò Ahmet, con educazione, torcendosi le mani sudate.

«Come posso aiutarla?» domandò Rashif. «Ha qualcosa da farmi rammendare?»

«Ho questa.» Infilò la mano in tasca, tirò fuori la lettera e la sbatté sul tavolo con il pugno chiuso.

«La mia lettera» disse Rashif con tranquillità. «Dove l'ha trovata? Aspetta… io ti conosco» aggiunse con un sorriso. «A volte, quando cucio, i miei occhi ci mettono un po' a mettere a fuoco. Tu sei Ahmet. Sono felice di vederti.» E fece per abbracciarlo, ma Ahmet lo respinse con tale forza da far sbattere Rashif contro il tavolo, rischiando di rovesciarlo.

«Lei ha disonorato la mia famiglia, signore.»

Rashif fece cadere le spalle e scosse il capo. «Giovane uomo, come possono disonorarti le mie lettere?»

«Lei ha reso impura mia madre! Io non sono figlio di una puttana.» Aprì il gilet per mostrare il pugnale infilato nella cinta.

«Sei venuto per uccidermi? Perché? Dove sta scritto che una lettera simile è sbagliata? Non c'è nessun marito. E nessuna moglie. Sì, se ci fossero sarebbero disonorati, perché l'adulterio è proibito. Ma suo marito e mia moglie sono morti da lungo tempo. Come può una semplice lettera tra un vedovo e una vedova disonorare le loro famiglie?»

«Non si tratta di una lettera. Ma di anni di lettere! Sono le parole di un marito a una moglie.»

«Le hai lette, Ahmet? Questo sì che sarebbe sbagliato.»

«Ne ho lette solo un paio» mentì Ahmet. «Per proteggere la famiglia. Lei ha rovinato mia madre! La mia famiglia!» Poi scoppiò a ridere. «E, ironia della sorte, mia madre non sa nemmeno leggere.»

Rashif si sedette. «Lo so. Lo sospettavo da tempo, ma ne ho avuto la prova solo di recente. Ma è esattamente questo l'amore. Scrivere, senza essere letti. Fare tanta strada ogni settimana per ricevere un messaggio indecifrabile. Maometto conosceva la verità sull'amore. Non succede spesso. E in amore non c'è una ragione – che uno sia bello o meno, giovane o vecchio – vallo a capire.»

«Non mi parli di amore!» sbraitò Ahmet. Ma pensò a Yasmina e al fatto che i suoi sentimenti verso di lei fossero inspiegabili. Poi ricordò il suo dovere. «Non si tratta di una ragazza. È mia madre. Una donna anziana!»

«E io sono un anziano.»

«Che non ha rispetto per le leggi. Che in passato ha deriso le tradizioni e si è alleato con l'Occidente. Lei porta la vergogna sulla nostra casa. Sono venuto qui solo per un motivo» disse Ahmet estraendo il pugnale e stringendolo in mano.

«Uccidermi senza motivo ti porterà ancora più disonore. L'Occidente, dici?» Si alzò, aggrottando la fronte, sempre più infuriato. «Aiutare i nostri compatrioti a ritrovare la vita quando tornano nella madrepatria? È forse sbagliato? Agli occhi di chi? Di Allah? Citami il passo del Corano in cui si dice che è sbagliato! E tua madre? Lo sanno tutti che Maometto ha sposato donne i cui mariti erano morti!» Tacque, fece un respiro profondo e tornò a sedersi.

«Allora c'è soltanto una cosa da fare» disse Ahmet, puntando il coltello contro Rashif. «Vi sposerete.»

Di primo acchito, Rashif sorrise, poi tornò serio. Abbassò il capo con rispetto e disse: «So di dover pagare per la mia trasgressione. Restituirò il maltolto. Sposerò Halajan, tua madre».

«E pregherai per il perdono di Allah.»

«Sì, pregherò.»

Ahmet si sentiva stordito, come se la rabbia e l'indignazione che si erano sollevate dal suo corpo ora lo sballottassero come una piuma al vento. Ripose il pugnale nella fodera e si appoggiò al muro.

«Vuoi sederti?» gli chiese Rashif. «Possiamo discutere i dettagli del contratto matrimoniale. Vado a preparare del tè.»

Ahmet si sedette e Rashif si recò nella stanza sul retro, dove aveva un lavandino e una piastra, e preparò il *chai*.

Mentre portava un piccolo vassoio con una teiera e due tazze, Rashif disse: «Sei un bravo figlio, Ahmet, a proteggere tua madre in questo modo. Ma la tua felicità?».

«La mia? Mangio, prego. Sono felice.»

«E che ne diresti di una moglie? Ti sposerai un giorno?»

Ahmet sorseggiò dalla tazza e la posò con un sospiro. Ci mise un bel po' a parlare. «C'è una donna» confessò. Era strano quanto fosse facile parlare di quelle cose a Rashif, come se fosse già di famiglia. «Ha gli occhi del colore del bosco in primavera.»

Rashif annuì. «Ricorda che la vita è breve e piena di sorprese. Se aspetti troppo, occasioni simili svaniranno, come il sole al tramonto.»

«Piange ancora la morte del marito.»

«C'è una cosa che ho imparato nella vita e avrei piacere di condividerla con te, se permetti. Quello che abbiamo nel cuore non è mai una strada a senso unico. Solo da bambini, quando siamo troppo giovani per cogliere i segnali, amiamo senza essere corrisposti. Se ami, è perché senti il potere riflesso di quell'amore su di te.»

«Ha una figlia, e dice che è del marito deceduto. Ha una figlia!» gridò, battendo un pugno sul tavolo.

«Questo prova solo che è stata una moglie amorevole. E che è una madre affettuosa.»

«Se solo non ci fosse la bambina» disse Ahmet, senza quasi udire le parole di Rashif.

«Sai bene cos'avrebbe detto il Profeta. Che merita di essere amata. Bambina o meno.»

Ahmet sorseggiò il tè, si sentiva a disagio al minimo accenno all'amore. Gli uomini che conosceva non avrebbero mai parlato in quel modo. Magari era l'età di Rashif, o la sua esperienza, ma c'era qualcosa in lui che rendeva quasi accettabile affrontare quell'argomento a voce alta.

«La bambina esiste. Devi accettarla» disse Rashif.

«Potrebbe dimostrarsi impossibile» replicò Ahmet con severità.

«So che non faresti mai del male alla bambina.»

«Certo che no» disse Ahmet con prontezza.

«Né che proveresti a darla via.»

Ahmet non riuscì a rispondergli.

Allora Rashif proseguì: «Talvolta ci sono poteri che possono prendere il controllo della coscienza di un uomo e offuscarla con pensieri orribili, che conducono a gesti altrettanto orribili».

«Cosa intende? Che non ho il pieno controllo di me stesso?»

«No, soltanto che, a volte, un uomo ha bisogno di

essere aiutato in ogni modo per restare puro agli occhi del Signore.»

I due uomini rimasero in silenzio per alcuni minuti. Poi Ahmet alzò lo sguardo verso Rashif e sul suo volto lesse la preoccupazione.

Finalmente Rashif ruppe il silenzio: «Mi è passato un pensiero per la mente. L'amore rende possibile ogni cosa. Perciò, se mai avessi bisogno di qualcuno che agisca nelle veci di tuo padre, visto che non è più in vita, per chiedere a una donna scelta da tua madre di sposarti, puoi rivolgerti a me».

Ahmet mise quel pensiero, insieme alla lettera di Rashif, nella sua tasca, per tenerlo al sicuro. Ripeté: «Se non ci fosse stata la bambina... Quando ne parlerà a mia madre – perché so che lei lo farà – le assicuri che non farei mai del male alla bambina».

Quando tornò al caffè, Sunny stava lavorando al bancone, Bashir Hadi era in cucina e Yasmina stava spazzando il pavimento, la bambina appesa al petto con la lunga fascia.

«Salve, Yasmina» le disse dolcemente, tenendosi ad alcune spanne di distanza.

«Ahmet, buongiorno» gli rispose senza guardarlo direttamente negli occhi. La bambina tubava. Yasmina poggiò la scopa alla parete e spostò la stoffa del marsupio per vedere il viso della figlia. Sorrideva.

Ad Ahmet la bambina piaceva. Le piaceva il suo profumo, i piccoli gorgoglii che emetteva, ma soprattutto le piaceva il suo riflesso negli occhi della madre. Non esisteva una bambina più amata, ne era sicuro. Desiderava solo che la ragazza lo guardasse con una scintilla di quell'amore.

E poi Yasmina alzò lo sguardo. Sorrise, gli occhi lucidi come ciottoli di fiume. Lui le sorrise e trattenne l'irrefrenabile impulso di prenderla fra le braccia e stringerla in quel modo per sempre.

Chissà se Rashif aveva ragione, si chiese Ahmet, se era vero che Yasmina provava lo stesso sentimento per lui? Che l'amore rendeva possibile l'impossibile? Un giorno non lontano, forse, *in sha' Allah*, con l'aiuto di Maometto, avrebbe trovato la forza di mettere alla prova quella teoria.

34

«So che sei ancora arrabbiata, ma abbiamo promesso che ci avremmo provato» implorò Isabel seduta a fianco di Candace sul sedile posteriore di un suv nero. «Prenditela pure con me, ma non farlo scontare a quelle donne.» Si stavano recando a un incontro per la raccolta di fondi con i rappresentanti delle associazioni umanitarie americane in sostegno delle donne afgane.

«Guarda che non stiamo mica parlando di astrofisica» replicò Candace.

«E come superiamo le lentezze della burocrazia...»

«Quali lentezze? In Afghanistan basta avere i soldi e puoi ottenere qualsiasi cosa.»

«Non ne sono così sicura. Avremo a che fare con atteggiamenti estremisti.»

«Tutti hanno un prezzo. Vedrai.»

«Allora siamo ancora socie. Non solo per questo incontro...»

«A una condizione. A meno che tu non abbia prove tangibili e inconfutabili, tieni per te i sospetti su Wakil.»

«Ho afferrato il concetto.»

Candace guardò dal finestrino e vide due bambini che correvano dietro l'automobile, gli aquiloni sollevati dal vento. Uno dei due si voltò e corse all'indietro per tendere il filo, e Candace avrebbe voluto gridargli di stare attento a dove metteva i piedi, a non inciampare nella fogna, ma, come se l'avesse sentita, il bambino si voltò e ritrovò l'equilibrio appena in tempo.

Candace si portò una mano alla guancia, si voltò verso Isabel e le disse: «Ma se dovessi scoprire qualcosa di certo – anche se è impossibile – devi dirmelo».

«Ci sto.»

«Bene, allora. Andiamo a questo incontro. Tu fa' il tuo lavoro – raccogli tutte le informazioni, incluso il numero delle donne dietro le sbarre, i cosiddetti crimini che hanno commesso, le condizioni, e via dicendo – e io farò il mio.»

Isabel posò una mano su quella di Candace. «Ce la possiamo fare.»

I giorni passavano e ancora nessuna notizia di Tommy o Jack. Sunny sapeva che erano partiti insieme, perché Tommy l'aveva chiamata un'ultima volta prima di lasciare Kabul, per informarla che erano diretti a nord. Sunny non avrebbe potuto contattarli e loro non avrebbero potuto contattare lei, perché avrebbero usato telefoni non tracciabili. Sunny era fuori di sé dall'angoscia, ma non c'era niente che potesse fare. Erano completamente soli, senza il sostegno di un'agenzia né di qualcuno che sapesse dove fossero.

Si teneva occupata nel caffè, dove gli affari andavano a gonfie vele. Dal primo mattino fino a notte inoltrata, il locale brulicava di gente. Ma le sue amiche erano lontane: ogni giorno Candace e Isabel avevano qualche incontro a cui partecipare.

Sunny si sentiva sola. Il caffè era pieno di clienti, ma i suoi amici erano altrove. E, per la prima volta dopo tanti anni a Kabul, si sentiva a disagio. I poliziotti e i soldati per le strade sembravano raddoppiati nelle ultime settimane, come se incombesse qualcosa, una specie di furia incontrollabile. Il *wop-wop-wop* degli elicotteri che perlustravano la città dal cielo faceva da controcanto al richiamo dei muezzin. L'aumento dei clienti al caffè era un bene per gli affari, ma un male per ciò che significava: la gente aveva smesso di frequentare molti locali e ristoranti, e andava solo in luoghi autorizzati perché sicuri, come se tutti temessero l'arrivo di qualcosa.

Le notizie erano sconfortanti. Serpeggiava la sensazione di un pericolo imminente e non c'era muro, per quanto alto, o finestra, per quanto robusta, in grado di fermare quello che stava per arrivare.

Sunny era sul tetto, dopo che i clienti della colazione se n'erano andati, mentre Yasmina e Bashir Hadi sistemavano il locale per il pranzo. Era seduta sulla panchina, a osservare la sua città martoriata, la mancanza di Jack più forte che mai, la pelle che le formicolava al ricordo del suo tocco, o della sua semplice presenza. Uno stormo di uccelli passò in volo in una miracolosa formazione a V, sbattendo le ali vigorosamente, i corpi neri contro l'azzurro vibrante del cielo e, solo per un istante, si sentì lassù insieme a loro. Anche lei stava volando sopra Kabul, la guardava cambiare, gli abitanti mossi dai capricci del potere, come alberi al vento. E le tornò in mente l'ultima volta in cui si era sentita incantata da un luogo, da un momento. Era stato a Mazar-e Sharif.

Poi vide gli uccelli scendere in picchiata e scomparire. Riusciva ancora a sentire i loro richiami, come se fossero dietro l'angolo. Corse giù e uscì in cortile, i gorgheggi e i chioccolii forti e crepitanti. I pochi alberi erano rigogliosi di vita; le foglie sembravano essere più verdi, più fitte, più spesse.

Rivide il grande piazzale davanti alla moschea gremito di colombe e le donne in burqa bianco, e si voltò, prese le vernici e iniziò a mischiare i colori. Non avrebbe accettato compromessi. Finalmente visualizzò il murale nella sua mente e seppe che non sarebbe stata soddisfatta finché non avesse ottenuto i colori giusti, anche se avesse dovuto ricrearli uno a uno sulla tavolozza. Stavolta non aveva bisogno di carboncino o di schizzi preliminari. Stavolta avrebbe iniziato direttamente con pennello e vernice. Passò ore a sperimentare finché non fu soddisfatta del risultato. Non c'era niente di perfetto. Ma era a Kabul, dopotutto, non a Jonesboro, al centro commerciale Country Roads, con a disposizione un Home Depot e un Michaels, i negozi di casalinghi pieni zeppi di fanatici del découpage. Doveva accontentarsi di quello che aveva. "Autoctono", non era questa la parola usata da Isabel?

Finalmente immerse il pennello nella vernice sulla tavolozza. Lo posò sul muro, la vernice sulla superficie ruvida. "Sì" pensò dopo alcune pennellate, arretrando di qualche passo. In effetti era l'azzurro più bello.

Candace e Isabel impiegarono poco tempo a raccogliere il denaro sufficiente per corrompere la guardia della prigione e ottenere la liberazione di Jamila e delle sue amiche. Ma era solo l'inizio. Avrebbero dovuto trovare loro vitto e alloggio, denaro per le cure mediche, per l'istruzione dei loro figli e, ovviamente, per la sicurezza, in modo che fossero protette dai membri della famiglia che le volevano morte per il disonore che avevano causato.

Jamila era la prima, e poi, forse, Candace e Isabel sarebbero state in grado di aiutare altre donne in tutto il paese. Con il sostegno di diverse associazioni umanitarie internazionali, intendevano creare un sistema di difesa per impedire che le donne venissero incarcerate, e un rifugio sicuro per quelle liberate.

Ma Isabel aveva imparato, dagli anni trascorsi in Africa e nel Golfo Persico, che corrompere il direttore di un carcere era una cosa, sfidare centinaia di anni di politiche repressive era un'altra.

Proteggere Jamila, fuggita dai criminali che l'avevano fatta prostituire, spesso diverse volte al giorno, per pochi centesimi, a qualsiasi uomo che potesse pagare, non sarebbe stato facile. Gli uomini che l'avevano comprata in cambio di un debito cancellato avrebbero preteso un tornaconto sul proprio investimento e le avrebbero dato la caccia per prostituirla di nuovo. Oppure per ucciderla. Isabel sapeva che Jamila avrebbe dovuto fuggire dal paese per restare in vita.

Alla prigione, Isabel ammirò la destrezza di Candace nel trattare con il direttore e con le guardie. Poco dopo, entrarono nel braccio femminile, percorrendo il lungo corridoio fetido fino alla cella di Jamila. Quando arrivarono, le donne erano rannicchiate in un angolo; un bambino era disteso in grembo alla madre, addormentato. Candace e Isabel cercarono un volto familiare, ma non videro niente finché Haliya non si fece avanti, la testa e il viso interamente coperti da un ampio velo, come sempre.

Si avvicinò alla grata celeste, strinse una mano intorno a una sbarra, le unghie annerite dalla sporcizia, e sussurrò in un inglese stentato: «Jamila è scomparsa. L'hanno presa».

«Cosa vuoi dire? L'hanno portata in un'altra cella?»

domandò Isabel, nel suo dari sgrammaticato. E, in quel modo, le due donne riuscirono a capirsi.

«No, l'hanno portata via.»

«Chi è stato? Dove?»

«Le guardie sono arrivate insieme ad alcuni uomini. Jamila piangeva, credo sapesse che intendevano finire quello che avevano iniziato. Che l'avrebbero portata in Bahrain, a Dubai, in Qatar per costringerla a lavorare per loro.»

«Santo cielo. Quei figli di...» fece per dire Candace, ma poi si trattenne digrignando i denti e serrando la mascella.

«L'area del Golfo» disse Isabel, ben sapendo cosa significava. «Quando è successo?»

«Due giorni fa, più o meno.»

«Andiamo» disse Isabel, dando un colpetto con il dorso della mano sulla spalla di Candace.

«Proverete a ritrovarla?» domandò Haliya.

«Sì» rispose Candace. «Ci proveremo.»

Ma Isabel sapeva che era impossibile. L'area del Golfo era come le sabbie mobili. Le donne sprofondavano, soffocavano e morivano, inghiottite dal racket della prostituzione, comprate e vendute contro il proprio volere. Non avrebbero mai ritrovato Jamila, l'avrebbero messa al lavoro come schiava del sesso per i braccianti locali. Era scomparsa. Quel pensiero le metteva la nausea.

L'unica cosa da fare era sperare, pregare persino, che il Golfo non fosse la destinazione della piccola Layla.

Ci vollero giorni perché Candace accettasse che non c'era niente da fare. Ma durante quei giorni, fecero in modo che, grazie alla magia della corruzione – la chiave di tutto in Afghanistan – Haliya e le altre fossero rilasciate.

L'auto nera venne accolta da due agenti della sicurezza con i mitra in spalla al cancello dell'hotel Serena. Una delle guardie disse qualcosa all'autista, che abbassò i finestrini perché potessero perquisire l'interno del mezzo. Gli agenti sbirciarono dentro, esaminando prima i sedili anteriori e poi quello posteriore, dove le donne erano sedute con le gambe accavallate. La guardia ordinò all'autista di aprire il bagagliaio e il cofano. Dopo di che controllarono sotto l'auto con uno specchio attaccato a un lungo manico e solo allora, apparentemente soddisfatti, fecero cenno di passare. Il viale era lungo e a forma di U, ricoperto da pietre grigio chiaro. A dividere le corsie c'era un fitto tappeto erboso circondato da aiuole e, al centro, una grande fontana di marmo con uno spruzzo d'acqua che sfiorava i sei metri di altezza, prima di ricadere sulla scultura di un grosso pesce.

Isabel guardò nello specchietto retrovisore, verde dalla rabbia. Al Serena, il governo afgano garantiva la presenza della polizia, sicurezza e protezione, perché lì c'erano stranieri, con soldi e potere politico. Nella prigione, invece, non garantiva niente ai propri cittadini, alle donne e ai bambini che a malapena ricevevano pane e acqua a sufficienza per sopravvivere. Niente cibo né istruzione né letti, solo coperte logore per ripararsi dal freddo. Scosse la testa e piantò un pugno sulla maniglia dell'auto.

«Siamo quasi arrivate» disse Candace, accarezzando con delicatezza la mano di Isabel.

Isabel la guardò e sospirò, domandandosi se anche l'amica provasse lo stesso sdegno. «Riesci a credere che esista un posto come questo?»

«Cosa ti aspettavi?» rispose Candace. «Non siamo in

democrazia. Andiamo, avrai già visto spettacoli del genere migliaia di volte.»

«E ogni volta ci rimango male. Ma qui più che altrove.»

«È perché sei coinvolta. Non ti sei assuefatta.»

Isabel inarcò le sopracciglia. «È proprio vero.»

«E sono fiera di te» commentò Candace.

«L'ultima persona che me l'ha detto è stata mia madre.»

Ripensò a casa sua, a Londra, la casa in cui era cresciuta, la scuola, frequentata esclusivamente da bambine inglesi, mentre le bambine pachistane e quelle di colore frequentavano altri istituti, il vicinato diviso per storia, colore della pelle e lingua. E ricordava le parole di sua madre, poco prima che morisse. "Un giorno scoprirai la ragione per cui non temere la morte. La ragione importante che darà valore alla tua vita." Per tanti anni, Isabel aveva creduto che quella ragione, il suo contributo all'umanità, fosse il giornalismo. Adesso sapeva che c'era molto di più. Adesso sapeva che una persona doveva agire, essere coinvolta direttamente, per fare davvero la differenza. "Mamma," pensò Isabel "mi ci sono voluti secoli per capire. Ma adesso lo so."

Una volta arrivate, le due donne scesero dall'auto e salirono i pochi gradini che conducevano al portone di legno intagliato a mano. Isabel entrò per prima e disse: «Qui va bene», indicando un divano addossato a una parete a finestre che dava su un cortile alberato.

Le donne si accomodarono, Isabel sul divano rivolto verso l'ingresso e al suo fianco Candace su una poltrona bassa rivestita da una stoffa dai motivi geometrici. L'atrio era degli stessi colori afgani dell'ufficio del direttore della prigione, bordeaux e arancione, notò Isabel. Nell'istante in cui si sedettero, furono avvicinate da un giovane con indosso un *salwar qamis* inamidato e un gilet ricamato, che chiese loro se gradivano qualcosa da bere. Aveva un'aria familiare, pensò.

Candace ordinò del tè, ma Isabel era distratta. Il cameriere ripeté la domanda.

«Sì, sì, tè anche per me, grazie» rispose. Non riusciva a ricordare chi fosse.

Aspettarono in silenzio l'arrivo dei loro ospiti.

Il cameriere tornò con alcuni piccoli vassoi di *kishmish*. Quando si alzò, guardò dritto negli occhi di Isabel prima di andarsene. Lei fu percorsa da un brivido. Aveva già incrociato quegli occhi, immaginò che fossero gli occhi di tanti afgani, di tante altre persone che vivevano nei paesi del terzo mondo, costrette a lavorare in posti come quello, a servire i ricchi occidentali. Ma quel ragazzo aveva un'aria strana. Era sicura di averlo già visto.

Lo guardò indugiare sulla porta alle spalle di Candace e forse fu grazie all'angolazione e alla distanza, ma in quell'istante le tornò in mente dove lo aveva visto. Era stato all'orfanotrofio, lo stesso giovane che era partito in macchina dopo aver parlato con Wakil.

Isabel si alzò, senza sapere perché, d'istinto.

In quel preciso istante, il ragazzo gridò in dari: «Morte agli oppressori occidentali! *Allahu akbar!*», un'espressione che la giovane aveva sentito in molte lingue, in tutto il mondo.

Isabel esclamò: «Oh, mio Dio! Dobbiamo...».

E poi l'uomo infilò una mano sotto il gilet.

Isabel si lanciò su Candace.

La potenza dell'esplosione scosse le pareti e le finestre. Isabel perse l'udito, un dolore lancinante le trapassò il collo e il sangue le salì in bocca. Tossì e credette di gridare, mentre lottava per respirare. Ma dalle sue labbra uscì ben poco. «Wakil» cercò di sussurrare a Candace, sotto di lei. «Wakil!» Poi vide sua madre, seduta sul letto a leggerle una favola. Sentì il suo profumo, la seta della camicetta, le sue mani che le carezzavano i capelli. E poi vide il viso di Jamila, gli occhi scuri che la supplicavano di aiutarla. "Jamila" pensò. "Jamila." C'era ancora tanto da fare! "Layla!" Si sforzò di non cedere al panico. C'era ancora tanto da fare. Le sembrò di sentire qualcuno che gridava il suo nome. Infine chiuse gli occhi.

Sunny dipinse tutto lo sfondo del murale del colore del cielo afgano quel giorno a Mazar-e Sharif, quando il sole era alto e si rifletteva sulle piastrelle blu e oro della moschea. Usò lo stesso rullo che lei e Bashir Hadi avevano impiegato per ricoprire i vecchi schizzi. Sentiva il peso della vernice sulla spalla mentre vi affondava il braccio e la spandeva su e giù, su e giù. Era salita su una cassa di legno presa dalla dispensa, in modo da raggiungere la cima del muro.

Una volta completato lo sfondo, iniziò a usare pennelli più fini per delineare le immagini. Il bianco fu facile, ma per il bianco sporco e le ombre, per l'oro delle cupole sotto il sole ci volle più tempo perché erano difficili da ottenere.

Poi le colombe iniziarono a emergere, le colombe e le donne simili a uccelli, un poco più grandi, più vicine, altre più piccole in lontananza. Il murale riproduceva lo spettacolo a cui aveva assistito a Mazar-e Sharif.

Stava dipingendo il collo della sesta colomba. Non si trattava di una fotografia, naturalmente, quindi c'era spazio per la licenza artistica, ma dovevano somigliare ai bellissimi uccelli che ricordava. Aveva appena immerso il piccolo pennello nel cerchio bianco di vernice sulla tavolozza e stava per sfiorare il muro quando la terra tremò e udì un rumore simile a un tuono lontano. Fu sopraffatta da un'ondata di terrore, come se fosse stata colpita da un fulmine.

Ma nessuna delle finestre andò in frantumi. Il muro resse, solo l'allarme di un'auto iniziò a ululare, poi un altro. Gli uccelli si levarono in volo dagli alberi e dal tetto, e il cielo fu offuscato dalla fuliggine. Quando si precipitò nel caffè per sentire le notizie alla radio, la sala era silenziosa come una chiesa, piena di clienti pietrificati dalla paura. Accese la radio e scoprì che c'era appena stato un attentato suicida all'interno dell'hotel Serena, seguito pochi secondi dopo da un altro all'ambasciata americana e un altro ancora alla rotonda, a circa un chilometro dal caffè. Poco dopo, i clienti ripresero a conversare, le voci sommesse e preoccupate, e Sunny sperò con tutta se stessa che le sue amiche fossero al sicuro.

35

Sunny era seduta al capezzale di Candace, all'ospedale, le teneva la mano in attesa che riprendesse conoscenza. Era appena uscita dall'operazione alla gamba, fratturata in sette punti, e le avevano dovuto innestare due chiodi. Aveva il viso e le braccia coperti di graffi e cinquantasette punti sulla testa. Se la scheggia di legno l'avesse colpita più in basso, avrebbe potuto morire. Ma, visto come erano andate le cose, si sarebbe rimessa abbastanza presto, aveva detto il medico a Sunny.

Dopo pochi minuti, sbatté le palpebre e aprì gli occhi.

«Sunny.» Sorrise, stringendole la mano. «Sono felice di vederti.»

«Anch'io.»

«Mi fa male dappertutto.»

«Andrà tutto bene. Qualche mese senza tacchi alti.»

Candace cercò di sollevare la testa per guardarsi le gambe, ma non ci riuscì.

«Il medico ha detto che tornerà presto per spiegarti tutto. Adesso riposa.»

«È stato terribile. L'esplosione… aspetta, come sta Isabel? Dove…»

«Candace» fece per dire Sunny, ma poi tacque. E distolse lo sguardo.

«È ferita? Si è gettata addosso a me. Deve aver capito cosa stava per succedere e si è lanciata su di me. Mi è sembrato di sentirle dire...»

«Candace» ripeté Sunny e poi, non riuscendo più a trattenersi, scoppiò in lacrime.

«Sunny, che succede? Parla.»

«È morta. La nostra ragazza ci ha lasciato.»

«Oddio» gridò Candace. «Oh, no!»

Isabel era morta. Aveva fatto da scudo a Candace, proteggendola dalla bordata di schegge di vetro e dal crollo delle travi, subendo l'impatto mortale al suo posto.

Mentre Sunny abbracciava Candace, le due donne piansero.

«Mi ha salvato la vita.»

Sunny strinse la mano di Candace.

«Era un'inglese coraggiosa, e stupida.»

Sunny rise.

Candace proseguì: «La odio per avermi salvato. La sua vita era molto più... molto più... della mia».

«Come fai a dire una cosa del genere?» chiese Sunny. «Tu...»

«Eravamo sedute a un metro l'una dall'altra!» la interruppe Candace, scuotendo la testa. «Una muore e l'altra si rompe una gamba?» Ricominciò a piangere, stavolta in modo incontrollabile.

«È inutile sforzarsi di cercare un senso. Non ci sono né regole né spiegazioni.»

Le lacrime scendevano sulle guance di Sunny mentre le tornava in mente il tornado che si era abbattuto sulla sua città quando era bambina. Aveva falcidiato un intero quartiere, ma qua e là aveva risparmiato una casa, lasciandola intatta e distruggendo quella accanto, insieme a tutte le altre della strada. Come si poteva chiamare fortuna? Che razza di fortuna uccide un'amica mentre l'altra se la cava con qualche benda e un gesso per due mesi?

Candace doveva averle letto nel pensiero, perché disse: «Si è lanciata su di me».

«Lo so.»

«Doveva toccare a me. La sua vita era così...»

«Non doveva toccare a nessuna delle due. E nemmeno a tutti gli altri.»

«Ma Isabel! Era stata lei a convincermi... a cercare di mettermi in guardia... su Wakil.» E, con gli occhi pieni di lacrime, distolse lo sguardo.

Sunny ricordava le parole rabbiose che le aveva rivolto Bashir Hadi quel giorno, e le ripeté a Candace. «Ma anche tu la stavi aiutando. Chi ha il diritto di giudicare cosa sia giusto e cosa sia sbagliato? Nessuno, perciò non esiste giustizia quando si tratta di quello che succede nella vita.»

«Per favore» disse Candace, «risparmiami il pistolotto.»

Sunny le strinse di nuovo la mano, lieta che fosse tornata la solita Candace.

«Quello che sto cercando di dire» continuò, «è che Isabel ha cercato di avvisarmi su Wakil e io non l'ho ascoltata, anche se avevo il presentimento che non avesse tutti i torti. Quando però ho visto il cameriere, quello con la bomba, l'ho riconosciuto immediatamente perché lo avevo già visto nella scuola di Wakil. Stavo per dire qualcosa, ma poi...»

Sunny posò la mano sulla guancia di Candace e le asciugò le lacrime con il pollice. Poi le mormorò: «Non avresti potuto fare niente».

«Wakil non poteva sapere che eravamo all'hotel quel

giorno, no? Sarà stata una coincidenza? O pensi che Wakil volesse...?»

«No, non credo proprio.»

«Appena uscirò di qui, andrò all'ambasciata.» Candace rivolse a Sunny uno sguardo carico di collera. «Un conto è rubare i miei soldi. Portarmi via un'amica è tutta un'altra storia.»

«Non devi andare all'ambasciata. Non faranno un bel niente. Ho un'idea migliore. Ricordi quella sera in cui abbiamo alzato un po' il gomito e abbiamo parlato del nostro passato?»

«Intendi quando abbiamo parlato di uomini? Penso di capire dove vuoi andare a parare. L'amico di Isabel, quello nell'esercito.»

«Esattamente. Sono certa che non appena saprà di Isabel darà la caccia a Wakil» disse Sunny. «Se solo ricordassi come si chiamava.»

«Stewart» rispose Candace. «Il generale Stewart. È di guarnigione da qualche parte, più a sud.» Poi fece un sorriso dolce e ricominciò a piangere. «Isabel sarebbe felice di sapere che essersi scopata un generale aveva un fine superiore.»

Sunny scoppiò a ridere. «Caro generale Stewart, sarai anche stato una pippa, ma il passato sta tornando a tormentarti. Non hai idea di quello che ti aspetta.»

36

Era primo mattino e le scorie emotive dei bombardamenti aleggiavano ancora sul caffè come una spessa coltre nera di fuliggine. Bashir Hadi stava preparando la macchina del caffè e Sunny era seduta su uno sgabello al bancone, a firmare i documenti e a dare le ultime disposizioni per spedire il corpo di Isabel a Londra. Era un compito increscioso, ma sapeva che l'amica avrebbe preferito essere sepolta accanto ai suoi genitori. Sunny non riusciva ancora a credere che fosse morta, che Isabel, con la sua scorza pungente e l'animo dolce, con il suo accento britannico e i suoi modi tanto carini, non sarebbe più entrata nel locale, spingendo Sunny a ridere e riflettere. Sbatté con violenza la mano sul bancone. Si voltò immediatamente verso Bashir Hadi, che la stava guardando. Si scambiarono un cenno col capo e tornarono alle proprie faccende.

Aprì il computer, senza sperare troppo in una e-mail da Jack. Dove si trovava non c'erano computer e, inoltre, non poteva avere la certezza che fosse ancora vivo. Non aveva avuto contatti né con Tommy né con Jack dal giorno in cui erano partiti.

Il silenzio fu rotto quando Yasmina irruppe nel caffè gridando.

«La mia bambina! Najama! È scomparsa!»
Sunny e Bashir Hadi corsero da lei.
«Cosa vuol dire scomparsa?» le chiese Bashir Hadi.
«Nella culla non c'è. E non è nella mia stanza.» Il terrore era scolpito sul suo volto come i solchi nel letto arido del fiume Kabul. Iniziò a soffocare tra i singhiozzi.
Sunny le posò una mano sul braccio per consolarla. «Hai visto qualcuno entrare in camera tua? Ieri sera? Stamattina?»
«No, non ho visto nessuno.»
Al che Sunny le chiese: «Hai lasciato la bambina da sola? Anche solo per un momento?».
Yasmina alzò lo sguardo e rispose: «Sì. Stamattina, mentre ero nel *tashnab*. Ma chi avrebbe mai...?». D'un tratto tacque e li guardò, gli occhi sbarrati. Conosceva la risposta a quella domanda. «Ahmet» disse e crollò sul pavimento in lacrime.
«Ma perché avrebbe fatto una cosa simile?» domandò Bashir Hadi.
«Ci ha minacciate il giorno in cui è nata la bambina. Era infuriato.»
«Mi dispiace, ma non ce lo vedo proprio Ahmet a rapire tua figlia. Lui le vuole bene. Ti vuole bene.»
Yasmina abbassò lo sguardo quando udì quelle parole.
«Ma lei lo ha disonorato. Ahmet non è un uomo come te, Bashir Hadi» disse Sunny. «Non c'è tempo di discutere. Potrebbe aver già venduto la bambina mentre noi siamo qui a parlare!»
«Per favore, aspettate. Riflettiamo un attimo. Qualcuno ha preso Najama, ma non credo che...»
«Be', io esco con Poppy, prendo la macchina per cercare di rintracciarlo. Dove avrebbe potuto portarla? Cosa potrebbe averne fatto? Non pensi che...»

«No, non lo penso. Nemmeno per un istante. Ahmet potrà anche essere cocciuto e di mentalità retrograda, ma... E Halajan dov'è? Mi domando se...»

Improvvisamente Sunny si rese conto di cosa intendesse dire Bashir Hadi, corse fuori dalla porta e salì le scale fino all'appartamento della donna, poi bussò. Sentì la voce di Bashir Hadi dietro di sé. Siccome nessuno apriva, tornò di corsa nel caffè.

C'era Ahmet che aiutava Yasmina ad alzarsi e a sedersi su una sedia.

«È stata mia madre» disse «ne sono certo.»

E Sunny ripensò alle conversazioni con Halajan. Sosteneva che la vita di Yasmina era in pericolo, che agli occhi degli afgani sarebbe diventata una *fahisha*. Le aveva promesso di fare tutto il possibile per salvarle la pelle. Aveva detto di lasciare la bambina in un ospedale quando fosse stata abbastanza forte da essere separata dalla madre, dopo un paio di mesi. Erano passati sei mesi dalla nascita di Najama. E i bombardamenti dovevano aver alimentato la sua paura che Yasmina finisse su una strada. Sunny riusciva quasi a immaginare la catena logica dei suoi pensieri: la bambina avrebbe reso Yasmina una paria agli occhi di suo figlio. Ahmet le avrebbe scaraventate fuori di casa e, senza protezione, un bombardamento come quelli degli ultimi tempi le avrebbe certamente uccise entrambe.

«So dove potrebbe essere» dichiarò. «Bashir Hadi, tu resta di guardia. Yasmina, Ahmet, andiamo.» Afferrò la borsa, si tirò il chador sulla testa e corse fuori con Poppy che le trotterellava dietro.

Lasciarono Poppy di guardia all'auto mentre erano all'interno dell'ospedale. L'addetta alla reception era abbastanza sicura di aver visto entrare una donna anziana, circa un'ora prima, con una neonata che aveva raccolto per strada, così aveva detto. L'aveva portata nel reparto maternità, dove un pediatra avrebbe controllato lo stato di salute della bambina.

I tre percorsero il corridoio buio e imboccarono la prima porta a sinistra, come era stato loro indicato. E lì, nella sala d'attesa dalle pareti azzurre, sotto una lampadina spoglia c'era Halajan che cullava Najama tra le braccia e le cantava una ninnananna. La donna stava piangendo, le lacrime cadevano lentamente sulla coperta di Najama.

«Halajan» sussurrò Sunny. Fece un sospiro, soffiando tutta l'aria che aveva trattenuto nella mezzora passata.

«Pensavo che amassi Najama!» gridò Yasmina. «Perché? Pensavo che fossimo felici insieme.»

L'anziana donna con i suoi abiti logori si alzò urlando: «Tu non le farai del male! Non ti avvicinare!».

Si stava rivolgendo ad Ahmet, l'accusa trapelava da ogni poro del suo corpo. Tenne la bambina stretta a sé. «Non capisci, Yasmina? Le farà del male. La venderà, oppure la ucciderà! Rashif mi ha riferito quello che hai detto, Ahmet. Lui non credeva che avresti fatto del male a Najama, ma poi c'è stato l'attentato e ho capito che confidare nel bene è da sciocchi. Non posso rischiare.»

Ahmet crollò su una sedia. «Ho aperto il mio cuore a Rashif, ma pensavo sapesse che le mie erano soltanto parole. Non avrei mai… mai!»

«Lui non pensava che l'avresti fatto. Me lo ha detto soltanto perché ti proteggessi, figlio mio.» A quel punto Halajan guardò Yasmina, gli angoli della bocca rivolti all'ingiù, gli occhi pieni di lacrime. «Anche se Ahmet non ha cattive intenzioni riguardo alla bambina, tu non sei al sicuro. Finché ti nasconderai nel caffè, magari sì. Ma appena metterai il naso fuori, Yasmina, ti uccideranno. E non potrei sopportarlo. Io voglio bene a te e a Najama. Non so cosa farei se...»

«Non puoi dare via la sua bambina, madre. Anche questo la ucciderebbe» la supplicò Ahmet con gentilezza. Si alzò e si avvicinò lentamente a lei. La donna si ritrasse, ma il giovane le posò una mano sulla spalla. «Madre, Najama deve restare con Yasmina.»

Halajan lo guardò negli occhi, come per leggervi dentro.

Ahmet protese le mani adagio e, con delicatezza, tolse la bambina a sua madre. La cullò tra le braccia mentre la guardava amorevolmente.

Yasmina lo fissava con occhi pieni di gratitudine.

«Ma lei è come una figlia per me. Devo perdere anche lei? Ne ho già persa una che è partita per la Germania e ne devo perdere un'altra per la nostra stupida mentalità? Per colpa di mani come le tue, Ahmet.»

Sembrava che Ahmet fosse stato trafitto da una spada, nel corpo e nell'anima. «Madre, io non farei mai del male a Yasmina. E non permetterei a nessuno di nuocere a lei o alla bambina. Najama è come se fosse figlia mia.»

Sunny rimase in silenzio, sperando che madre e figlio risolvessero la questione. Guardò Yasmina. Aveva gli occhi grandi come il mare, come se non riuscisse a credere alla supplica di Ahmet a suo favore.

«Inoltre, madre, ho idea che Rashif si sia offerto di chiedere la mano a Yasmina. Ma immagino che ti abbia detto anche questo.»

«No, figlio mio, non mi ha riferito tutta la vostra conversazione, soltanto che era preoccupato per te» disse Halajan.

«Be', è una lunga storia, ma» disse guardando Yasmina, il viso illuminato da un sorriso dolce, «io sono così timido con te. Non so perché. Volevo tanto parlarti, dirti che...» Tacque, abbassando lo sguardo per pensare, poi guardò Sunny e proseguì: «Tu hai detto che la bambina era tua. E, madre, anche tu lo hai detto. Ma la verità è che», e adesso guardò Yasmina, «che la bambina è mia. È mia dall'istante in cui sei entrata nel caffè, Yasmina. E se mi vorrai, io sarò il padre di Najama e tuo marito. Naturalmente se tu, madre, non hai niente in contrario a questa unione».

Halajan singhiozzò, rispondendo soltanto con le lacrime.

«Sei un brav'uomo, Ahmet» commentò Sunny con un filo di voce.

«Madre?» domandò il ragazzo a Halajan, supplicandola con gli occhi di concedere la sua approvazione.

Halajan si alzò e disse: «Non sono mai stata fiera come oggi. Sei l'uomo che ho sempre sognato che diventassi». E allungò le braccia per baciarlo sulle guance.

Ahmet si rivolse a Yasmina e disse: «E tu? Mi vuoi? So che è troppo moderno, chiedertelo così, in ospedale, in modo diretto. Ma non saprei come altro fare».

Tutti gli sguardi conversero su Yasmina, le lacrime le rigavano il viso. Si guardò i piedi, si volse verso Halajan, poi verso Ahmet che teneva la sua piccina in braccio con una tale dolcezza, e rispose: «Le cose moderne non sono tutte sbagliate. Tu sei un brav'uomo, Ahmet. Non pensavo che questo giorno sarebbe arrivato. Lo aspettavo da tanto tempo».

«Allora è sì? La tua risposta è sì?» disse Ahmet emozionato.

«Sì» confermò Yasmina.

Poi Ahmet, frastornato, si mise a sedere su una sedia rossa di vinile e fece un respiro profondo per riprendersi. «Sono settimane ormai che lotto con me stesso. È stato molto stancante.»

«Figliolo» disse Halajan, «credo che questa bambina sia benedetta dall'amore. Riesce a cambiare chiunque la abbracci.»

Yasmina annuì con un sorriso.

Ahmet strinse Najama al petto, abbassò il viso verso quello di lei e disse: «Io proteggerò sempre te e tua madre».

Sunny aprì il cellulare e disse: «Bashir Hadi, Najama è con noi. Torniamo a casa».

Più tardi, quella sera, una volta chiuso il caffè, Halajan andò nella sua stanza e si tolse il velo, quando qualcuno bussò alla porta. Si rimise il velo in testa, lo legò intorno al collo e aprì.

Era Ahmet.

«Entra» gli disse, richiudendo la porta.

Aveva un'aria terribilmente seria e Halajan temette che avesse cambiato idea, che le tradizioni avessero avuto la meglio su di lui.

«Rashif» iniziò.

Halajan ebbe un tuffo al cuore. Pensò di essere sul punto di svenire. Si appoggiò alla parete, sentendo il peso del proprio corpo contro di essa. Cos'era successo? Cos'altro poteva accadere?

«Tu lo sposerai.»

Per la prima volta nella sua lunga vita, Halajan non riusciva a parlare.

«Perché» proseguì Ahmet, e adesso sorrideva apertamente e senza malizia, «perché ti ama e ho il netto presentimento che anche tu lo ami. E poi, naturalmente, c'è la questione delle lettere. Del tutto sconveniente.» Sorrise di nuovo.

E Halajan prese suo figlio, il suo ragazzo, tra le braccia e lo strinse come quando era troppo piccolo per protestare, prima che si parlasse di amore, di lettere e di matrimoni.

37

La perdita di Isabel era stato un duro colpo per Sunny, ma non ebbe il tempo per piangerla. Continuò a lavorare al murale, che doveva essere completato prima del matrimonio. La Pasqua era venuta e se n'era andata, dimenticata sulla scia della morte di Isabel. Adesso Sunny doveva occuparsi delle decorazioni per le nozze. Ma quella sera il caffè avrebbe ospitato una cerimonia in memoria di Isabel. Sunny pensava che fosse quantomeno ironico che, nel giro di due settimane, le quattro mura del locale avrebbero onorato la morte di un'amica preziosa e celebrato il matrimonio di altre due persone a lei care.

Ma era proprio quello che aveva sempre desiderato. Il caffè era diventato, con grande orgoglio di Sunny, un luogo di ritrovo, che fosse solo per parlare o incontrarsi, o per celebrare i momenti più importanti della vita. Aveva realizzato i propri sogni e aveva la sensazione che il suo lavoro, e la sua vita a Kabul, fossero giunti a compimento.

Erano solo le sei e, sebbene la cerimonia commemorativa fosse in programma per le sette, il caffè era già affollato. Sunny era seduta con Candace e Pëtr, spuntato dal nulla per l'occasione. Aveva anche portato alcuni amici dell'Atmo, persone che Sunny non vedeva da anni. Ma, anziché provare nostalgia per quella vita, si sentì sollevata di esserne uscita. Probabilmente erano presenti tutti i giornalisti di Kabul, i funzionari dell'ambasciata, gli operatori ONU e i volontari delle ONG che Isabel aveva conosciuto nel corso del suo lavoro. Era una tipa tosta, molto rispettata. E amata dagli amici del caffè.

Candace aveva invitato le donne della RAWA, l'Associazione rivoluzionaria delle donne afgane, per parlare in nome delle donne incarcerate per crimini contro la morale, come Isabel avrebbe voluto. E avrebbe anche parlato degli sforzi della giovane per salvare Jamila.

La cerimonia iniziò con la declamazione del *kaddish* funebre ebraico, guidata da Zablon Simintov, l'ultimo ebreo di Kabul.

«*Hi'gadal v'itqadesh sh'mey rabah*» iniziò, leggendo da un piccolo libro di preghiere. «Meditiamo sul significato dell'amore e della perdita, della vita e della morte. La contemplazione della morte dovrebbe far germogliare nell'anima nobiltà e pace. E, soprattutto, dovrebbe farci vedere la vera natura delle cose. Il dolore è un grande maestro quando ci invita a servire e consacrare la vita. Così, anche quando se ne vanno, coloro che muoiono restano con noi, incoraggiandoci a vivere come essi stessi avrebbero desiderato fare.

La nostra Isabel aveva dedicato la vita ad aiutare gli altri, a raccontare la verità per migliorare la vita delle persone. Ma la vita ha un termine. Come una candela, si consuma, ardendo di calore e bellezza. La fiamma si spegne, ma non disperiamo, perché siamo più di un ricordo che cade nell'oblio. Con la nostra vita noi diamo vita, e Isabel ha dato la vita a molti. Raccogliamo la sua opera e il suo amore qui, sulla terra.

'Oseh shalom bi'romayv hu ya'aseh shalom, possa la

fonte di pace diffondere la pace a tutti coloro che la piangono, *Amen.*»

Nella sala regnava il silenzio. Candace e Sunny, Halajan e Yasmina, insieme a quasi tutti gli altri, piangevano per Isabel e per la sua vita radiosa, stroncata troppo presto.

Candace si alzò e presentò le rappresentanti della RAWA, che avevano portato alcuni opuscoli sulla vita delle donne dietro le sbarre, delle donne lapidate o uccise in altri modi per le proprie scelte personali. Poi Candace parlò del desiderio ardente di Isabel di creare una rete di ricoveri per le detenute uscite di prigione o per le donne che fuggivano da situazioni insostenibili.

Sunny la osservò dal fondo della sala e pensò che fosse nata una stella. Dall'orrore della morte di Isabel, che avrebbe potuto rimanere insensata, era uscita Candace, una vera forza della natura, le cui azioni potevano cambiare molte vite. Sunny si sentì fiera di lei. Ma era sempre stato così per Candace: doveva solo trovare la causa giusta.

Alla fine della serata, dopo che i presenti ebbero firmato per sostenere il progetto di Candace e se ne furono andati quasi tutti, comprese Halajan, Yasmina e Najama, che erano andate a letto, e Bashir Hadi, che era tornato a casa, Sunny si sedette in compagnia di Candace, a bere lo scotch che Pëtr aveva portato in memoria di Isabel. Levarono i calici e brindarono in ebraico dicendo: «*L'chaim!*».

Decisero che Candace avrebbe passato la notte nel caffè, quella notte in cui nessuna delle due era in grado di sopportare la solitudine. Erano una in meno, e adesso avevano ancora più bisogno di conferme, di rapporti stabili e duraturi. Perciò Sunny fece coricare Candace su uno dei *toshak* addossati alle pareti, le rimboccò le coperte, la baciò sulle guance e le disse: «Buonanotte, amica mia».

Rimase da sola nel caffè. Ripensando alle innumerevoli serate nel locale, a Jack fra le sue braccia e al bellissimo tributo a Isabel, uscì, accese alcune lanterne a cherosene e iniziò a dipingere. Solo quando ebbe finito l'ultima piuma dell'ultima colomba posò il pennello e alzò lo sguardo al cielo notturno. Era tempestato di stelle. Sunny provò una sensazione di profonda impotenza: lei, come ogni altro essere vivente sul pianeta, era alla mercé degli dei.

E poi Sunny, che non pregava mai, ma che era stata contagiata dal potere della preghiera durante la commemorazione di Isabel, si rivolse a Dio – ebreo o musulmano o cristiano che fosse – supplicandolo di far tornare Jack.

38

Il matrimonio doveva celebrarsi la sera successiva, prima dell'inizio del Ramadan. Yasmina si era cucita l'abito da sposa e Rashif aveva confezionato un gilet, un paio di pantaloni e una giacca per Ahmet, apposta per il matrimonio. Bashir Hadi aveva pensato al menu e ordinato gli ingredienti. Sunny era stata incaricata delle decorazioni, mentre Halajan aveva il compito di supervisionare tutto e tutti: in fondo sarebbe stato il matrimonio dell'unico figlio maschio e della sua figlia putativa.

Gli amici del caffè erano stati invitati per telefono o e-mail. Sunny era andata al mercato per comprare alcune stoffe dai colori accesi, rosa e arancio, azzurro e verde, tempestate da sgargianti motivi tradizionali a medaglioni o forme geometriche. Quando aveva detto al negoziante a cosa servivano, l'uomo si era subito infervorato e le aveva consegnato i biglietti da visita di fiorai, musicisti, fotografi, l'intera falange di specialisti del settore nuziale di Kabul. Lo sposo doveva pagare, e non solo la cerimonia in sé, ma i numerosi ricevimenti prima del matrimonio e una sorta di dote al contrario: un pagamento alla famiglia della sposa. Le famiglie borghesi, che tiravano avanti con settemilacinquecento dollari all'anno, spesso ne scucivano duemila, o anche più, per un matrimonio.

Sunny era andata al mercato in compagnia di Ahmet. Avevano comprato i gioielli d'oro per Yasmina, come parte della sua dote. Sunny si sorprese nel ruolo che, normalmente, sarebbe spettato alla madre della sposa, ovvero di Yasmina. Ma non le dispiaceva affatto. Anzi, quel ruolo le si addiceva.

In quel momento era su una scala a inchiodare i lembi delle stoffe alle pareti, per drappeggiarle, come le tende fuori nel patio. Adesso il locale sembrava l'interno di un grande palazzo. Appese le lanterne e si assicurò che ogni particolare fosse perfetto: che gli altoparlanti e il microfono funzionassero, che i bagni e i lavandini fossero puliti, che sul pavimento non vi fosse neanche una macchiolina, che i piatti e i bicchieri splendessero.

Poi le squillò il cellulare, vibrandole contro il petto, appeso, come al solito, alla cordicella di seta intorno al collo.

«Sunny, mi senti?» Il collegamento era disturbato.

«Tommy! Dove sei? Come sta Jack? È...?»

Ma la linea cadde e il collegamento si interruppe. Provò a richiamarlo una volta, due, dieci, ma non riuscì a mettersi in contatto con lui.

Strinse forte il cellulare e pregò che stessero tornando a casa. Pregò che avessero finalmente ritrovato Layla sana e salva, che anche loro stessero bene e fossero tutti sulla strada di casa.

Ma forse non l'avevano trovata e non stavano tornando. Eppure erano passate tre settimane, quindi perché non ora? Il matrimonio era fissato per l'indomani. Si lasciò andare in modo ridicolo alle fantasie, convincendosi come una bambina che essendo un giorno speciale potevano succedere altre cose belle. Il mondo andava proprio così: le cose accadevano sempre tutte insieme.

Isabel era stata uccisa e, d'altro canto, Ahmet e Yasmina stavano per sposarsi, e Jack sarebbe tornato a casa assieme a Layla.

Sei una sciocca, si disse. Già, e allora? Come le aveva detto Halajan, visto che siamo tutti stupidi, perché non ballare? Poteva credere, se voleva farlo. E lo voleva.

Halajan mise dodici piccole candele su ogni tavolo, e le allineò anche sul bordo del bancone e sui davanzali delle finestre. Candele dappertutto, che emanavano la luce tremula di una nuova vita. Suo figlio si sarebbe sposato il giorno dopo. Il figlio leale che le era rimasto a fianco per tutta la sua giovane vita anziché ricominciare da capo altrove. Il figlio tradizionalista, che l'aveva stupita aprendo il proprio cuore.

Le persone, anche le più vicine, riescono sempre a sorprendere. La forza di Yasmina, l'animo gentile di Ahmet, la tenacia di Rashif, la vulnerabilità di Sunny. Nessuno è come sembra. Lei meno di tutti.

L'indomani avrebbe acquisito una figlia e una nipotina. Non avrebbe potuto essere più felice. Ma aveva anche imparato una lezione. Lei, che amava suo figlio, lo aveva dato per scontato. Per quanto fosse soddisfatta e orgogliosa della sua indulgenza e della sua capacità di cambiare, l'indomani avrebbe versato lacrime come il fiume che sgorga dall'Hindu Kush in primavera. Lacrime non di tristezza ma di gratitudine per l'abbondanza d'amore che la circondava. Avrebbe pianto, lasciando tutti a bocca aperta. Ricordò a se stessa di portare abbastanza fazzoletti alla cerimonia per asciugarsi le lacrime.

E l'altro lato positivo della vicenda? Lei e Rashif avrebbero avuto un futuro insieme. Era solo questione di tempo, e poi quelle candele avrebbero illuminato il loro matrimonio. Prese l'ultima lettera di Rashif dalla tasca del grembiule e l'aprì. Ma non ne aveva bisogno. L'aveva imparata a memoria dalla voce di Yasmina.

Carissima amata, mia Halajan,
tuo figlio Ahmet sta per sposarsi e mi onora essere al suo fianco, come se fosse mio figlio. Sono così felice che mi abbia perdonato per averti riferito quella parte della nostra conversazione, perché temevo di averlo perduto per sempre. La tradizione vuole che io riponga in lui ogni speranza per la sua nuova vita familiare. Ma, come al solito, mi ritrovo a pensare a te.

Questo è quello che mi auguro per te, cara Halajan. Vorrei che continuassi a vivere come hai fatto in questi anni, senza paura, con passione, con grandi sogni, con amore e dolcezza, con le tue opinioni forti e le braccia aperte. C'è solo un'altra cosa che mi auguro per te: vivere una vita d'amore insieme a me.

Questa è la mia ultima lettera.

Tuo, Rashif

La piegò con cura, la ripose in tasca e fece un sospiro profondo. Buffo! Dopo tutti quegli anni, aveva ottenuto l'unica cosa che aveva sempre desiderato: l'autore di quelle lettere.

Bashir Hadi aveva già lucidato la macchina per il caffè, messo a marinare la carne per il kebab e adesso aveva tempo per addobbare l'automobile. Tutto il resto era sotto controllo.

Il garzone che consegnava il pane tutte le mattine sarebbe passato anche l'indomani. Bashir Hadi e Sunny sarebbero andati di buon'ora a ritirare i dolci alla pasticceria: mandorle candite e fichi, biscotti ai pistacchi, baklava e dolci al miele, uva sultanina e datteri. Sulla strada, si sarebbero fermati in Chicken Street per prendere uno scatolone di cioccolatini belgi.

Quanto alla musica, aveva chiesto al fratello e al cugino di sua moglie di suonare l'armonium e le tabla, i tamburi di pelle di capra. Quel duo di musica classica era famoso in tutta Kabul, perché faceva durare le feste fino al mattino con la fantastica musica ritmata tipica dell'Afghanistan.

Per il cibo si era rivolto al miglior ristorante di Kabul, secondo le istruzioni di Halajan. Ma non esisteva un cuoco in grado di preparare un kebab migliore del suo! Bashir Hadi non si sarebbe fidato di nessuno per scegliere l'agnello perfetto, tagliare la carne nel modo corretto e preparare la marinata. Aveva appena finito e la carne sarebbe rimasta in frigorifero per tutta la notte in modo che l'indomani fosse tenera e saporita.

Si asciugò la fronte con il dorso della mano e si appoggiò, esausto, al bancone. Il suo matrimonio non era stato affatto come quello di Ahmet e Yasmina. Era successo circa venti anni prima, quando lui aveva diciassette anni e sua moglie appena quindici. Non l'aveva conosciuta, nemmeno intravista prima del matrimonio. Era stata scelta dai suoi genitori, punto e basta. Sorrise tra sé al pensiero di quel primo incontro, mentre saliva sul palco nuziale per prendere posto accanto a lei. Era completamente nascosta da un velo immenso, ma quando erano stati coperti dal telo tradizionale affinché potesse vederla attraverso uno specchio, lei se l'era tolto e lui era rimasto a bocca aperta. Tutti erano scoppiati in un applauso, perché sapevano già quello che lui aveva appena scoperto: sua moglie era una bellezza, e non solo per la distanza perfetta tra i suoi occhi o per le iridi nere come la notte, ma perché quegli occhi racchiudevano il calore e lo sfavillio delle stelle di Kabul. Erano dolci e lo guardavano con amore.

Il loro era stato un matrimonio fortunato, diversamente da molti altri. Ma lui sapeva perché erano così felici. Se gli fosse stato concesso di vedere, di conoscere, di toccare sua moglie prima del matrimonio, avrebbe scelto lei, sempre e comunque.

L'ultima volta che Ahmet era entrato nella sartoria di Rashif aveva puntato un pugnale contro il vecchio. Adesso era davanti a uno specchio, per provare il completo nuovo che il sarto aveva cucito apposta per lui. Sorrise della strana ironia di quella situazione e Rashif, in piedi alle sue spalle, sorrise di rimando; probabilmente stava pensando la stessa identica cosa. I pantaloni gli stavano alla perfezione, così come il gilet e la giacca. La camicia bianca era inamidata, ma le maniche andavano accorciate. Rashif lo aiutò a togliersi la giacca e il gilet e li appese con cura mentre Ahmet si sfilava la camicia e gliela porgeva. Il vecchio sarto si mise al tavolo, inforcò gli occhiali da vista e si chinò sulla macchina da cucire.

Ahmet rimase a petto nudo davanti allo specchio, a rimirarsi. Aveva le spalle larghe, il petto asciutto, le braccia muscolose, la pancia piatta. Era un corpo scolpito dagli anni passati a portare il fucile, a scaricare le provviste per Sunny e sua madre, a spostare i mobili del caffè. Quello che vide gli piacque. Immaginò la prima notte di nozze con Yasmina, distesi da soli sui nuovi *toshak* che sua madre aveva regalato loro per l'occasione. Le mani di lei posate lì, sul suo cuore, nel punto che adesso copriva con la propria. Le sue mani sui capelli di lei, sulla schiena, mani che toccavano per la prima volta quella pelle bellissima, mentre i suoi occhi si perdevano nel verde sfavillante di quelli di Yasmina…

«Sogni la prima notte di nozze?»

Ahmet trasalì appena, imbarazzato. Guardò Rashif, che stava sorridendo.

Il giovane arrossì e fece cadere la mano. «No.»

«Be', succede a tutti» replicò Rashif. «Continua a sognare, Ahmet. La camicia sarà pronta tra poco.»

Rashif intendeva forse dire che anche lui sognava Halajan? Che razza di pensiero! Ma l'amore, Ahmet adesso lo sapeva, era potente. E anche Rashif e sua madre meritavano di vivere il loro.

Rashif osservò Ahmet sorridendo, gli occhi scintillanti. Non aveva mai visto il ragazzo tanto nervoso. Ahmet, il serissimo *chawkidar*, con la sua rigida e miope interpretazione del Corano che lo faceva sembrare così infantile.

Ma guarda un po' cosa può fare l'amore, pensò Rashif mentre tirava giù la manica di Ahmet affinché tornasse bene al polso. Aveva trasformato un ragazzino troppo serio in un uomo generoso. Quello era il vero islam, l'islam dell'amore, non dell'odio. Maometto ne sarebbe stato fiero, pensò.

Naturalmente non aveva che da guardarsi in faccia per vedere gli effetti dell'amore. Non aveva mai avuto un aspetto migliore. Si specchiò. Era basso in confronto ad Ahmet, aveva i capelli ormai grigi, quei pochi che restavano, e le spalle un poco cadenti. Eppure non sarebbe riuscito a cancellare il sorriso dal suo volto nemmeno con l'aiuto di Maometto, e lui certamente non gli avrebbe chiesto di farlo. Amava Halajan da sempre

– da quarant'anni, o forse più? – e il fatto di aver vissuto abbastanza da poter passare la vita con lei, invece di pensarla soltanto, lo faceva sentire giovane e pieno di energie e anche un po' sciocco, pensò guardando quel sorriso imperturbabile.

Al matrimonio della sera successiva, che sarebbe stato misto, con le donne e gli uomini insieme ma su lati opposti del locale, in onore della modernità che Halajan sosteneva con tanta passione, avrebbe avuto il permesso di stare nella stessa stanza con lei per ore, festeggiare con lei e guardarla ballare.

Candace aveva giurato a se stessa di far marcire Wakil dietro le sbarre per sempre. Nelle settimane dopo la morte di Isabel, Sunny aveva trovato il generale e Wakil era stato arrestato grazie alle informazioni che Candace aveva fornito alle autorità. Ma sapeva che gli sarebbe bastato corrompere qualcuno per uscire. Poi avrebbe trovato un'altra donna sola da sfruttare. E se avesse scoperto che era stata Candace a tradirlo, l'avrebbe fatta uccidere. Perciò era giunto il momento di sbarazzarsi di Wakil, in ogni senso. Ma Candace doveva convogliare le energie in qualcosa di positivo, anziché lambiccarsi il cervello sulla giusta punizione per quell'uomo. A lui ci avrebbe pensato l'esercito. Lei aveva tanto da fare a Kabul e tutto il tempo del mondo per farlo.

Si affacciò alla finestra della piccola pensione dove soggiornava. Aveva una vista deliziosa su un cortile sconnesso invaso dall'immondizia e su un muro. Che declino dai giorni all'hotel Serena, o alla dimora di Wakil – il solo pensiero la fece rabbrividire –, dai tempi di Boston, di Beacon Hill. Eppure si sentiva più in pace con se stessa e più concentrata, più a suo agio nei propri panni di quanto si fosse mai sentita prima. Non voleva più spendere per una camera lussuosa i soldi che raccoglieva, quando le sarebbero serviti per corrompere qualcuno, per i ricoveri, per il cibo e il sostegno per le donne che era riuscita a tirare fuori di prigione.

Ma l'indomani doveva andare a un matrimonio. Appoggiò le stampelle alla parete, si tolse la maglietta e uscì dai pantaloni abbondanti, gli unici in cui riusciva a far entrare il gesso. Prese l'abito che aveva appeso alla porta e ne tastò la stoffa preziosa, fece correre la mano sulle pietre e si portò un lembo alla guancia per sentirne la setosità. Poi lo indossò e si guardò allo specchio.

Il colore del vestito si sposava benissimo con il biondo dei suoi capelli e le faceva sembrare la pelle piena e liscia. L'abito era perfetto in ogni particolare: le pences e le pieghe, il colletto e i polsini, il taglio squisito. Perfetto in ogni senso. E così Candace non aveva bisogno di indossare i tacchi alti. Il gesso alto fino alla coscia era già abbastanza appariscente.

Non era la sua festa, ma la forte sensazione che la sua vita fosse giunta a una svolta la faceva sentire protagonista. Stavolta, però, non ci sarebbe stato un uomo su cui contare, per sostenerla, aiutarla, perdonarla. Stavolta, sarebbe stata da sola.

Yasmina se ne stava nella sua stanza con indosso l'abito da sposa, davanti allo specchio. Lo aveva cucito personalmente. Aveva anche confezionato l'abito di Sunny, e quello della piccola Najama. Era andata con Sunny a comprare le stoffe. Ma era stata lei a sceglierle. Avrebbe indossato il verde tradizionale delle spose afgane. L'abito di Sunny era arancione e Najama – addormentata sul *toshak* – avrebbe portato un vestitino blu intenso, color lapislazzulo. L'abito di Yasmina scintillava sotto i raggi del sole che filtravano dalla finestra e si riversavano sul pavimento come il fiume accanto alla sua casa, su a nord, tra le montagne. Il ricordo di casa, dello zio e di Layla le affiorò nella mente come accade in occasioni importanti come quella. Se solo Layla fosse stata lì con lei! Se solo Yasmina avesse saputo che sua sorella era viva e vegeta. Se Sunny aveva avuto notizie da Jack, non glielo aveva riferito. Non una parola da quando erano partiti, settimane prima.

Ma il suo Ahmet era lì. E non solo nel suo cuore, ma presente, premuroso e gentile come nessun altro uomo che avesse conosciuto, tranne forse Jack nei confronti di Sunny. Yasmina pregò Allah che Jack tornasse per lei, perché nessuno meritava la felicità più di Sunny, perché era stata lei a salvare Yasmina, a darle una casa, una nuova famiglia, la vita.

E adesso stava per sposarsi. Il vestito le stava splendidamente, ma il suo cuore era pronto a quello che stava per accadere? Conosceva la risposta. Ahmet non era soltanto bello e gentile. Era cambiato per lei. Aveva trovato il coraggio di abbattere le mura che lo circondavano. Voleva sposarla e diventare il padre di Najama. Sapeva che non avrebbe mai rimpiazzato Najam, ma si sarebbe fatto spazio nel suo cuore per convincerlo a ricominciare ad amare.

39

La sera prima del matrimonio, Sunny e Halajan organizzarono un *Takht e khina*, la tradizionale festa dell'henné. Era come un addio al nubilato, solo che in Afghanistan le amiche e le parenti della sposa, oltre a bere e mangiare insieme, chiamavano un'artista dei tatuaggi all'henné per decorare di motivi squisiti le mani e le braccia della sposa, i palmi e le piante dei piedi.

Sunny aveva chiamato un'esperta dal salone di bellezza dove lei, Yasmina e Halajan si sarebbero recate l'indomani per far acconciare e truccare la sposa. Tutte – Candace, Sunny e Yasmina – avevano insistito perché Halajan indossasse i suoi abiti più eleganti e appariscenti. Candace sfoggiava il gesso come se fosse un accessorio all'ultima moda, Sunny portava un abito da festa tradizionale afgano di un verde acceso che le illuminava i capelli e l'incarnato, Yasmina indossava un completo che si era cucita da sola, composto da pantaloni e un lungo top attillato, insieme tradizionale ed elegante, e Halajan un abito di strass che la contrassegnava chiaramente come madre dello sposo.

L'henné venne portato su un vassoio da Ahmet e messo in una cesta decorata da fiori e candele. Ahmet ne prese un po' e cercò di metterlo in mano a Yasmina, ma lei tenne la mano chiusa, com'era tradizione. Solo quando Ahmet le avesse aperto la mano con la forza, la festa avrebbe potuto cominciare. Mentre le altre li incoraggiavano, la sposa e lo sposo si lanciarono nella prova e Yasmina si dimostrò un'avversaria tenace e valorosa.

La risata delle donne era così contagiosa che anche Yasmina scoppiò a ridere e aprì il pugno. Ahmet riuscì quindi a depositarle l'henné sul palmo. Poi, siccome la festa era solo per le donne, se ne andò. Il resto dell'henné venne distribuito tra le altre donne non sposate.

Mentre la tatuatrice dipingeva un disegno elaborato sul braccio di Yasmina, Halajan sorprese tutte ancora una volta e prese le *tabla*, due tamburi con la membrana di pelle di capra e i fianchi decorati di perline e conchiglie. Iniziò a cantare e suonare. All'inizio le donne più giovani rimasero a fissarla, poi applaudirono le doti musicali di Halajan. Poi, quando il ritmo aumentò, si alzarono e cominciarono a danzare. Il ritmo crebbe ancora, le mani di Halajan si muovevano come tutti i giorni, con la forza di una ventenne. Le donne vorticavano e si inchinavano, alzando le braccia, piroettando come dervisci. Si presero per mano e danzarono in cerchio, poi da sole, e infine di nuovo insieme.

Fecero una pausa per brindare – le straniere con il vino portato da Candace, le afgane con la Coca-Cola – e mangiare un pezzo di dolce. Brindarono innumerevoli volte a Isabel. Fecero sorridere di imbarazzo Yasmina quando la canzonarono parlando della prima notte di nozze, ma lei ricordò loro che era già stata sposata e che aveva una figlia, perciò sapeva bene cosa sarebbe successo. Dopo di che Halajan riprese a suonare e le danze ricominciarono. La serata passò in un soffio, tra risate, balli e canti, finché il sole non fece capolino a est.

Dentro il salone di bellezza Humaira Aria, le pareti erano dipinte di un color rosa shocking e ricoperte di poster di star bollywoodiane, con abiti sgargianti e un trucco esagerato. I bambini scorrazzavano qua e là, c'era della musica in sottofondo e il salone era pieno di rumori e di vita. Yasmina sembrava molto emozionata. Guardò tutte le fotografie e sfogliò ogni rivista, osservando con attenzione le acconciature e i trucchi fino a confondersi completamente le idee e a lasciare che le ragazze del salone decidessero per lei.

Mentre Yasmina e Halajan erano allo shampoo, una delle estetiste si sedette accanto a Sunny, che attendeva pazientemente leggendo una rivista.

«Venga, tocca a lei» le disse. «Come li vuole i capelli? Magari diamo anche una sistematina alle sopracciglia» le suggerì, passandole un dito sulla fronte.

«Oh, no, no» rispose Sunny. «Io no, grazie. È Yasmina che si sposa stasera. Io sono solo un'amica.»

«E perché no? Anche lei andrà al matrimonio, no? Venga, faremo bella anche lei. Besima, vieni! Tu che ne dici?»

Le due donne conversarono rapidamente in dari e Sunny fece fatica a capirle, ma stavano parlando delle sopracciglia e dei suoi capelli mossi, poi menzionarono un ombretto viola e le sembrò di captare le parole "strass" o "glitter" sulla fronte.

«Aspettate un attimo» intervenne Sunny. «Una truccatina e un colpo di spazzola vanno bene. Ma poi basta.»

«Sì, certo, venga» disse la prima donna, che la accompagnò in una stanza sul retro con una fila di lavandini, dove Yasmina e Halajan si stavano alzando e, a quanto pareva, Sunny stava per prendere posto.

«È meraviglioso, Miss Sunny. Grazie infinite!» le disse Yasmina con i capelli raccolti sulla testa e avvolti in un asciugamano. «Grazie, grazie ancora!» E fu condotta fuori.

Cinque ore dopo, Sunny si guardò allo specchio e scoprì, suo malgrado, di avere una fila di strass sulla fronte, da tempia a tempia. Aveva i capelli più folti del solito perché le avevano applicato un toupet della stessa tonalità e consistenza dei suoi capelli veri. Le ricadeva a ricci sulla schiena e le formava dei boccoli ai lati del viso. Il trucco era vistoso e pesante, le guance rosa, le palpebre viola, la bocca rosso rubino e le ciglia finte così fitte che faceva fatica a tenere gli occhi aperti. Sembrava una drag queen, pensò. E le sopracciglia le facevano un male terribile dopo la depilazione, eseguita con un filo di cotone arrotolato, a strappi rapidi e decisi.

«Come sei bella!» esclamarono tutte.

«Miss Sunny» disse Yasmina ridendo appena «di sicuro, sei molto diversa dal solito.»

«Sei diventata una colomba bianca!» la provocò Halajan.

Sunny si guardò allo specchio e pensò: "Vorrei tanto che Jack fosse qui per vedermi. Anche se poi mi tormenterebbe fino alla morte".

Le preghiere, talvolta, vengono esaudite, quando e come meno ci si aspetta.

Quando le donne furono pronte per uscire dal salone di bellezza, agghindate per il matrimonio, Yasmina venne coperta da un velo in modo che nessuno potesse vederla in volto. Ahmet, che le aspettava all'interno, condusse fuori la futura sposa, dove li attendeva l'auto nuziale. Sunny scoppiò a ridere così forte che pensò di essersi incollata le palpebre con le ciglia finte. Era la sua vecchia auto, ma era stata decorata con fiori di plastica e nastri. Era così sfarzosa e ridicola da sembrare quasi bella. Sapeva che era opera di Bashir Hadi, perché aveva comprato i nastri quando erano usciti insieme a fare spese, dicendo che servivano per un progetto scolastico dei figli.

Un fotografo stava riprendendo la scena, inclusa Sunny e il suo trucco imbarazzante. "E che diamine," pensò "non è mica il mio giorno." Era il giorno di Yasmina e lei era pronta a fare la sua parte.

Salirono in auto. Sunny si accomodò insieme a Yasmina e Halajan sul sedile posteriore. Al volante c'era un autista e Ahmet prese posto al suo fianco. Mentre la macchina si dirigeva verso il caffè, l'autista continuava a scrutare Sunny dallo specchietto retrovisore, ma lei non riusciva a vederlo a causa delle palpebre appesantite e dall'angolazione dello specchietto.

Poi l'uomo disse: «Allora, cosa saresti? Una donna travestita da travestito?».

Era Jack.

«Ti odio!» gridò sorridendo così tanto che temette di essersi rovinata il trucco.

Per tutta risposta, Jack le disse con il labiale nello specchietto retrovisore: «Ti odio anch'io».

Ma Sunny non poteva abbandonarsi alla commozione perché avrebbe sciupato il trucco e, cosa ancor più importante, perché quello era il giorno di Yasmina.

«Mister Jack» disse la ragazza protendendosi in avanti e aggrappandosi al sedile anteriore. «Layla, l'avete trovata? È qui?»

Sunny scrutò gli occhi di Jack nello specchietto, ma non riuscì a vederli. Lui rispose alla ragazza in dari: «Ti spiegherò tutto quando saremo arrivati».

Yasmina ricadde sul sedile. Sunny le prese la mano e la strinse forte per tutto il tragitto.

Quando giunsero al caffè, ebbero l'impressione di entrare in un palazzo. Una fila di donne a destra e una fila di uomini a sinistra li accolsero al cancello, mentre un amico di Ahmet teneva il Corano sulle teste degli sposi.

Ma prima che la festa potesse cominciare, doveva svolgersi la cerimonia religiosa in casa di Halajan. Sunny indugiò per dire a Jack: «Sei qui».

«Sì» le rispose.

«Ti sei tirato a lucido, vedo» gli sussurrò mentre salivano le scale. Jack era splendido in giacca e cravatta. «Di Layla nessuna notizia?»

Ma prima che Jack avesse il tempo di rispondere, sentirono una voce alle loro spalle. «Yasmina! Yasmina!» E videro Layla correre verso sua sorella dal caffè.

La sposa scese le scale di corsa. Quando raggiunse Layla, si alzò il velo e lo ripiegò sulla testa. Poi le due giovani si abbracciarono e si tennero strette a lungo, piangendo. Yasmina prese il viso di Layla fra le mani e le baciò le guance. Aveva la stessa carnagione ambrata, la treccia lunga fino ai fianchi e i magnifici occhi verdi della sorella maggiore. Yasmina continuava a baciarla, finché Layla non scoppiò a ridere e disse: «Basta, o ti rovinerai il trucco».

«Ma sei alta come un albero!»

«Sei partita tanto tempo fa.» Abbassò lo sguardo. «Credevo fossi morta. Ho vissuto questi mesi nella tristezza, perché pensavo di averti persa. Ho pregato tanto per il tuo bene, sperando di ritrovarti, un giorno.»

«E tu?»

«Lo zio ha fatto di tutto per tenermi con sé, ma quegli uomini...»

Yasmina le mise una mano sotto il mento e le sollevò il viso. «Non importa. Adesso sei con me e ricomincerai una nuova vita.»

«Pensavo che la mia vita fosse finita» pianse Layla. «Ma Mister Jack... Non so come ci sia riuscito, mi ha salvato appena in tempo.»

Sunny strinse la mano di Jack.

Yasmina lasciò andare la sorellina per un minuto per rivolgersi a Jack e dirgli: «Questo è il regalo più bello che potessi ricevere nel giorno del mio matrimonio. Grazie». Chinò la testa, le lacrime ricominciarono a scendere. «Che Allah la benedica, Mister Jack. Grazie per aver portato Layla a casa da me.»

«Non piangere!» le disse la sorellina. «O il kajal ti colerà sulle guance.»

Jack annuì per farle capire che aveva accettato la sua benedizione. Poi si rivolse a Sunny. Stava per dire qualcosa quando lei lo interruppe.

«E Tommy?» mormorò. «È tornato con te?» Ma prima che potesse risponderle, aggiunse: «Non che mi importi, solo che...».

«Non preoccuparti. Mi ha spiegato tutto. E sta bene. È stata una fortuna che sia venuto anche lui. È coraggioso, quel ragazzo. Ma non tornerà. Ha accettato un altro incarico. Io proprio non lo capisco. Se dovessi scegliere fra te e tutto l'oro del...»

«E l'avventura...»

«Tu sei un'avventura» le sussurrò.

40

Soltanto i familiari – che in quel caso comprendevano anche gli amici più stretti – parteciparono alla cerimonia, il *khutba nikah*, il sermone nuziale, e alla firma del contratto. Un mullah della moschea di Ahmet era venuto a officiare il rito.

Rashif era al fianco di Ahmet, in veste del padre che stava per diventare. Lo abbracciò, gli diede tre baci e gli sussurrò all'orecchio: «Sono orgoglioso di te oggi, come lo sarei se tu fossi mio figlio».

Ahmet guardò il vecchio con gratitudine. Quel giorno Rashif faceva le veci di suo padre ed era stato lui, nella sua bottega di sarto, a pronunciare per primo le parole che lo avevano portato a quel giorno glorioso.

Il contratto di matrimonio non specificava il numero di capre, né la quantità di denaro, né altri oggetti materiali come dote per la sposa, perché Yasmina non aveva genitori, né tutori. Sunny agì per suo conto e convenne che le parole che Ahmet stava per rivolgerle fossero una garanzia sufficiente.

«Io ti amerò e ti onorerò finché vivrai» disse Ahmet. «E amerò Najama come una figlia. Amerò entrambe per tutti i giorni della mia vita. Le tue preoccupazioni saranno anche le mie, sotto la luce e la saggezza di Maometto.»

Yasmina rispose: «E io ti amerò e ti onorerò per tutti i giorni della mia vita, sotto la luce e la saggezza di Maometto». Ripeté la formula altre due volte, come imponeva la tradizione.

Poi i loro palmi vennero immersi nell'henné e tenuti insieme in ricordo dei tempi antichi, quando i palmi dello sposo e della sposa venivano tagliati in modo che fossero uniti nel sangue.

Alle sette, il sole era già tramontato oltre le colline a ovest. Il cielo era tinteggiato di lavanda e rosa, e la luce soffusa. Era tempo che la festa di nozze iniziasse. La famiglia e gli amici scesero insieme le scale ed entrarono nel caffè, seguiti dagli sposi.

Un'auto accostò davanti al cancello, strombazzando. Tutte le persone che stavano aspettando di salutare gli sposi all'ingresso accorsero al cancello. Lì, appena scesa da un enorme suv nero, c'era Candace.

«Sunny!» esclamò.

Sunny e Jack si fecero largo verso di lei.

«Cosa c'è di tanto importante?» domandò Sunny. «Dobbiamo andare a una festa… e anche tu!»

«Sul serio, prima dovete vederla» li supplicò Candace. Aprì la portiera del suv e indicò all'interno.

Sunny e Jack si protesero per sbirciare dentro.

«Un regalo eccellente» affermò Jack con una grassa risata.

Poi Candace raccontò loro tutta la storia. Prima, nel pomeriggio, mentre Sunny, Yasmina e Halajan erano al salone di bellezza, Candace aveva chiamato il suo autista e gli aveva detto che aveva bisogno di un regalo di nozze. Voleva qualcosa di tradizionale ed era disposta a pagare una grossa cifra. Poteva passare a prenderlo prima di andare da lei per il matrimonio? Aveva bisogno di tempo per prepararsi.

L'uomo sapeva esattamente cosa comprare, le aveva detto.

Poi, intorno alle sei e mezzo, si era presentato alla pensione.

«Ed eccola qua» disse Candace.

«Già, eccola qua» ripeté Jack allungando una mano per prendere una corda. Dall'auto uscì una grossa pecora pelosa, con un nastro rosso intorno al collo.

«Visto?» disse Candace. «Una pecora viva, che respira, lanosa e mai tosata! Mi si è strusciata addosso. E ora sono piena di peli.» Si scosse il vestito tenendosi in equilibrio sulle stampelle.

«Grazie infinite, Miss Candace» disse Yasmina con un piccolo inchino del capo.

«Era il primo desiderio della lista» aggiunse Ahmet, «avere una pecora tutta per noi. Anche se non ho idea di cosa ne faremo!»

La folla applaudì e scoppiò in una risata.

Bashir Hadi si fece avanti. «La lego sul retro» disse.

Tutti entrarono nel caffè, prima gli sposi, poi Sunny che camminava lentamente accanto a Candace. "Questa donna" pensò "è una forza della natura."

Il caffè era stato trasformato. Vibrava di entusiasmo, di colori e di luce: le pareti drappeggiate da stoffe dai decori vivaci, centinaia di candele accese, le lanterne, le rose nei vasi su ogni tavolo, sul bancone e in recipienti di vetro soffiato appesi al soffitto con catene di metallo, l'aria piena del loro profumo. Una scia di petali di rosa partiva dall'ingresso seguendo il percorso degli sposi, preceduti da due persone che tenevano il Corano sopra le loro teste. Vennero accompagnati a due grandi sedie simili a troni all'altro capo della sala, dove sarebbero rimasti seduti come un re e una regina per tutta la durata della festa.

Bashir Hadi faceva da cerimoniere e organizzatore dicendo a tutti cosa fare e dove andare. Man mano che le persone arrivavano, le faceva mettere in fila per andare a salutare gli sposi, le donne a destra e gli uomini a sinistra. Fece cenno all'orchestra di attaccare e una musica nuziale della tradizione afgana si riversò in strada, sull'onda del ritmo delle *tabla*.

Ahmet e Yasmina vennero coperti con un telo ampio e sontuoso, sotto il quale la sposa si sarebbe tolta il velo dal viso e lo sposo l'avrebbe vista per intero. Poi si sarebbero guardati per la prima volta come marito e moglie in uno specchio nelle mani di Ahmet. Layla si incamminò verso i troni, portando il Corano in una cesta, e Ahmet lo prese per leggere una preghiera alla nuova moglie.

Sotto il telo, con la luce soffusa che proiettava un soffice bagliore sul suo viso, Yasmina sembrava un angelo di Dio, pensò Ahmet. Si tolse il velo. Aveva i capelli pieni di brillantini. Ahmet allungò una mano per sfiorarle il viso, ma l'abbassò prima di toccarla. Lei gli posò una mano sulla sua.

Ahmet prese lo specchio, come voleva la tradizione, e vide il volto di Yasmina riflesso. Poi la guardò direttamente. Era sua moglie. Tutti quegli anni di studio e preghiera, tutto quel tempo passato a fare la guardia al cancello, a proteggere sua madre e il caffè. Allah aveva ascoltato le sue preghiere, finalmente, ma solo quando aveva aperto la mente, oltre al cuore, Allah lo aveva ascoltato.

«Ti amo» sussurrò a Yasmina.
«Ti amo, Ahmet» gli rispose lei.

Una volta riemersi da sotto il telo, camminarono intorno alla sala come una coppia, con un amico di Ahmet che teneva il Corano sopra le loro teste, come se fossero stati benedetti da Maometto in persona.

Si diede il via alle danze e, benché fosse un ricevimento misto con uomini e donne nella stessa stanza, i due gruppi non si mescolarono né ballarono insieme. Era già stata dura per Ahmet spiegare agli amici della moschea che fare un matrimonio misto era necessario perché lui e Yasmina erano amici di Sunny, Candace e Bashir Hadi. Inoltre, sua madre non avrebbe accettato di fare diversamente. Ma non avrebbe saputo come spiegare i balli di coppia.

Perciò gli uomini si davano la mano sopra la testa, mentre le donne si tenevano le mani al livello dei fianchi e ballavano senza mischiarsi. Ma non c'erano mura a separarli, né teli o tende.

Quando la festa finì, Candace, Rashif, Halajan e Bashir Hadi accompagnarono Yasmina nella sua nuova casa, da Halajan. Bashir Hadi si offrì per sacrificare la pecora che aveva portato Candace, secondo la tradizione, ma tutti protestarono esclamando: «No, grazie mille!».

Alla porta, Halajan consegnò a Yasmina un martello e un chiodo, che la giovane sposa piantò nello stipite della porta. Si diceva che la donna che eseguiva quel rituale sarebbe rimasta al fianco del marito per sempre. Poi, le donne accompagnarono Yasmina nella sua nuova camera da letto, la baciarono sulle guance per tre volte, l'abbracciarono forte e le augurarono buonanotte. Finalmente, Ahmet e Yasmina rimasero soli per la primissima volta.

Mentre si salutavano sotto la luna, nel patio del caffè, Halajan disse a Rashif: «Un'ultima cosa, prima che tu te ne vada».

«Cos'altro può avvenire in una sera tanto splendida?» chiese Rashif. «L'unica sera in cui sarò più felice sarà quella in cui tu e io saremo sposati.»

Ma Halajan infilò la mano nella manica sinistra e tirò fuori un foglio. Poi lo diede a Rashif, che la guardò negli occhi, incredulo. Lo aprì lentamente, piega dopo piega. Abbassò lo sguardo, poi guardò di nuovo Halajan, con gli occhi pieni di lacrime.

Lei sorrise. «Scrivo come una gallina.»

«È un'opera d'arte» disse Rashif, e lesse a voce alta, fermandosi di tanto in tanto, quando la voce gli restava strozzata in gola.

Mio carissimo Rashif,
oggi mio figlio Ahmet e Yasmina si sono sposati. Presto toccherà anche a noi. Allora, non avremo più bisogno di lettere. Buffo perché, finalmente, ho imparato a leggere. Cominciamo la nostra vita insieme con una risata, com'è giusto che sia.

La tua Halajan

Rashif si guardò intorno, vide che erano soli, e la baciò, per la primissima volta, sotto l'acacia.

41

Era l'ultimo mercoledì sera del caffè. Avevano tenuto chiuso per tutto il pomeriggio e nessuno aveva avuto il permesso di entrare, tranne Candace, Jack, Bashir Hadi, Halajan e Rashif, Yasmina e Ahmet, Layla e la piccola Najama e, naturalmente, Poppy. Era tempo di dirsi addio e di scambiarsi la promessa di restare in contatto per sempre.

L'indomani sarebbe stata la volta di Sunny. Stava per lasciare Kabul. Aveva messo un lungo tavolo all'esterno, davanti al murale, e ordinato un menu delizioso, cucinato e servito dal personale del Rumi, il suo ristorante preferito a Kabul. Aveva invitato tutti per lettera o e-mail in modo che capissero che anche gli amici afgani erano attesi come ospiti, e non come dipendenti o domestici, per sedersi alla sua mensa e mangiare tutti lo stesso cibo, in modo che Sunny potesse salutarli.

Aveva lasciato il caffè a Halajan, Ahmet e Yasmina, con la gestione congiunta di Bashir Hadi, in qualità di socio della famiglia. Yasmina però avrebbe lavorato come stilista e sarta nel negozio di Rashif, che sarebbe diventata la prima sartoria unisex di Kabul, naturalmente con ingressi separati e camerini distinti per uomini e donne.

Il lavoro di pulizie quotidiane sarebbe passato a Layla,

che avrebbe vissuto nella vecchia stanza di Ahmet, in casa di Halajan, mentre la famiglia di Ahmet e Yasmina avrebbe occupato le stanze di Sunny. E Poppy avrebbe protetto tutti quanti.

Candace sarebbe rimasta a Kabul per portare avanti la missione cui lei e Isabel avevano dato vita in favore delle donne condannate per crimini contro la morale. Considerava l'invito del governo americano a lasciare Kabul come prematuro e inutile, e aveva giurato di restare finché il suo lavoro non fosse finito.

Jack sarebbe tornato a casa per stare vicino a suo figlio, che era stato ammesso al college di Ann Arbor. Aveva fatto un colloquio con una ONG che aveva bisogno di un responsabile della sicurezza per le operazioni internazionali. Avrebbe lavorato direttamente dalla sede di Ann Arbor. Era convinto che la presenza americana in Afghanistan gettasse solo benzina sul fuoco in una situazione instabile.

Sunny si alzò, per accogliere gli ospiti, per guardare il caffè che era stato la sua casa per oltre sei anni. Si mise le mani sui fianchi e inspirò profondamente. Aveva realizzato tante cose – i pavimenti, i generatori, il tetto – e in fondo assolutamente niente. Dopotutto era solo un caffè. Non era una scuola, né una ONG, e nemmeno un'organizzazione per aiutare le donne e i bambini. Era solo un posto in cui la gente poteva venire per stare in compagnia.

La porta si spalancò ed entrò Ahmet, tenendo il battente aperto per Yasmina, che portava la piccola nel marsupio, con Layla al seguito. Sunny li salutò e li accompagnò al tavolo, sotto gli alberi scintillanti per le luminarie che aveva avvolto intorno ai tronchi e ai rami. Il tavolo era decorato in tutta la sua lunghezza da candele guizzanti e fiori freschi. Sunny servì loro Coca-Cola e tè. Poi entrò Jack con Bashir Hadi, seguiti da Halajan e Rashif.

Jack salutò tutti, uno a uno, facendo il giro del tavolo e parlando nella madrelingua di ciascuno, stringendo la mano a tutti e baciandoli sulla guancia per tre volte. Sunny lo osservò, il petto pieno di amore e orgoglio. Lui alzò la testa, i loro sguardi si incrociarono e, per un momento, a Sunny parve di essere la protagonista di un film romantico. "Idiota" si disse "ora non lasciarti prendere dal sentimentalismo."

E infine irruppe Candace, come trasportata dai venti che soffiavano dall'Hindu Kush. Sunny non l'aveva mai vista così bella. Non per l'abbigliamento o i capelli, né per i bracciali o i gioielli, ma perché era felice. Sunny sapeva che il lavoro e l'indipendenza la facevano sentire realizzata. Chissà cosa le serbava il futuro: quanto tempo ancora sarebbe rimasta, se avrebbe ceduto alla solitudine o se avrebbe incontrato qualcuno che la amasse come meritava. Per adesso, era soddisfatta.

Sunny era sopraffatta dall'emozione mentre si sedeva accanto a Jack, in mezzo a tutti gli amici che ridevano e brindavano, mentre i camerieri servivano il cibo preparato per l'ultima volta in quella che era stata la sua cucina. Ripensò a quando aveva baciato Jack nel ripostiglio, alle risate insieme a Bashir Hadi, a quando aveva visto Isabel entrare a braccetto con Pëtr, a quanto aveva odiato e poi amato Candace. Ripensò alla conferenza della dottoressa indiana. A Malalai Joya. A quando aveva preso Yasmina con sé, a quando Ahmet si era innamorato di lei. A quando aveva scoperto la relazione fra Halajan e Rashif. Ripensò alla partenza di Tommy, al suo ritorno e, infine, alla loro separazione definitiva. All'incontro con Jack e all'essersi resa conto di amarlo solo dopo anni.

A quel dannato muro che aveva finito di dipingere appena in tempo per il matrimonio. A quel posto, a quel semplice caffè che era stato teatro di miracoli. Una casa lontana da casa per tanta gente. Ma soprattutto per lei.

Lì era cambiata. Tutta la sua vita era cambiata, a Kabul.

Alzò il calice e disse: «Agli amici. Auguro a tutti una vita d'amore e salute. Per la pace a Kabul! *Salamat!* Alla pace!».

E tutti risposero in coro: «*In sha' Allah! In sha' Allah! Salamat!*, Se Dio vorrà! Alla pace!».

La sua ultima notte a Kabul. Al mattino presto, se ne sarebbe andata con l'unica cosa che non avrebbe potuto lasciare. Lei e Jack sarebbero partiti per una nuova vita insieme a Ann Arbor, in Michigan, negli Stati Uniti d'America. Allungò il braccio sotto il tavolo e gli prese la mano; lui la guardò e gliela strinse. Sunny gli rivolse un sorriso radioso, pieno dell'incoscienza dell'amore.

Alle spalle di Jack c'era il murale di cui andava fiera. Colombe grigie affollavano un cortile di pietra sotto un cielo azzurro. Ma ogni sette, ce n'era una bianca. Perché ciascuno dei suoi amici a Kabul era una settima colomba, quella dotata di uno spirito in grado di salire in cielo.

Ringraziamenti

Mi sento soprattutto una narratrice di storie e solo in seconda istanza una scrittrice. Queste storie non sarebbero potute diventare un romanzo senza il contributo di alcuni dei migliori editor al mondo, prima fra tutti la straordinaria Leslie Schnur, che non solo mi ha aiutato a dare alle mie idee la forma di questo romanzo ma è sempre stata onesta con me. Lavorare con lei è stata la miglior scuola di scrittura che avrei potuto desiderare. Le sue doti e la sua saggezza si riflettono in ogni pagina. Più che un'editor, è diventata per me un'amica preziosa. Sono anche debitrice alle eccellenti editor della Random House, Caitlin Alexander e Jane von Mehren, che mi hanno incoraggiato ad andare in profondità e a lavorare più intensamente di quanto avrei creduto possibile. Devo molto a entrambe e alle straordinarie divisioni promozione, marketing e commerciale della Random House, che hanno sempre sostenuto il mio lavoro con tutto il cuore.

In veste di parrucchiera e di proprietaria di un caffè, ho avuto occasione di ascoltare le storie di molte persone – uno dei grandi privilegi di queste due occupazioni – e sono lieta di poterne offrire alcune ai lettori. Se da un lato questo romanzo è pura finzione, molti dei personaggi sono ispirati alle persone favolose che ho conosciuto durante il mio soggiorno a Kabul, dietro il bancone del bar e la poltrona del salone di bellezza.

Niente di tutto questo sarebbe stato possibile senza le mie due persone preferite al mondo: Marly Rusoff, la mia meravigliosa agente, e suo marito, il dolcissimo e divertente Michael (Mihai) Radulescu. Marly, sei rimasta al mio fianco e mi hai sostenuto quando non riuscivo più a farlo da sola. Hai sempre creduto in me e mi hai aiutato a capire che tutto è possibile. Michael, sei una delle pochissime persone che conosco disposta a viaggiare fino all'altro capo del mondo per aiutarmi, o addirittura a sacrificare la vita per me. Non lo dimenticherò mai.

Vorrei ringraziare mia nuora, Tannaz Ghanei, che non solo è una moglie straordinaria per mio figlio Zach, ma anche una donna eccezionale che mi ha aperto una finestra sulla cultura persiana e il suo bellissimo stile di vita.

Non dimenticherò il tempo trascorso insieme alla mia dolce amica e musa Karen Kinne di Holland, Michigan, che mi ha incoraggiato a partorire l'idea di questo romanzo tra una bottiglia di vino e una pizza. Grazie, Karen, per essere un'amica sempre presente. Che il nostro futuro sia pieno di altre pizze e di fiumi di vino.

A Heidi Kingstone, che dire? Sei stata di grande ispirazione per questo libro. Adoro il tuo stile, le tue risate, il tuo senso dell'umorismo. Sei una bellissima donna, dentro e fuori. Ti ringrazio per essere sempre stata un'amica fedele e per avermi salvato la vita in Afghanistan.

A Daniel Cooney e Mireille Ferrari Cooney: la vostra amicizia è stata fondamentale negli anni, sia a Kabul, sia negli Stati Uniti. Sono fiera di essere la zia Debbie per la vostra dolcissima Maia. Vi ringrazio per i vostri consigli su questioni che andavano ben oltre la mia esperienza in Afghanistan. Sono davvero felice che le nostre strade si siano incontrate.

A Lindy Walser: hai difeso con forza le donne afgane. Ti ringrazio immensamente per tutto il tuo impegno in favore dell'Oasis Rescue. La tua generosità è straordinaria, come te.

A Chris Gara: sei stato tu a dare colore alla Cabul Coffee House in Afghanistan. Mi sono ispirata alle opere che hai dipinto nel cortile e sulle pareti del caffè per il romanzo. Grazie per la tua infinita devozione nel rendere il mondo un luogo più bello attraverso la tua arte.

A Edie Kausch: ti ringrazio per essere stato il mio primo amico in California ma soprattutto per essere un amico per la vita.

A Bill Kish, grazie per i momenti splendidi che abbiamo passato alla Cabul Coffee House. Le tue storie e le conoscenze che mi hai trasmesso riguardo alla zona del Nurestan sono state preziose per me. Ho imparato molto da te, adesso come allora. Ero sempre impaziente di vederti apparire sulla soglia del caffè. Ti ringrazio per essere sempre a una e-mail di distanza.

A Betsy Beamon, una delle donne straniere più coraggiose in Afghanistan: sei fonte d'ispirazione non solo per me ma per tutto il mondo. Sono orgogliosa di averti come amica. Ti ringrazio per avermi espresso il tuo parere mentre stavo ancora scrivendo e per avermi trasmesso la tua profonda conoscenza delle tradizioni e della cultura di quel meraviglioso paese che è l'Afghanistan.

A Polly, perché mi hai ascoltato quando sbuffavo, quando ridevo e quando piangevo. Ti sedevi sulle mie ginocchia mentre raccontavo una storia dopo l'altra e lavoravo al romanzo. Hai sempre avuto una parola buona per me... be', più che una parola, un "miao" ogni tanto.

Infine, voglio esprimere tutta la mia gratitudine a moltissime donne e moltissimi uomini dello straordinario popolo afgano, che tanto a lungo hanno lottato e tanto sopportato. Che possiate avere presto la pace.

Stampa: Mondadori Printing S.p.A. - Stabilimento NSM - Cles (Trento)